U0058027

悲傷輔導與悲傷治療

心理衛生實務工作者手冊

第五版

Grief Counseling and Grief Therapy:
A Handbook for the Mental Health Practitioner / FIFTH EDITION

J. William Worden 著

李開敏、林方皓、張玉仕、葛書倫 譯

Grief Counseling and Grief Therapy:

A Handbook for the Mental Health Practitioner

FIFTH EDITION

J. William Worden, PhD, ABPP

The original English language work:

Grief Counseling and Grief Therapy, Fifth Edition

A Handbook for the Mental Health Practitioner

isbn: 9780826134745

by J. William Worden, PhD, ABPP

has been published by:

Springer Publishing Company

New York, NY, USA

作者簡介

J. William Worden, PhD, ABPP

Worden 博士是美國心理學會（American Psychological Association）會員，並在哈佛醫學院和加州羅斯密德心理學研究所擔任學術職務。他同時也是麻州總醫院哈佛兒童喪親研究的共同主持人。曾五次獲得國家衛生研究院（National Institutes of Health）重要研究基金；其四十多年的研究和臨床工作都以重大疾病與致命行為的議題為主。

Worden 博士創立了「死亡教育及諮商協會」（Association of Death Education and Counseling, ADEC）以及「死亡、瀕死暨喪慟國際工作團體」（International Work Group on Death, Dying, and Bereavement, IWG）。他與他的同事 Avery Weisman 博士開創了心理社會腫瘤學領域，並且是美國心理社會腫瘤學會（American Psychosocial Oncology Society）的會員。Worden 博士還積極參與臨終關懷的開展，並且是美國康乃狄克州首間臨終關懷機構的董事會成員。

Worden 博士在臨終疾病、癌症照顧以及喪慟的領域中演講經驗豐富、著作等身，著有 *Personal Death Awareness* 以及 *Children & Grief: When a Parent Dies*，合著有 *Helping Cancer Patients Cope*。《悲傷輔導與悲傷治療：心理衛生實務工作者手冊》一書現已出版第五版，被翻譯成十四種語言，世界各地都將此書作為此議題的標準參考資料。目前 Worden 博士在美國加州 Laguna Niguel 執業。

譯者簡介

李開敏（譯者序、導讀；第 6、7 章）

- 紐約市亨特學院社會工作碩士後老人學學位
- 國立台灣大學社會工作學系兼任講師（1991 年至 2015 年）
- 華人心理治療研究發展基金會（2001 年至今）、
  旭立心理諮商中心諮商心理師（1990 年至 2018 年）

林方晧（作者序；第 4、5 章）

- 美國波士頓大學社會工作碩士
- 華人心理治療研究發展基金會、旭立心理諮商中心諮商心理師

張玉仕（第 8、9、10 章）

- 英國南安普敦大學安寧療護社會工作碩士
- 前馬偕醫院社會服務室主任

葛書倫（第 1、2、3 章）

- 美國喬治亞州立大學社會工作博士
- 前東吳大學社會工作學系助理教授
- 前台北市婦女救援基金會執行長
- 前台北榮總醫務及精神醫療社工
- 「北投社區安全家庭互助協會」負責人

作者序

這本書的發想來自於我在芝加哥大學時，為心理衛生專業人員繼續教育舉辦的一系列工作坊。在為期兩天的工作坊中，學員在探索自己的失落歷史的同時，學習一個能夠了解悲傷、喪慟，以及哀悼過程的工作模式。這些工作坊始於 1976 年；每年舉辦兩次，每次都是一百人的團體還超額爆滿。我們長年在全美各地提供這樣的工作坊。本書在 1982 年問世的第一版就包含了這些悲傷工作坊中大部分的資料。

這本書的書名出自我在佛羅里達大學蓋恩斯維爾校區的一場演講。我受邀在年度的亞瑟彼得森講座上為眾多的心理衛生專業人員演講，我的講題是「悲傷輔導與悲傷治療」。這是我第一次做這樣的區分，多年下來我覺得這樣的區分很有道理也很有用。悲傷輔導指的是諮商人員給近期遭逢失喪者的處遇，幫助他們催化不同的哀悼任務；這些人沒有明顯的喪慟困難。悲傷治療則不然。特指專業人員經由運用一些技術和處遇，幫助在哀悼過程遭遇到困難、悲傷受到阻礙，而無法適切地調適失落的哀悼者。在這情況下，與逝者分離的衝突往往是關鍵。比起有技巧的朋友或家人常常可以做到的悲傷輔導，悲傷治療需要更多的技巧、理解，以及訓練。

我們真的需要悲傷輔導師嗎？三十五年前我在本書的第一版中就問了這個問題。當時我說我不認為需要再創出一個新的悲傷輔導師專業。至今我仍然如此認為。有位社工師 D. M. Reilly（1978）說：「我們不需要一個全新的喪慟輔導師行業。我們需要的是現存的專業團體對失喪議題能有更多思考、敏感以及行動，比如神職人員、禮儀師、家庭治療師、護理人員、社工師和醫師」（p. 49）。有關此點，Lloyd（1992）補充道：「處理悲傷和失落的技巧是專業人員的核心必要工具，不一定限於輔導專家」（p. 151）。我同意。這本書想要寫給在傳統專業中的你們，你們的工作已經包括了照顧喪慟者，並已具備提供有效的心理衛生處遇以及預防的知識和技巧。

在《悲傷輔導與悲傷治療》第五版，全書都添增及更新了新資訊。從 1982 年第一版出版以來，世界已經有了很多的變化。有更多的創傷事件、學校槍擊案演習以及之前遙遠的事件，都可能促發孩子當下的創傷；另外是社交媒體及線上資源的出現，使得任何時刻都很方便用智慧型手機搜尋相關資訊。喪慟的研究和服務很努力地跟上這些改變。我將呈現這些現狀以幫助心理衛生專業人員提供最有效的處遇給喪親的孩童、成人及家庭。

我要特別感謝許多幫助我進行這項方案的人。有三位好友和同事對本書之前的版本非常熟稔，他們對於如何強化及更新第五版提出很多特定的建議。這幾位鼓勵我並且提出特別建議的同事是（1）Bill Hoy，貝勒大學醫學人文臨床教授；（2）Mark de St. Aubin，來自猶他大學社會工作學院；（3）Michele Post，洛杉磯 One Legacy 的治療師。他們的建議大部分都已被納入本書中了。

要和當前與本主題相關的文獻同步是一件龐大的工程。從 1970 年代在哈佛開始，我的資料庫中已經有五千多個參考條目。Alexes Flates 及 Haleigh Barnes 是我目前的兩位研究助理，他們都已經完成博士訓練並且在這個領域工作了。他們能夠來協助我，要歸功於羅斯密德心理學院院長 Clark Campbell 的促成。我在此向他表達感謝。

每個月一次的華頓團隊（Worden group）會議，提供了支持和督導，對我有很大的幫助，也澄清了我的思緒。這個團隊裡有：Ron Attrell、Dennis Bull、Paula Bunn、Galen Goben、Ann Goldman、Linda Grant、Annette Iversen、Laurie Lucas、Mike Meador、Gayle Plessner 以及 Michele Post。

特別感謝 Springer Publishing Company 的行為科學主任編輯 Sheri W. Sussman，本書的每一版都加入了她的智慧和鼓勵，她也成為我三十五年的朋友。我的家人和朋友也一如既往給了我重要的情感支持。

J. William Worden

Boston, Massachusetts
Laguna Niguel, California

參考文獻

Lloyd, M. (1992). Tools for many trades: Reaffirming the use of grief counselling by health, welfare and pastoral workers. *British Journal of Guidance and Counselling, 20*, 150–163. doi:10.1080/03069889208253617

Reilly, D. M. (1978). Death propensity, dying, and bereavement: A family systems perspective. *Family Therapy, 5*, 35-55.

五版譯者序

緣起

Worden 博士這本 1982 年問世的《悲傷輔導與悲傷治療》，在 1995 年經心理出版社悉心催生，中文初版進入台灣心理衛生領域，到 2018 年歷經原文第五版更新，大師經典之作背後結合了四位同儕兼摯友超過四分之一世紀的相知相惜，要為這牽得既長又深的緣分作記，著實不易。

猶記當年在北榮社工任職，一個午後，在圖書館架上邂逅這本紫色封皮的書，是完全的天意巧遇，我這個不愛讀書的人，被它的精簡易讀吸引。後來聽說曾經有學會想請 Worden 來台灣講學，但他因為年高身體考量，始終未成行。如今 87 高齡的他，對照坐六望七的我們，撫書長嘆人生際遇，既珍惜又感恩！

有關本書走過 38 年，在心理諮商發展史所留下的足跡，簡要說明如下（編按：以下均指原文書版本）：

> 本書初版在英國發行時，英國著名的喪親研究專家 Parkes 醫師對書中「哀悼的任務」十分推崇，認為是 Worden 博士具原創性的總結。
>
> 本書二版時，Lamers 醫師更將其譽為喪親領域工作的「聖經」，且稱之為精簡、扼要、實用的工具書。
>
> 三版時，2004 年《死亡研究》刊物中的書評強調該書的

周全性，是諮商或心理治療實務工作者不可或缺的參考。

2009 年四版時，Doka 博士認可該書含括堅實的理論及臨床的智慧，是欲了解悲傷的心理諮商實務工作者、教育者及研究者的必讀之書。四版經由十一種譯文，廣泛成為歐、美、亞洲的重要專業參考書，心理出版社也再度取得中文授權，由四位原譯者分頭完成，以供華文讀者參考。

Worden 不愧是美國當今悲傷治療／輔導的代表人物，長期活躍在「健康心理學」領域，從研究到臨床的耕耘，精益求精，五次再版即是最佳說明。Worden 在第四版中有增有修，一本其堅定立場，強調他論述中值得注意的地方。第五版重大的更新是為哀悼的「第三、四項任務」做調整及添增，也將「影響哀悼過程的七項要素」細述在獨立的章節，使其架構更為清晰。此外，Worden 在第五版中補充了社交媒體和線上資源；除了全書文獻的更新，每章最後並附加「反思與討論」，鼓勵讀者在閱讀中思考以便和作者互動。

第五版譯作完成之時，正逢新冠肺炎（COVID-19）疫情襲擊全球，巨大改變了人的社交距離和個人自由，反映網路社群連結的新趨勢，透過社交媒體和網絡資源，開啟了哀悼或悲傷者互助的平台，為隔離中的大眾及悲傷的人們帶來寶貴資訊和療癒的力量。從音樂、藝文、疫情到染疫者的分享，不一而足。

有關本書翻譯的歷史背景和脈絡，人事時地，說來話長：

1990 年，台灣相當早期的災難事件——英國殼牌石油員工出遊遭逢日月潭翻船事件，引發我們四位在醫療、精神醫療的社工人開始關注悲傷創傷議題，並由方晧和我擬定心理諮商的計畫方案，向殼牌主管提出後進行。之後，我們四人小組展開了相關資料搜尋及研讀討論，Worden 之書易懂扼要，1995 年，合力翻譯成為心理出版社第一本悲傷輔導系列的書，也是我們在筆譯嘗試的處女作。

近年台灣歷經了無數的天災人禍，921 大地震、颱風災害、88 水災、土石流、社會慘案等，接二連三，摧毀了生命、土地、村落和家園。心理出版社和多家出版社陸續推出相當可觀的悲傷輔導／治療方面譯著及本土作品，相關專業訓練逐步邁向多元與深化。而本書依然能夠繼續發揮影響，成為悲傷治療／輔導領域被引用最多的一本專業書，相信它的確能指出悲傷調適的重要路徑。

四位譯者，玉仕和我已逐步退休，近年有幸結伴成為安寧靈性種子教師，一起遠征至中國大陸推廣臨終關懷、悲傷輔導的課題。本書也在 512 川震後成為內地的重要參考書。方晧專心發展家族治療，潛心於臨床工作，投注家暴防治。書倫前後在東吳、實踐大學社工系任教，同時關注社區及婦女保護議題。一轉眼，我們四人，早已邁向髮蒼蒼齒牙動搖的人生下半場。當年三十郎當的年輕昂然或許不再，各自卻仍挺直腰桿，走在中老年秋季枯黃微涼的路上，打理自身的生死議題，接受無可迴避的生活及心靈挑戰，考驗我們面對失落的勇氣與彈性，更考驗實踐時的坦然和優雅。

第四版時玉仕曾感嘆：「翻著，翻著，泫然欲泣，時隔二十年，四老也一把老骨頭遙對 Worden，老友們，還會有第五版嗎？」才過八年，再度驚披戰袍，迎向 87 歲不老戰士的第五版。

為了重新翻譯，平日忙碌疏於聯絡的我們，又開始 email 往返，紛紛架起老花眼鏡應戰，相互體恤打氣，幸有思維縝密的方晧擔綱統整，得以順利完成。

這本《悲傷輔導與悲傷治療》，當年邂逅於北榮圖書館，無心插柳，開啟了台灣早期心理衛生界對此議題的關注，感謝心理出版社的一本初衷，也感恩為我們四位社工實務者的友誼留下記錄。

近三十年來無數的新書、新人嶄露頭角，長江後浪推前浪，撫書懷舊思友，對助人自助的一步一腳印，有緬懷也有期許。面對這個疫情後處處烽火、傷亡，快速沉淪的世界，願悲傷讓我們謙卑臣服，繼續尋找參悟苦厄的解脫之道。

謹以短序紀念與祝福所有在失落後，不忘努力尋找完整自我的芸芸眾生。

李開敏　謹識

目次
contents

導讀

本書初版（編按：本書所提及的版次，皆指原文書版次）至今的三十五年之間，在悲傷、失落和喪慟領域裡出現了不少新概念。在我們進入目前第五版的內容之前，我想先強調一些值得注意的地方。有些新概念是在過去二十年中出現的，我在本書中會對其中一些做詳細的討論。我沒有將它們依重要性排出前十名，而只是把它們列出，因為全部都很重要。

社交媒體和線上資源

使用社交媒體和其他線上資源來幫助悲傷的人們是一個新興的趨勢。這些線上哀悼資源可以用來（1）作為紀念逝者的方法，（2）作為對喪慟者進行的處遇方法，以及（3）作為進一步研究喪慟和哀悼歷程的方法（Stroebe, van der Houwen, & Schut, 2008）。以下概述目前使用社交媒體和線上資源的幾種方式。

1. **線上紀念館**。親友們和其他人可以上網抒發對於逝者的想法，並向遺族和親友致哀悼之意。這些紀念頁面通常由為家庭服務的葬儀社或非葬禮相關團體（如 Open to Hope: www.opentohope.com）或非營利組織（如 Heal Grief: www.healgrief.

org）建置。個人可以上網點燃線上紀念館的蠟燭或發佈悼詞、紀念性的藝術品或照片。還有臉書紀念頁面，可用於宣布死訊或葬禮儀式、分享記憶，並緬懷逝者的一生。基於某種原因，這些頁面可能會吸引那些不認識逝者的陌生人也關注這些內容，並有時跟進發佈貼文（De Groot, 2014）。

2. **利用網路的處遇**。為遭受各種類型失落和診斷的人建立各種網站，提供線上治療。這種處遇由治療師進行，包括創傷後壓力疾患（post-traumatic stress disorder, PTSD）、憂鬱症和過長的悲傷疾患（prolonged grief disorder, PGD）等病症；也可以幫助那些正在經歷被剝奪悲傷權利的人們，例如懷孕期間的失喪或同志群體（LGBT）伴侶的失喪等難以啟齒之痛。可以促進自我揭露的匿名性似乎是此類治療的關鍵吸引力之一，但這也可能伴隨著危險。如果患者有自殺或殺人之虞，則治療師能夠直接接觸患者並提供直接資源是很重要的。這種治療方式並不適合所有患者，必須在治療開始前進行仔細的線上或電話診斷。
3. **網路喪慟支持團體**。這些團體可透過上網搜尋找到，並有針對特殊類型的失喪，如自殺（Feigelman, Gorman, Beal, & Jordan, 2008）。另一些團體則是為了幫助那些有各種喪親之慟的人（M. Post，「數位時代的悲傷」研討會，2016 年 11 月 2 日）。這些團體由專業人士引導或至少由專業人員來監控，以決定接受或拒絕哪些參與者（Paulus & Varga, 2015）。可以使用前後測，透過結果測量來得知參與該團體所帶來的變化（van der Houwen, Schut, van den Bout, Stroebe, & Stroebe, 2010）。
4. **同儕支持網頁**。這些自助頁面是在自然災害（洪水、颶風、地震）、群眾槍擊事件和其他災難之後所建立，與網站互動的人得以表達情緒和問題，並且會感受到在這些事件衝擊下，仍是社區的一分子（Miller, 2015）。這些網站並不提供個人化的專業回饋。然而，它們可以特別有效地幫助那些求助無門的人（Aho, Paavilainen, & Kaunonen, 2012）。

5. **心理教育目的**。需要獲取有關悲傷和失落訊息的人，可以使用這些網頁訊息來了解悲傷過程，使他們正在經歷的自身經驗正常化（Dominick et al., 2009）。這些頁面通常只針對主題提供訊息，並無法互動。但是，有些網站允許讀者詢問有關特定主題的問題，而其他瀏覽頁面的人可以回答。
6. **與逝者溝通**。一些網站和臉書頁面是以逝者之名設置。哀悼者可以使用這些頁面定期寫信給逝者，通常以信件形式，表達他們的想法、情感和問題。研究這種現象的人發現，與逝者的這種交流，主要目的是創造意義，第二是提供與逝者持續性的連結（Bell, Bailey, & Kennedy, 2015; De Groot, 2012; Irwin, 2015）。

有關網路哀悼互聯網資源的更多訊息，請參考由 Sofka、Cupit 和 Gilbert 主編並於 2012 年由 Springer Publishing 出版的《網路世界中的瀕死、死亡和悲傷》（*Dying, Death, and Grief in an Online Universe*）一書。

複雜性喪慟的本質是什麼？

多年來，大多數從事複雜性哀悼和悲傷治療的人都使用諸如慢性悲傷、延宕悲傷和沒有悲傷等術語來描述複雜的喪親之慟或複雜性哀悼的診斷。事實上，當中一些定義是在 Beverly Raphael 和 Warwick Middleton（Middleton, Moylan, Raphael, Burnett, & Martinek, 1993）進行調查哪些術語是最常被業界領導的治療師所使用時，所確定下來的。雖然共識的程度之高令人驚訝，但問題在於複雜性悲傷是《精神疾病診斷與統計手冊》（*DSM*）中的 Z 代碼，而 Z 代碼診斷不符合保險公司進行第三方支付的資格。另一個問題是，這些術語缺乏精確的定義，這使得要對它們進行嚴密研究困難重重。最簡單的解決方案是使用明確的病理實體進行研究，如憂鬱、焦慮和心身症，因為這些都有很好的標準化測量。雖然這些臨床實體可能是哀悼者經歷的一部分，但它們顯然不是悲傷的測量標準。有少數悲傷的量表，如德州悲傷量表修訂版（Texas Revised Grief Inventory; Faschingbauer, Devaul, & Zisook, 2001）和荷根悲傷反應檢核表（Hogan Grief Reaction Checklist, 2001），但其他大多數都是臨床人口群的常模。

從 1990 年代 Holly Prigerson、Kathryn Shear 和 Mardi Horowitz 的工作開始，經過二十多年的嘗試，到 2013 年終於有一個可以被 *DSM-5* 接受的複雜性悲傷的診斷。這種診斷將使保險資金可用於治療具有此診斷的患者，並將研究資金用於對該臨床實體進行進一步調查。有關此診斷，其發展及當前狀態的詳細訊息，請參閱第 5 章。

被褫奪的悲傷

「被褫奪的悲傷」（disenfranchised grief）這個詞彙為 Ken

Doka 所創，而由 Attig（2004）發揚光大，成為本領域中的重要新概念。雖然 Doka 的第一冊書在 1989 年出版，他在 2002 年出版的第二冊中才更新此概念。「被褫奪的悲傷」意指哀悼者失去生命中不被社會認可的關係。舉一個經典的例子：一個哀悼者的外遇對象死了，若他們的私情未公開，哀悼者將不會受邀參加逝者的喪禮，也可能無法得到多數人在失喪後所需要的社會支持。另類生活方式可能不被社會認可，且其朋友或情人可能被逝者的家屬排斥。關於被褫奪的悲傷還有諸多例子，本書將提出建議，協助哀悼者調適失落，並再度擁有悲傷的權利。

我早年在麻州總醫院（Massachusetts General Hospital）的同事 Aaron Lazare（1979, 1989），談到兩種直接和被褫奪的悲傷有關的失落。*社會上否定的失落*是指社會不把它當作是失落，例如：自然流產或選擇墮胎；其次是*難以對人啟齒的失落*，這些特定的失落使哀悼者難以開口，常見的例子為：自殺死亡以及死於愛滋病。在廣大的社會中，這兩種失落都帶著汙名印記，對於正在經歷此類的失落者而言，有益的介入是幫助他們談論自己，以及探索其對死亡的想法和感受。關於重新賦權遭逢這樣失落的當事人，本書第 7 章提供了建議。

持續性的連結

對逝者的依附如能繼續維持而未被放棄，就稱為持續性的連結。這並不是一個全新的概念。Shuchter 和 Zisook（1988）注意到他們在聖地牙哥做的原創性研究中，人們在所愛的人死去數年後，仍感覺到所愛的人還在身邊。在哈佛兒童喪親研究（Harvard Child

Bereavement Study）中，Silverman、Nickman 和 Worden（1992）觀察到，很多學齡階段喪親小孩與死去的父或母之間有持續性的連結；其大部分是正向經驗，而某些則不是。在 Klass、Silverman 和 Nickman 寫的《持續性的連結：悲傷的新詮釋》（*Continuing Bonds: New Understanding of Grief*, 1996）一書中，集合了我們及某些學者的研究資訊，提出「人們和逝者保有連結，而非情緒抽離」的概念，此與 Freud（1917/1957）先前提出的概念不謀而合。

這個新概念並未被大家接受，且有很多質疑：「持續性連結是否對某些人是適應性的表現，對某些人卻適得其反？」「持續性連結和目前的健康生活有關嗎？」上述種種爭議源於缺少有力的研究證據來支持持續性連結的效力。一旦研究更完備，其中的一些疑問就可獲得解答。追根究柢，這些疑問集中於四大課題：（1）何種連結對於調適失落最有幫助？此種連結包含逝者的遺物（連結物、轉換物及紀念物）、感覺逝者的存在、與逝者對話、投入逝者的信念及價值觀、承接逝者的人格特質與喜好（Field & Filanosky, 2010）。（2）持續性連結對誰有助益？對誰無益？我們必須區分出不同類別的哀悼者；持續性連結的概念不見得適用每一個人。一個有益的途徑是檢視哀悼者和逝者關係中的依附形式（Field, Gao, & Paderna, 2005）。焦慮的依附可能導致慢性化的悲傷，緊抓著逝者不放或許是不良調適。一些哀悼者需要放手與重振生活（Stroebe & Schut, 2005）。（3）持續性連結在何種時間架構下是最佳調適，而何時是較差的調適？失落剛發生時，或失落發生很久之後（Field, Gao, & Paderna, 2005）？（4）宗教和文化差異對於維持健康的連結有何影響？這包含不同社會中跨文化的各種信念和儀式，如何促進與逝者連結及紀念逝者（Suhail, Jamil, Ovebode, & Ajmal, 2011; Yu et al., 2016）。第 2 章有更多關於連結的介紹。

創造意義

過去二十多年來，在悲傷研究的領域中，由 Robert Neimeyer 引介及推廣的概念——「意義重建」與「意義創造」受到相當的重視。他把「意義重建」視為喪慟者所要面對的中心歷程。此重建主要是運用敘事或生活故事來完成。當非預期或者難以接受的無常事件發生——如摯愛往生，當事者就需要重新定義自己，及重新學習如何與沒有逝者的世界接軌。雖然無法回到失喪前的功能，但當事人可學習如何發展出一個沒有逝者卻仍有意義的生活（Neimeyer, 2001）。這切中我所提出哀悼第三項任務的核心，即哀悼者必須學習適應一個逝者不存在的世界。死亡會挑戰一個人的世界觀（靈性調適）以及個人認同（內在調適）；喪慟者必須面對嚴肅的問題，如：「我的人生究竟會如何？」「逝者過往的人生有何意義？」「在這樣的世界裡我如何能有安全感？」「死亡發生後，我成為誰？」（Neimeyer, Prigerson, & Davies, 2002）。

然而，我必須說明：有些死亡未必從根本上挑戰或動搖到個人的意義建構。Davis、Wortman、Lehman 和 Silver（2000）針對兩類喪慟族群的研究發現：雖然 20% 至 30% 的喪慟者沒有投入創造意義的歷程，仍顯現功能良好。對那些尋找意義的人而言，少於半數的人甚至是在死亡發生一年後才找到意義；但確實是尋獲意義者的調適較尋而未得的族群為佳。有意思的是，某些人即便就此已找到意義，但尋求了解的心仍持續不輟。

Neimeyer（2000）在評論 Davis 的研究時，強調其研究中的多數樣本在意義尋求上苦思不前，這樣的歷程應得到協助。但若此歷程不能自發，他提醒諮商師在推動遺族尋求意義時要十分小心。他用以下重要的分辨作為結論：意義創造乃一過程，非一項結果或成就。和死亡失落相關的意義會不斷被更新，這在我們和喪親兒童的工作中可明顯看到；當他們成長、經歷新的發展階段時，會問：「如果父母還在會是什麼樣子呢？」「現在我大學畢業、即將結婚等等，我們的關係將會是什樣子？」（Worden, 1996a）第 2 章有更多關於「創造意義」這項哀悼任務的資訊。

復原力

Phyllis Silverman 和我對一百二十五個喪親兒童做了超過兩年的研究，發現可將這些兒童分為三組。第一組兒童（約占 20%）在喪親兩年內狀況不佳。由於贊助研究經費的國家心理衛生研究院（NIMH）想要指認出有高風險的喪親兒童以預防問題，所以第一組成為我們研究的重點。希望能夠及早發現有風險的兒童，然後提供早期處遇，以預防死亡引發的負面後遺症。然而我們也發現人數較少的第二組調適較佳，我們稱之為*有復原力的兒童*。他們的學業表現、社交生活、對他人談論逝者、自我價值、掌控感、對去世父母的良好認同都居高分。第三組——也就是人數最多的一組，在喪親後頭兩年的表現「差強人意」（Silverman, 2000; Worden, 1996a）。

感謝 George Bonanno（2004, 2009）的研究，我們才開始正視有復原力的喪親者；這些人是指對失落調適良好而不需尋求諮商或治療的人。我認為我們早該聚焦於此了。

在亞利桑那州的 Irwin Sandler、Sharlene Wolchik 和 Tim Ayers（2008）補充了我們對復原力的看法。他們和我一樣，覺得調適的說法較復原為妥。那些對失落做出良好或有效調適的哀悼者可謂做出了有復原力的調適。Sandler 在對失落有良好（有復原力）或次好調適之喪親兒童及其家庭的研究中，指認出一些危險及保護因素。此研究因為兼顧了正、負面的結果，復原力的取向超越了聚焦病態的狹隘觀點。有趣的是，亞利桑那州家庭研究中發現的危險及保護因素與哈佛研究的結果大同小異。個人和社會環境層面的多重因素在此交互作用，因此，Sandler 稱他們的理論為調適的情境式架構。個人被視為是安身於處在社區與文化脈絡中的家庭裡。這些關於喪慟復原力的新研究及思維，在我們對悲傷和失落的了解上帶來一線曙光。在第 3 章有更多關於復原力的介紹。

創傷和悲傷

如同憂鬱和悲傷，創傷和悲傷有很多共同的行為特徵。有些文章討論了兩者的異同，有些學者如 Rando、Horowitz、Figley 會將所有的悲傷都納入創傷之下，但我認為這稍有過之。我偏向 Stroebe、Schut 和 Finkenauer（2001）提供的模式，其分出以下三類：第一類是沒有喪親的創傷。當事人經歷了創傷事件，引發創傷症狀，然後依時間長短被診斷為「創傷後壓力疾患」（PTSD）或「急性壓力疾患」。其他憂鬱和焦慮的症狀可能造成共病。在第一類中，創傷事件並未導致任何人死亡，但當事人雖未喪親，卻面對至少一項典型創傷的症狀（侵入性記憶、逃避、過度警覺）。第二類是沒有創傷的喪親。當事人經歷到摯愛的死亡，該事件卻未引發創傷症狀。如果失落後有併發症，複雜性哀悼類型之一即適用於此。第三類可稱為創傷性喪親。當事人遭逢喪親（通常是暴力的死亡）或當事人對於死亡的經驗（通常是有關於不安全的依附或與逝者的衝突關係），引發創傷相關症狀。

任何有關創傷性喪親的討論都會面臨兩個問題。第一，在定義創傷性喪親時，何者最重要——死亡的情境或哀悼者的反應？第二，治療創傷性喪親應先處理何種症狀？——創傷症狀或悲傷症狀？創傷性壓力會干擾失落的悲傷；創傷的處理也會受到悲傷的干擾（Rando, 2003）。很多人認為在處理悲傷前，必須先處理創傷症狀。

雖然一直有人暴露於暴力死亡中，但過去十五年來，暴力事件仍在增加。近來爆發的校園大規模槍擊事件以及全球多起恐怖分子活動，包括 2001 年爆發的 911 事件，顯示我們社會的暴力氾濫，如是將會有更多人暴露於創傷與喪親之慟中。我們需要更多關於悲傷及創傷的研究，包括探究何種處遇最為有效（Rynearson, Schut, & Stroebe, 2013）。我們需要教育媒體：學校在槍擊後提供的是危機處遇而非悲傷輔導；此兩者在目標與技術方面都有相當的差異。第 3 章會有更多說明。

導讀結論

我想提出至深的關切——我認為臨床工作者及研究者均未辨認悲傷經驗的獨特性。即使哀悼任務適用於所有的死亡失落，但個人如何調適及接觸這些任務可能大不相同；一個一成不變的悲傷輔導或悲傷治療方法，其效果是非常有限的（Caserta, Lund, Ulz, & Tabler, 2016）。

當我還是哈佛的研究生時，Gordon Allport 教授影響我的思考至深。Allport（1957 年 9 月，演講稿）如此對學生說：「人有所有人的共通性，有和某些人的相似性，也有個人的獨特性。」Allport 是要強調他終其一生研究個人差異的專業興趣，這興趣延伸到他與 Robert White 合作的長期個案研究——《進展中的生活》（*Lives in Progress*, 1952）。這些研究確認了每一個人的相似性和獨特性。

如果我們將 Allport 的格言轉換到喪親的領域，我們可以說：「每一個人的悲傷共通於所有其他人的悲傷，每一個人的悲傷類似於某些人的悲傷，每一個人的悲傷不同於其他人的悲傷。」在過去三十五年的臨床和研究工作中，我們似乎忽視了悲傷經驗的獨特性。我一直喜歡 Alan Wolfelt（2005）與喪親者作伴（companioning）的想法。這種取向的諮商人員與哀悼者同行，並分享彼此的經驗，讓兩人均受益。我擔心當我們急於完成一個複雜性（有創傷、過長的）悲傷的 *DSM* 診斷時，可能會太專注在「每一個人的悲傷類似於某些人的悲傷」，而忽視了悲傷的獨特性——也就是「每一個人的悲傷不同於其他人的悲傷」。本書每次修訂時，我都強調，每一個人的悲傷經驗對個人而言都是獨特的，而這些經驗不應該強加為不正常的悲傷。我更偏好複雜性哀悼（complicated mourning）一詞，它指出哀悼歷程中的某些困難，讓當事人得到心理衛生工作者的關注。

在喪慟領域中，悲傷的獨特性一直是被確認的。Colin Parkes（2002）說：「從一開始，Bowlby 和我就發現每個人對於喪慟的反應有很大的差異，且並非大家都以相同的方式及速度度過這些階段。」（p. 380）

關於悲傷的獨特性及個人的主觀特性，在 Gundel、O'Connor、Littrell、Fort 和 Lane（2003）的功能性磁振造影（MRI）研究中再度被證實。他們對八位女性的腦部進行研究，認為散布的神經網絡能夠調節悲傷；這些神經網絡的運作過程會影響到大腦的各部分及其功能，包含情感處理、心智功能、記憶恢復、視覺影像和自律調節等。這個神經網絡或許可解釋悲傷的獨特性及個人的主觀特性。這樣的發現提供了新的線索，幫助我們了解悲傷對健康造成的後果以及依附的神經生物學。

我相信在第 3 章詳列的影響哀悼的要素，對於我們了解哀悼經驗的個別差異具相當的關鍵性。

參考文獻

Aho, A., Paavilainen, E., & Kaunonen, M. (2012). Mothers' experiences of peer support via an Internet discussion forum after the death of a child. *Scandinavian Journal of Caring Sciences*, *26*, 417–426. doi:10.1111/j.1471-6712.2011.00929

Attig, T. (2004). Disenfranchised grief revisited: Discounting hope and love. *OMEGA–Journal of Death and Dying*, *49*, 197–215. doi:10.2190/P4TT-J3BF-KFDR-5JB1

Bell, J., Bailey, L., & Kennedy, D. (2015). "We do it to keep him alive": Bereaved individuals' experiences of online suicide memorials and continuing bonds. *Mortality*, *20*, 375–389. doi:10.1080/13576275.2015.1083693

Bonnano, G. (2004). Loss, trauma, and human resilience. *American Psychologist*, *59*, 20–28. doi:10.1037/0003-066X.59.1.20

Bonanno, G. (2009). *The other side of sadness*. New York, NY: Basic Books.

Caserta, M. S., Lund, D. A., Ulz, R. L., & Tabler, J. L. (2016). "One size doesn't fit all"—Partners in hospice care, an individualized approach to bereavement intervention. *OMEGA–Journal of Death and Dying*, *73*, 107–125.

Davis, C., Wortman, C., Lehman, D., & Silver, R. (2000). Searching for meaning in loss: Are clinical assumptions correct? *Death Studies*, *24*, 497–540. doi:10.1080/07481180050121471

De Groot, J. (2012). Maintaining relational continuity with the deceased on Facebook. *OMEGA–Journal of Death and Dying*, *65*, 195–212. doi:10.2190/OM.65.3.c

De Groot, J. (2014). "For whom the bell tolls": Emotional rubbernecking in Facebook memorial groups. *Death Studies*, *38*, 79–84. doi:10.1080/07481187.2012.725450

Doka, K. (Eds). (1989). *Disenfranchised grief: Recognizing hidden sorrow.* Lexington, MA: Lexington Books.

Doka, K. (2002). *Disenfranchised grief: New directions, challenges, and strategies for practice.* Champaign, IL: Research Press.

Dominick, S., Blair, I., Beauchamp, N., Seeley, J., Nolen-Hoeksema, S., Doka, K., & Bonanno, G. A. (2009). An Internet tool to normalize grief. *OMEGA–Journal of Death and Dying, 60*, 71–87. doi:10.2190/OM.60.1.d

Faschingbauer, T., Devaul, R., & Zisook, S. (2001). Texas revised inventory of grief. *Death Studies, 25*, 1–32.

Feigelman, W., Gorman, B., Beal, K., & Jordan, J. (2008). Internet support groups for suicide survivors: A new mode for gaining bereavement assistance. *OMEGA–Journal of Death and Dying, 57*, 217–243. doi:10.2190/OM.57.3.a

Field, N. P., Gao, B., & Paderna, L. (2005). Continuing bonds in bereavement: An attachment theory based perspective. *Death Studies, 29*, 277–299. doi:10.1080/07481180590923689

Field, N., & Filanosky, C. (2010). Continuing bonds, risk factors for complicated grief, and adjustment to bereavement. *Death Studies, 34*, 1–29. doi:10.1080/07481180903372269

Freud, S. (1957). Mourning and melancholia. In J. Strachey (Ed. and Trans.), *Standard edition of the complete works of Sigmund Freud* (Vol. 14, pp. 237–260). New York, NY: Basic Books. (Original work published 1917)

Gundel, H., O'Connor, M. F., Littrell, L., Fort, C., & Lane, R. D. (2003). Functional neuroanatomy of grief: An fMRI study. *American Journal of Psychiatry, 160*, 1946–1953. doi:10.1176/appi.ajp.160.11.1946

Hogan, N. S., Greenfield, D. B., & Schmidt, L. A. (2001). Developmental and validation of the Hogan grief reaction checklist. *Death Studies, 25*, 1–32. doi:10.1080/07481180125831

Irwin, M. O. (2015). Mourning 2.0—Continuing bonds between the living and the dead on Facebook. *OMEGA–Journal of Death and Dying, 72*, 119–150. doi:10.1177/0030222815574830

Klass, D., Silverman, P., & Nickman, S. (Eds.). (1996). *Continuing bonds: New understandings of grief.* Washington, DC: Taylor & Francis.

Lazare, A. (1979). *Outpatient psychiatry: Diagnosis and treatment.* Baltimore, MD: Williams & Wilkins.

Lazare, A. (1989). Bereavement and unresolved grief. In A. Lazare (Ed.), *Outpatient psychiatry: Diagnosis and treatment* (2nd ed., pp. 381–397). Baltimore, MD: Williams & Wilkins.

Middleton, W., Moylan, A., Raphael, B., Burnett, P., & Martinek, N. (1993). An international perspective on bereavement related concepts. *Australian & New Zealand Journal of Psychiatry, 27*, 457-463. doi:10.3109/00048679309075803

Miller, E. (2015). Content analysis of select YouTube postings: Comparisons of reactions to the Sandy Hook and Aurora shootings and Hurricane Sandy.

Cyberpsychology, Behavior & Social Networking, 18, 635–640. doi:10.1089/cyber.2015.0045

Neimeyer, R. (2000). Searching for the meaning of meaning: Grief therapy and the process of reconstruction. *Death Studies, 24*, 541–558. doi:0.1080/07481180050121480

Neimeyer, R. (Ed.). (2001). *Meaning reconstruction and the experience of loss.* Washington, DC: American Psychological Association.

Neimeyer, R., Prigerson, H. G., & Davies, B. (2002). Mourning and meaning. *American Behavioral Scientist, 46*, 235–251. doi:10.1177/000276402236676

Parkes, C. M. (2002). Grief: Lessons from the past, visions for the future. *Death Studies*, 26, 367–385. doi:10.1080/02682620208657543

Paulus, T., & Varga, M. (2015). "Please know that you are not alone with your pain": Responses to newcomer posts in an online grief support forum. *Death Studies, 39*, 633–640. doi:10.1080/07481187.2015.1047060

Rando, T. A. (2003). Public tragedy and complicated mourning. In M. Lattanzi-Licht & K. J. Doka (Eds.), *Living with grief: Coping with public tragedy* (pp. 263–274). New York, NY: Brunner- Routledge.

Rynearson, E., Schut, H., & Stroebe, M. (2013). Complicated grief after violent death: Identification and intervention. In M. Stroebe, H. Schut, & J. van den Bout (Eds.), *Complicated grief: Scientific foundations for health care professionals* (pp. 278–292). New York, NY: Routledge.

Sandler, I., Wolchik, S., & Ayers, T. (2008). Resilience rather than recovery: A contextual framework on adaptation following bereavement. *Death Studies, 32*, 59–73. doi:10.1080/07481180701741343

Shuchter, S. R., & Zisook, S. (1988). Widowhood: The continuing relationship with the dead spouse. *Bulletin of the Menninger Clinic, 52*, 269–279.

Silverman, P. R. (2000). *Never too young to know: Death in children's lives.* New York, NY: Oxford University Press.

Silverman, P. R., Nickman, S., & Worden, J. W. (1992). Detachment revisited: The child's reconstruction of a dead parent. *American Journal of Orthopsychiatry, 62*, 494–503. doi:10.1037/h0079366

Sofka, C., Cupit, I., & Gilbert, K. (Eds.). (2102). *Dying, death, and grief in an online universe: For counselors and educators.* New York, NY: Springer Publishing.

Stroebe, M., & Schut, H. (2005). To continue or relinquish bonds: A review of consequences for the bereaved. *Death Studies, 29*, 477–494. doi:10.1080/07481180590962659

Stroebe, M., Schut, H., & Finkenauer, C. (2001). The traumatization of grief: A conceptual framework for understanding the trauma-bereavement interface. The *Israel Journal of Psychiatry and Related Sciences, 38*, 185–201.

Stroebe, M., van der Houwen, K., & Schut, H. (2008). Bereavement support, intervention, and research on the Internet: A critical review. In M. S. Stroebe, R. O. Hansson, H. Schut, & W. Stroebe (Eds.), *Handbook of bereavement research and practice: Advances in theory and intervention* (pp.

551–574). Washington, DC: American Psychological Association.

Suhail, K., Jamil, N., Ovebode, J., & Ajmal, M. A. (2011). Continuing bonds in bereaved Pakistani Muslims: Effects of culture and religion. *Death Studies, 35*, 22–41.

van der Houwen, K., Schut, H., van den Bout, J., Stroebe, M., & Stroebe, W. (2010). The efficacy of a brief internet-based self-help intervention for the bereaved. *Behaviour Research and Therapy, 48*, 359–367. doi:10.1016/j.brat.2009.12.009

van der Houwen, K., Stroebe, M., Stroebe, W., Schut, H., van den Bout, J., & Wijngaa rds-de Meij, L. (2010). Risk factors for bereavement outcome: A multivariate approach. *Death Studies, 34*, 195–220.

White, R. J. (1952). *Lives in progress*. New York, NY: Holt, Rinehart & Winston.

Wolfelt, A. (2005). *Companioning the bereaved: A soulful guide for caregivers*. San Jose, CA: Companion Press.

Worden, J. W. (1996a). *Children & grief: When a parent dies*. New York, NY: Guilford Press.

Worden, J. W. (1996b). Tasks and mediators of mourning: A guideline for the mental health practitioner. *In Session: Psychotherapy in Practice, 2*, 73–80. doi:10.1002/(SICI)1520-6572(199624)2:4<73::AID-SESS7>3.0.CO;2-9

Yu, W., He, L., Xu, W., Wang, J., & Prigerson, H. G. (2016). How do attachment dimensions affect bereavement adjustment? A mediation model of continuing bonds. *Psychiatry Research, 23*, 893-899. doi:10.1016/j.psychres.2016.02.030

/第1章/

依附、失落和悲傷經驗

依附理論

要充分領會失落的衝擊和與之相關的人類行為，一定要先對依附（attachment）的意義有所了解。針對依附的性質——即依附是什麼和依附如何發展，在心理學和精神醫學方面，已出現相當多的文獻。已故英國精神醫生 John Bowlby 是這個領域中的關鍵人物和主要思想家之一，他專業生涯的大部分時間都奉獻在依附和失落的領域，並且寫了很多以此為主題的書籍和論文。

Bowlby 的依附理論提出一套概念，幫助我們了解人類有和他人發生強烈情感連結的傾向，並且在這種連結被威脅或破壞時，產生強烈的情緒反應。為了發展他的理論，Bowlby 涉獵廣泛，其中包括來自民族學、控制理論、認知心理學、神經生理學和發展生物學等範疇的資料。有些人認為人與人之間發展依附連結只是為了滿足生理驅力，例如對食物或性的需要，但 Bowlby 對此提出異議。他引用 Lorenz 對動物和 Harlow 對幼猴所做的研究來指出，事實上，沒有這些生物性需要的增強，依附仍然發生（Bowlby, 1977a）。

Bowlby 的命題是，依附來自於對安全感和安全的需求；發展於生命早期，通常指向少數特定個人，並且傾向延續至大部分生命週期。無論是小孩或成人，與重要他人形成依附，是正常的行為。Bowlby 堅持依附行為具有生存價值，並以這種行為發生在幾乎所有種類哺乳動物的年幼者為例。但他認為依附行為不同於哺育及性行為。

最能說明依附行為的就是幼小動物和孩子。隨著成長，他們逐漸離開主要依附對象，在環境中追求更寬廣的空間，但他們總是會回到依附對象身邊，以尋求支持與安全。當該依附對象消失或被威脅，他們的反應會是極端焦慮以及強烈的情緒反彈。Bowlby 認為，父母應提供孩子向外探索的安全基礎，這種關係決定了孩子日後在生活中培養情感連結的能力。這點和 Erik Erikson（1950）的基本信任觀念相類似：透過健全的親職，當困難發生時，個人會看待自己不僅有自助能力、且值得被幫助。而依附模式也可能發展成明顯的病態脫序（aberrations）。親職不足可能導致人們形成依附焦慮，或是促成就算有也是很薄弱的依附（Winnicott, 1953, 1965）。各種不同的依附風格會在第 3 章詳述。

如果依附行為的目的是為了維持一個情感連結，危及這種連結的情況會引發某些特定反應。失落的可能性愈大，反應就愈強烈，變化也就愈多。「在這種情況下，所有最具力道的依附行為形式——如黏人、哭泣或憤怒的強制，會被引發出來……當這些行動成功，連結即被恢復；這種種行動就會停止，壓力和沮喪的狀態就會減輕」（Bowlby, 1977b, p. 429）。若危險沒有被解除，退縮、冷漠、絕望就會因而發生。

動物和人類一樣均會呈現這種行為。Darwin（1872）在 19 世紀後期所著《人類和動物的表情》（*The Expression of Emotions in*

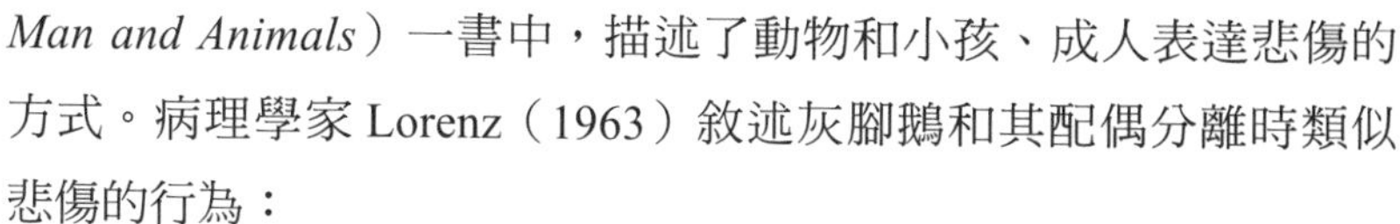

Man and Animals）一書中，描述了動物和小孩、成人表達悲傷的方式。病理學家 Lorenz（1963）敘述灰腳鵝和其配偶分離時類似悲傷的行為：

> 在其伴侶消失時，灰腳鵝的第一個反應便是焦慮地試圖再度找到伴侶，牠夜以繼日、不眠不休地到處移動，飛至很遠處，四處尋覓可能會發現伴侶之處，並不時發出尖銳的三節音向遠處呼喚……這種冒險搜索的範圍不斷擴大，以至於灰腳鵝本身常會走失或死於意外……在失去伴侶時，灰腳鵝所有這種具體可見的行為特質，也和人類的悲傷行為略為相同。（Lorenz, 1963，引自 Parkes, 2001, p. 44）

悲傷行為在動物世界中的例子不勝枚舉。多年前，有個關於蒙特婁動物園（Montreal zoo）海豚的報導，其中一隻海豚死後，牠的配偶拒絕進食，動物園管理員為了維持這隻海豚的生命，承擔了幾乎是不可能的艱難任務。透過不進食，海豚呈現出悲傷、沮喪的狀態，非常類似人類的失落行為。

美國麻州總醫院（Massachusetts General Hospital）精神科醫生 George Engel 在精神科院會演講時，曾非常詳盡地描述一個有關喪親的個案，這個個案的種種典型反應，聽起來也會在一個失去伴侶的人身上發現。Engel 醫生唸完了報紙中一長段有關失落的報導後，終於透露他所描述的是一隻鴕鳥失去配偶後的行為。

鑑於動物世界中的諸多實例，Bowlby 推斷，有足夠生物學上的理由去解釋，自發本能的侵略性行為乃是對分離的反應。他還指出，「失落是不可回復的」此一想法是不被列入考慮的，因為在進化過程中，本能是在「失落是可以回復的」此前提下發展出來的，而且悲傷過程中的一些行為反應，就是為了要和失落的對象重新建立關係（Bowlby, 1980）。這類有關悲傷的生物學理論影響了許多人的想法，包括英國精神科醫生 Colin Murray Parkes（Parkes, 1972; Parkes & Stevenson-Hinde, 1982; Parkes & Weiss, 1983），以及其他著名的依附理論家 Mary Ainsworth（Ainsworth, Blehar, Waters, & Wall, 1978）和 Mary Main（Main & Hesse, 1990）。動物的哀悼反應顯示，原始的生物過程同樣在人類身上運作。然而，仍有某些悲傷特質是人類特有的，本章會針對這些正常的悲傷反應予以說明（參見 Kosminsky & Jordan, 2016）。

證據顯示，失落後的悲傷只有程度的差異。人類學家研究不同社會、文化對失去所愛的反應，發現無論何處，重新獲得失去的所愛，和／或相信來生會與其重聚，幾乎是普遍的企圖。只是相較於文明社會，原始社會似乎較少有病態的喪親反應（Parkes, Laungani, & Young, 2015; Rosenblatt, 2008; Rosenblatt, Walsh, & Jackson, 1976）。

悲傷是一種疾病嗎？

精神科醫生 George Engel（1961）曾在《身心醫學》期刊（*Psychosomatic Medicine*）發表一篇引人省思的論文，並提出這個令人關注的問題：悲傷是一種疾病嗎？ Engel 的論述是，失去所愛而有的心理創傷，相當於一個人嚴重受傷或燒傷的生理創痛。他認為，悲傷代表脫離健康與幸福的狀態，如同為了讓身體回復平衡，在生理領域的治療是必須的，同樣地，哀悼者亦需要一段時間回復類似的心理平衡狀態。因此，Engel 視哀悼過程相似於療癒過程。療癒後，所有或大部分的功能都可以恢復，但也有功能損壞或不適當治療的偶發事件。Engel 認為健康和病態的說法，不只可應用在生理治療過程中的不同療程，也可以運用在哀悼過程中的各個階段。他視哀悼是一段需要時間去恢復功能的歷程。至於功能損壞多少，只是程度的問題（Engel, 1961）。不過與其使用恢復（recovery）和復原（restoration），我偏好使用調適（adaptation）的說法：有些人對失落調適得比其他人好。我們會在第 5 章檢視個人對失落調適不良的複雜性哀悼。

在檢視正常悲傷的特質前，我們先來看看常被交互使用的三個名詞：悲傷（grief）、哀悼（mourning）和喪慟（bereavement），這會很有幫助。為了達成共識，在這本書中，我會用悲傷（grief）來表示一個人因死亡失去所愛的經驗，其中包括會隨著時間，在模式和強度上，不斷改變的想法、感覺、行為和生理變化。悲傷也可能應用至其他失落，但本書主要指死亡帶來的失落。哀悼可應用在一個人面對他人死亡時所經歷的調適過程。在這個過程中，失落的確定性和結果被理解，並且融入哀悼者的生活中。喪慟則界定為一個人嘗試去調適失落以及失去親密他人的經驗。

正常的悲傷

正常的悲傷（normal grief）[1] 又稱為單純的悲傷（uncomplicated grief），包括失落後普遍常見且範圍廣泛的感覺、認知、生理感官

1 我用「正常」這個名詞同時指稱臨床和統計上的意義。**臨床**指的是實務工作者所稱的正常哀悼行為，而**統計**指的是在隨機的喪慟人口群中發生的行為頻率。發生頻率愈高的行為，愈常被定義為正常。

知覺，及行為改變。Erich Lindemann（1944）是最早開始系統化地檢視正常悲傷反應的人之一，當時他是麻州總醫院精神科主任。

波士頓地區有兩所天主教大學以足球對抗聞名。1942 年秋，兩隊為傳統的週六對抗賽之一而碰頭，聖十字隊擊敗了波士頓大學隊。賽後眾人湧至當地的椰子林夜總會慶祝。正在狂歡作樂之時，一名侍者在換燈泡時點燃了一根火柴，不慎燒著了一棵裝飾的棕櫚樹，在一瞬間，過度擁擠的夜總會頓時陷入火海，將近五百人在這場悲劇中喪生。

事後，Lindemann 和同事協助了許多在這次悲劇中失去親人的家屬。從這些資料中，他寫出了那篇經典的文章〈急性悲傷的症狀及處理〉（Symptomatology and Management of Acute Grief, 1944）。透過對一百零一位新近喪親的病人的觀察，Lindemann 發現了類似的模式，他稱之為正常或急性悲傷的病徵：

1. 某種形式的身心症狀或生理不適。
2. 逝者影像縈繞腦海揮之不去。
3. 對逝者或死亡情境感到愧疚。
4. 敵意反應。
5. 失去遭遇失落前的生活功能。

除了以上這五種症狀外，Lindemann 描述了許多病人都會呈現的第六種症狀，那就是他們似乎會發展出逝者曾有的行為特質。

Lindemann 的研究有許多限制，Parkes（2001）略述了其中一些限制。他指出 Lindemann 沒有提出可顯示所描述症狀相對頻率的數據，也忽略了提到和病人會談的次數，以及會談是在失去親人多久後所做的。然而，這個研究仍舊非常重要，而且經常被引用。

我特別感興趣的是，如今在麻州總醫院所見到的喪親者所呈

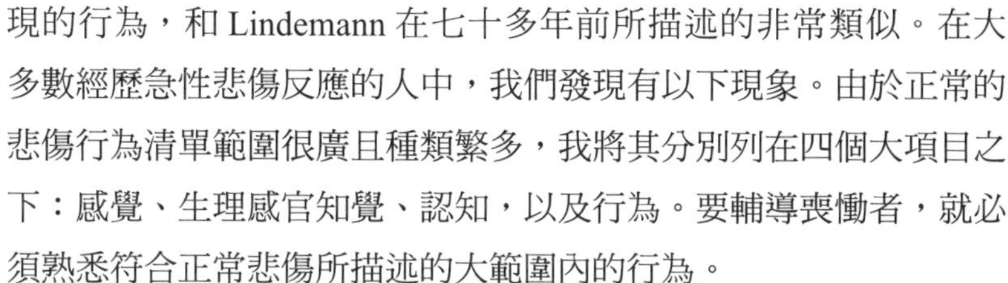

現的行為，和 Lindemann 在七十多年前所描述的非常類似。在大多數經歷急性悲傷反應的人中，我們發現有以下現象。由於正常的悲傷行為清單範圍很廣且種類繁多，我將其分別列在四個大項目之下：感覺、生理感官知覺、認知，以及行為。要輔導喪慟者，就必須熟悉符合正常悲傷所描述的大範圍內的行為。

感覺

悲哀

悲哀是喪慟者最常有的感覺，不需多做說明。悲哀不一定都是以哭泣來表達，但大部分情況下會如此。Parkes 和 Weiss（1983）推測，哭泣是一個訊號，會引發他人同情和保護的反應，並且建構一個暫停競爭行為正常法則的社會情況。有些哀悼者會害怕悲哀，尤其是害怕悲哀的強度（Taylor & Rachman, 1991）。常會聽到有人說：「我在喪禮中崩潰了。」有人嘗試藉由過度活動以阻隔悲哀，卻只發現悲哀改為在夜間出現。無論是否流淚，不允許自己經驗悲哀，往往會導致複雜的哀悼經驗（見第 5 章）。

憤怒

失落後常會經驗到憤怒，這可能是讓喪慟者最困惑的感覺之一，因此，憤怒是悲傷過程中許多問題的根源（Cerney & Buskirk, 1991）。有位女士的先生因癌症過世，她告訴我：「我怎麼能生他的氣？他也不願意死啊！」事實上，她很氣先生棄她而去。若對憤怒沒有足夠了解，就會導致複雜性哀悼。

憤怒有兩個來源：來自無法阻止死亡的挫折感，以及來自失去親近的人後的一種退化經驗。你可能有過這樣的退化經驗：小時候和媽媽上街買東西，在百貨公司裡，突然發現媽媽不見了，你嚇壞了，也很焦慮。然而當媽媽再度出現時，你並沒有表現出愛的反應，反而大哭著對媽媽拳打腳踢。Bowlby 把這種行為視為人們天性的一部分，其所象徵的訊息是：「你可不准再離開我了！」

失去重要的人，會使人傾向退化、感到無助、覺得沒有這個人就無法活下去，然後經驗到一股伴隨著焦慮的憤怒。喪慟者需要認出所經驗到的憤怒，並且把憤怒感適當地導向逝者，才可能有一個健康的調適。

憤怒最危險的失調之一就是把憤怒朝向內在自我。嚴重的內射憤怒是這人可能會怨恨自己，並且可能極度沮喪或有自殺行為。Melanie Klein（1940）對這種內射的憤怒反應提出一個更心理動力的解釋，她認為贏過（*triumph* over）逝者的感覺，使喪慟者把憤怒轉向自己，或者朝向身邊的人。

責備

憤怒往往會以其他比較無效的方式表達，其中之一是替換（displacement），或是將憤怒轉向他人，並且時常責備這人要為所愛的死亡負責（Drenovsky, 1994）。這是因為，如果有人可以被責備，那麼這人就要負責，因此這個失落其實是可以被阻止的。人們可能責備醫生、葬儀社、家人、不夠體貼的朋友，也經常責備上帝。一位喪夫者質問：「我感覺被騙了，但又很困惑，不曉得是誰騙了我？上帝讓我看到如此珍貴的東西，卻又拿走它，這樣公平嗎？」（Exline, Park, Smyth, & Carey, 2011）

Field 和 Bonanno（2001）在他們的研究中觀察到兩種責備，第一種涉及責備逝者，第二種則是自責。責備逝者的人在失喪後數月會經驗較多的憤怒和其他症狀，且較少持續連結；而自責的人則會經驗較多所有類型的悲傷症狀，且較難接受失落的現實。他們傾向於保有逝者的所有物並且心懷愧疚以和逝者保持連結，而非持有回憶來作為持續情感的方式。

愧疚與自責

自責、羞愧和愧疚是喪慟者共有的經驗，且可能影響悲傷的結果（Duncan & Cacciatore, 2015）；喪慟者常會出現因對逝者不夠好、沒能及早帶其就醫等而來的愧疚和自責。通常愧疚會顯現在死亡時發生了某件事，或是疏忽了一些本來也許可以預防失落發生的事（Li, Stroebe, Chan, & Chow, 2014）。愧疚通常是非理性的，可透過現實檢驗（reality testing）來緩和。當然，若一個人確實做了導致死亡的事情，就可能會有真正的愧疚。在這些案例中，需要的是專業介入而非現實檢驗。

焦慮

喪親者的焦慮可以從輕微的不安全感，到強烈的恐慌發作。焦慮愈是強烈持久，就更意味著異常的悲傷反應（Onrust & Cuijpers, 2006）。焦慮的主要來源有二：第一個來源是依附相關的焦慮，喪親者害怕將無法照顧自己，會時常表示「沒有他／她，我活不下去」（Meier, Carr, Currier, & Neimeyer, 2013）；第二個來源是相關於個人死亡意識感增加的焦慮——因所愛的死亡，增加對自己必死的覺察（Worden, 1976）。在極端情況下，焦慮可能發展成恐懼症。知名作家 C. S. Lewis（1961）就了解這種焦慮。在失去妻子後他曾說：「從來沒有人告訴過我，悲傷和恐懼這麼類似。我其實並不害怕，可是卻有害怕的感覺。同樣的胃攪動、坐立不安、打呵欠。我不斷地吞嚥口水」(p. 38)。

孤獨感

孤單是喪親者常表達的感受,尤其是喪偶者和已習慣日常生活中有親近關係的人。很多喪夫者即便再孤單也不願出門,因為她們覺得在家比較安全。「現在我覺得好孤獨,」一位結婚五十二年的女士在先生去世十個月後說:「就好像世界末日。」W. Stroebe、Stroebe、Abakoumkin 和 Schut(1996)把社交的孤獨感和情緒的孤獨感區隔開來。社會支持有助於降低社交孤獨感,但無法減輕因依附受損所產生的情緒孤獨感;後者唯有藉由另一個依附關係的整合而被療癒(M. Stroebe, Schut, & Stroebe, 2005)。有時,被碰觸的需要是孤獨感的相關因素,失喪配偶即是很明顯的例子,在老人中更是常見(Van Baarsen, Van Duijn, Smit, Snijders, & Knipscheer, 2001)。

疲倦

Lindemann 的病人曾提到疲倦,我們也常在喪親者身上看到這個現象。這種疲倦感有時會讓人經驗到冷漠或無精打采。對一向活躍的人而言,這種強烈的疲倦感可能會讓人措手不及並感到苦惱。有位喪夫者說:「我早上爬不起來,由於總是感到疲倦,我很少整理屋子。」疲倦通常是自限性的(self-limiting;會自行好轉),否則,就有可能是憂鬱症的臨床徵兆。

無助感

因死亡而引發的無助感是造成死亡事件如此有壓力的因素。無助感與焦慮密切相關,時常出現在失落早期,尤其是喪夫者時常

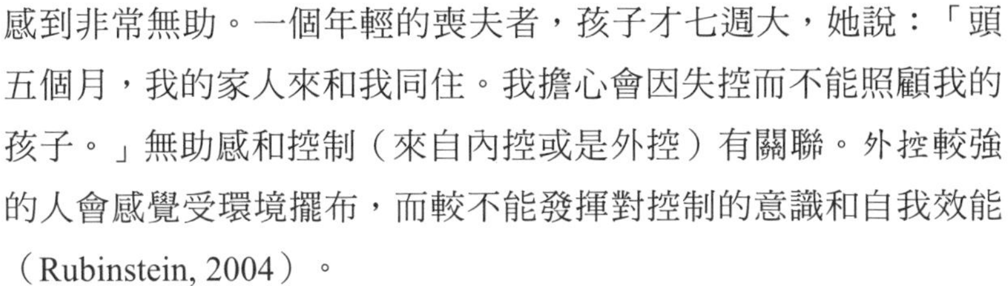

感到非常無助。一個年輕的喪夫者，孩子才七週大，她說：「頭五個月，我的家人來和我同住。我擔心會因失控而不能照顧我的孩子。」無助感和控制（來自內控或是外控）有關聯。外控較強的人會感覺受環境擺布，而較不能發揮對控制的意識和自我效能（Rubinstein, 2004）。

震驚

震驚最常發生在突發死亡的案例。有的人一通電話就得知所愛或朋友死亡。即便病情逐漸惡化而死亡可被預期，當電話通知終於到來時，仍然可能會讓喪親者經驗到震驚和難以置信。

思念

英國人將對於逝者的思念描述為渴慕（pining）。Parkes（2001; Parkes & Prigerson, 2010）注意到，渴慕是喪親者共通的經驗，尤其是在他所研究的喪夫者當中。思念是對失落的正常反應。當它消褪時，可能是哀悼即將結束的訊號；當哀悼無法結束，思念則可能為複雜性哀悼的臨床徵兆（W. Stroebe, Abakoumkin, & Stroebe, 2010）。請見第 5 章對長期悲傷是哀悼併發症之一，以及思念在診斷上的位置之討論（Robinaugh et al., 2016）。

解脫感

死亡發生後，解脫感可能是一個正向的感覺。有位和我一起工作的年輕女孩，她的父親是一個壓迫霸道專斷的獨裁者，主宰了她的生活。在父親心臟病發作突然去世後，她經歷了正常的悲傷感覺，但也表達了一種解脫感，因為她再也不必生活在父親的暴虐中了。起初她對這種感覺感到不安，但後來就能接受這種解脫感是她改變生活狀態後的正常反應。

放鬆

許多人在所愛去世後，反而鬆了一口氣，特別是所愛者曾經承受過長期或特別痛苦的疾病。一位年老喪夫者說：「知道他在肉體和精神上所受的苦過去了，能幫助我有所調適。」如果逝者和哀悼者之間有持續一輩子的糾結關係時，死亡也可能帶來放鬆感；有時，放鬆感是對逝者長期連續自殺企圖後完成自殺的反應。然而，愧疚也常伴隨著這種放鬆的感覺。

麻木

同樣重要的是，有些人表示沒有感覺。在失喪後，他們感到麻木。再者，麻木感也經常在早期悲傷過程中被經驗到，通常會發生在剛接到噩耗之後。可能是因為百感交集，若允許這些感受全部進入意識，會令人無法承受，所以麻木感是對避免情緒氾濫的保護。Parkes 和 Weiss（1983）認為，「沒有證據顯示麻木感是不健康的反應。阻絕感覺作為一種防衛，以避免承受不了的痛苦，似乎是相當『正常』的」（p. 55）。

當回顧這些感覺清單時，要謹記每一種感覺都表示了正常的悲傷情緒，沒有任何一樣是病態的。然而，當某一種感覺不尋常地持續過久和過強時，就有可能預示了複雜的悲傷反應，第 5 章將會就此討論。

生理感官知覺

Lindemann 報告中有意思的事情之一是，他不只描述了人們經驗到的情緒，還描述了和急性悲傷反應有關的生理感官知覺。這些感官知覺往往被忽略，但在悲傷過程中扮演很重要的角色。以下是接受悲傷輔導的人們最常共同表示所經驗到的生理感官知覺清單：

1. 胃部空虛感。
2. 胸部壓迫感。
3. 喉嚨發緊。
4. 對雜音過度敏感。
5. 一種人格解組的感覺：「我走在街上，可是沒有一件事看起來是真實的，包括我自己在內」。
6. 喘不過氣來。
7. 肌肉虛弱無力。
8. 缺乏精力。
9. 口乾舌燥。

很多時候，喪親者會關心這些生理感覺，並且去看醫生做檢查。在此情況下，醫生需要詢問有關死亡和失落的訊息，作為診斷評估的一部分。

認知

標示出悲傷經驗的思考模式有很多且不同。有些在悲傷早期階段常見的想法，通常過一陣子就會消失；但有時，這些想法會持續，並且引發出那些會導致憂鬱或焦慮的感覺。

不相信

「沒有的事，一定是弄錯了，我不相信，我也不要相信。」這常是聽到噩耗後的第一個想法，尤其是如果死亡發生得很突然時。一位年輕的喪夫者對我說：「我一直在等有人來搖醒我，告訴我說我是在做夢。」另一位說：「丈夫的過世是一場震驚，雖然他已經病了好一陣子了。你永遠不會完全準備好。」

混亂

許多新近喪慟者說他們的思緒非常混亂，似乎不能管理自己的思考、精神難以集中，或是會健忘。有一次傍晚，在波士頓，我外出參加一場社交聚會，結束後叫計程車回家。我告訴司機目的地，然後坐定，司機順著路開下去。不久後，司機又問了一遍我要去哪。我以為他可能是新手，還不認識這個城市，但司機對我解釋他心裡有很多事情。過了一會兒，他又問了一遍，還抱歉地說他的腦子非常混亂。這情形又發生了好幾次，最後我判斷若問他在想什麼，應該不會有什麼傷害。他告訴我：他的兒子在一週前因車禍意外喪生了。

沉浸於對逝者的懸念

可能沉浸於對逝者揮之不去的懸念，通常包括如何再尋回失去的親人。有時，沉浸會以對逝者遭受折磨或瀕死的侵擾性懸念或影像的形式出現。在哈佛兒童喪親研究中，具最高度侵擾性懸念的喪子者，是那些與配偶有過嚴重衝突、又在不預期的情況下失去配偶的父親或母親（Worden, 1996）。反覆思索（rumination）是另一種形式的沉浸，被反覆思索調適占據的人，會持續且反覆地想起他們的感覺有多糟，以及那些突然引發他們感覺的情境（Eisma et al., 2015; Nolen-Hoeksema, 2001）。

感到逝者仍然存在

這是與思念經驗相對應的認知部分。悲傷的人可能認為逝者仍存在於現今的時空中，尤其是在死亡過後這一段時間。在兒童喪親研究中，在父母死亡後四個月，81% 的兒童仍感覺到逝去的父母在看顧著他們；而 66% 的兒童在兩年之後仍持續有這種經驗。有些人會因為逝者仍然存在的意念感到安慰，另有些人不覺得安慰，反而會被嚇到（Worden, 1996）。

幻覺

幻覺是喪慟者可能經常會有的經驗，視幻覺和聽幻覺均在正常行為清單之列。通常是短暫虛幻的經驗，經常發生在失落後幾個星期之內，通常不會是更困難或複雜性哀悼經驗的徵兆。儘管有些人會覺得不安，卻有許多人發現這種經驗讓人得到慰藉。基於對神祕主義和靈性的興趣，思考這個問題很有趣：到底這是真的幻覺？或者可能是某種形而上現象（Kersting, 2004）？

思考與感覺之間有一個明顯的共同範圍，現今認知心理學和認知治療亦強調這點。賓州大學 Aaron Beck 和其同僚（1979）發現，憂鬱經驗常被憂鬱的思考模式引發。在喪慟方面，某些心裡的想法，像「沒有她，我活不下去」或「我再也找不到愛了」等念頭，可能引發非常強烈但正常的悲傷及／或焦慮的感覺。

行為

有許多特定行為常和正常悲傷反應相關聯，從睡眠和食慾障礙，到心不在焉和社交退縮，以下行為常在失落後發生，經過一段時期，通常會自動修正。

睡眠障礙

對處於失落早期的人來說，經驗到睡眠障礙是很尋常的，包括難以入睡或過早醒來。睡眠障礙有時需要醫療介入，但在正常的悲傷中，通常會自行好轉。在哈佛兒童喪親研究中，五分之一的兒童在父母去世後的前四個月，顯現出一些睡眠障礙；但在死亡一年和兩年之後，在沒有處遇的情況下，這些睡眠障礙比例數據已下降到和其他未喪親的對照組沒有顯著差別了（Worden, 1996）。

比爾突然失去太太後，他每天早上五點就在強烈的悲傷中醒過來，一遍遍回想太太死亡時的情景，思考他如果做得不同，或許太太的死亡就不會發生了。日復一日如此，很快就產生問題，因為他不能好好工作。六個星期過後，睡眠障礙開始自行好轉，最後消失。這是很尋常的經驗。然而，如果睡眠障礙持續下去，可能表示是更嚴重的憂鬱問題，就應該被探究（Tanimukai et al., 2015）。睡眠障礙有時可能象徵著各種害怕，包括害怕做夢、害怕獨眠、害怕不再醒來。一位女士在先生死後，要帶著狗上床，才解決了害怕獨眠的問題，狗的呼吸聲帶給她安慰，如此持續了近一年，她才能夠獨自入眠。

飲食障礙

失去至親的動物會有飲食障礙，這在人類的哀悼情況中也非常普遍。雖然食慾障礙可能有過度進食和吃得太少兩種狀態，但吃得太少則是更常被描述的悲傷行為，體重的明顯改變可能來自飲食模式的改變。

心不在焉的行為

初喪親者可能發現自己心不在焉，或是做一些最終會給自己帶來麻煩或傷害的事情。有位個案很擔心，因為她曾分別有三次開車到城的另一端去辦事後，卻忘了自己曾開車出門，而坐公車回家。這個行為發生在一個親近朋友死亡後，最後也自行修正了。

社交退縮

承受失落後，想從人群中退縮是很正常的，再者，這通常是短暫的現象，會自行修正。我曾看過一位母親剛去世的年輕女子，她是一個非常好交際的人，喜歡參加宴會。在她母親死後數月裡，她拒絕了所有邀約，因為這些邀約似乎和她早期悲傷經驗的感覺格格不入。這種行為對本書讀者似乎是明顯且適當的，但這名女子視自己的退縮為不正常。有些人會躲避那些過分熱心的朋友，「我的朋友們太過努力，讓我很想逃避他們，你能聽多少次『我為你感到難過』？」社交退縮也可能包括對外面的世界失去興趣，例如不看報紙、不看電視。父親或母親死亡的孩子，在喪親後早期的幾個月裡，也可能經驗到社交退縮（Silverman & Worden, 1993）。

夢到逝者

夢到逝去的親人很尋常，有的是一般的夢、有的令人痛苦，或者是噩夢。這些夢時常說明很多目的，可能針對喪慟者處於哀悼過程中的某一階段，提供一些診斷上的線索（Cookson, 1990）。

例如，在母親去世後的好幾年裡，艾莎對母親死亡當時的情況，承受著強烈的愧疚，她表現出低自尊和自責，還有強烈的焦慮感。母親在住院期間，艾莎每日例行去探望她，有日當艾莎離開病房外出去買咖啡和食物時，母親去世了。

艾莎充滿了懊悔，在治療中，雖然用了一般現實檢驗的技巧，她的愧疚仍未稍減。治療期間，艾莎夢到了母親，在夢中，她看到自己試著幫助母親走過一段滑溜的路面，以防母親摔跤，但母親還是摔倒了。在夢中，她做任何事都救不了母親，就是不可能！在治療中，這個夢是重要的轉捩點，因為她允許自己看清楚了：其實她完全沒有任何辦法阻止母親的死亡。這個重要的領悟，讓她得以擺脫承擔多年的愧疚。第 6 章會介紹悲傷輔導和治療使用夢的幾種方法。

避免提起逝者

有些人會迴避引發悲傷的痛苦感覺的地方或事物，如死亡地點和墓地，或令人回想起失去所愛的事物。有位中年婦女尋求悲傷輔導，她的先生在多次冠狀動脈心臟病發作後去世了，留下她和兩個孩子。有一陣子，她把先生所有的照片及其他可能引起她想到先生的東西，全都收起來放在櫃子裡。這顯然僅僅是個暫時性的解決辦法，當她對自己的悲傷調適得比較好之後，她才能夠把這些物品拿出來與之共處，還把先生的相片放到鋼琴上。

很快地除去所有和逝者有關的東西，盡可能送人或丟掉、甚至很快地處理掉遺體，都可能導致複雜的悲傷反應。這通常都不是健康的行為，往往意味著和逝者間高度愛恨交織的關係，這種關係是影響哀悼的要素之一，第 3 章會加以描述。

追尋與呼喚

Bowlby 和 Parkes 的論述中，很多都提到追尋的行為。「呼喚」和這種追尋行為相關，喪慟者可能常會有聲或無聲地叫喚著所愛的名字：「約翰，約翰，約翰，請回到我身邊吧！」

嘆氣

嘆氣是喪慟者很常見的一種行為，和喘不過氣的生理感覺是密切相關的。麻州總醫院的同仁對一小群喪子的父母親做呼吸測驗，發現他們呼吸的氧及二氧化碳的程度，與憂鬱症患者類似（Jellinek, Goldenheim, & Jenike, 1985）。

坐立不安的過動狀況

在哈佛喪親研究中，有幾位喪夫者在丈夫去世後，有坐立不安的過動狀況。前文提到的那位女士，先生留下她和兩位青少年期的孩子，她無法忍受待在家裡，必須開著車在鎮上四處逛，試圖去找到可將她從坐立不安中釋放出來的感覺。另一位喪夫者在白天忙碌時可以待在家中，但到了晚上就會逃離。

哭泣

有個有趣的推測：眼淚可能有潛在的療癒價值。有些研究者相信，眼淚可以消除有毒物質，能使因壓力引起的體內化學失調重新獲得平衡。他們假設因情緒壓力而引起的眼淚的化學成分，不同於因眼睛受刺激而分泌的眼淚。有試驗企圖了解，從來自情緒的眼淚中會出現哪種兒茶酚胺（catecholamine，由腦部所產生可以改變情緒的化學物質）（Frey, 1980）。眼淚確實能夠解除情緒壓力，但是如何做到這點，仍然是一個問題；再者，被壓抑下來的哭泣會有什麼負面影響，也需要進一步的研究。Martin（2012）和從創傷事件中經驗悲傷的個人及家庭工作，寫過一篇有趣的文章，標題為〈未能由眼淚宣洩的悲傷會讓其他器官哭泣〉（Grief That Has No Vent in Tears Makes Other Organs Weep），幫助我們了解未被情緒和認知一一進行處理的極端創傷經驗，如何可能轉而透過身體表達出來。

去探訪會想起逝者的地方或攜帶會想起逝者的物品

這是和避免接觸可想起逝者事物相反的行為，通常這些行為的根本是害怕會失去對逝者的記憶。「那兩個星期我時時刻刻帶著他的相片，害怕自己會忘了他的面孔。」一位喪夫者這樣告訴我。

珍藏逝者的遺物

一位年輕女子在母親死後不久，整理母親的衣櫃，把許多母親的衣服帶回家。雖然這個行為看起來像是節儉的例子，因為她和母親穿一樣尺碼的衣服，但事實是，當她穿上曾屬於母親的衣服，心裡才覺得舒服。她穿著這些衣服好幾個月，當哀悼逐漸過去後，她發現愈來愈不需要去穿這些曾屬於母親的衣服，最後，她把大部分衣服捐了出去。

我們之所以這麼詳細地列出正常悲傷的特質，是為了顯示和失落相關的行為與經驗非常廣泛。當然，並不是每個人都會經驗到所有這些行為。然而，了解正常悲傷的行為範圍，對諮商人員是重要的，這樣才不會把正常的行為病態化。有了這樣的了解，特別是在第一次重大失落的案例中，諮商人員才能夠向經歷這些行為且視之為困擾的人袪除其疑慮。但是，在哀悼過程後期，如果這些經驗仍然持續，即可能是更複雜的悲傷之指標（Demi & Miles, 1987）。

悲傷與憂鬱

許多正常的悲傷行為和憂鬱症狀似乎很類似，為了弄明白這點，我們來檢視有關兩者之間異同的爭論。

Freud（1917/1957）在他早期的文章〈哀悼與憂傷〉（Mourning and Melancholia）中，就提出了這個論題。他試著指出「憂鬱」（depression）或所謂的「憂傷」，是悲傷的病態形式，和哀悼（即正常悲傷）非常類似；不同的是憂鬱有其特定的特質。換句話說，就是那股針對愛恨衝突對象的憤怒衝動，轉而朝向了自己內在。確實，悲傷非常類似憂鬱，而且悲傷也可能發展成重度憂鬱。Klerman（Klerman & Izen, 1977; Klerman & Weissman, 1986）是位傑出的憂鬱症研究者，他相信許多憂鬱是由失落突然引發的，可能在失落後馬上發生，也可能是病人在日後想起了失落而引發。憂鬱也可能作為拒絕哀悼的一種防衛。如果憤怒是朝向自己，就不會轉向逝者，因此也就讓生者免於處理對逝者愛恨交織的矛盾感受（Dorpat, 1973）。

悲傷和憂鬱間的主要差異有以下這些：憂鬱和悲傷都有睡眠障礙、食慾障礙，以及強烈悲傷的典型症狀，然而，兩者間最主要的不同是，悲傷反應不像大多數臨床上憂鬱症般，普遍會有自尊失落的狀況。喪慟者不會因為失落而貶抑自己，即使有，也傾向僅是短時間；另外，喪慟者若經驗到愧疚，通常也是和失落的特定層面相關，而不是一種普遍的全面性應被懲罰的感覺。即便悲傷和憂鬱共有相似的主觀和客觀特徵，但這些特徵是在不同的狀態中。憂鬱和喪慟有重疊之處但並不等同（Robinson & Fleming, 1989, 1992; Wakefield & Schmitz, 2013; Worden & Silverman, 1993; Zisook & Kendler, 2007）。Freud 相信在悲傷中，世界看起來既貧乏又空虛；而在憂鬱中，患者感覺到自己既貧乏又空虛。Beck 及其同僚（1979），以及其他認知治療師也指出這兩者在認知形式上的差異。他們認為憂鬱症患者對自己、世界和未來具有負面的評價；而喪慟者即使有這些負面評價，也傾向只是過渡現象。

然而，的確有些喪慟個人在失落後發展出重度憂鬱症（MDE）（Zisook & Kendler, 2007; Zisook, Paulus, Shucter & Judd, 1997; Zisook & Shuchter, 1993, 2001）。最近的《精神疾病診斷與統計手冊》（第五版）（*DSM-5*; American Psychiatric Association [APA], 2013）認可了這個差別。在 Zisook 和其同僚（2012）的影響力下，刪除了之前「排除二個月的喪慟，即喪親二個月內，喪慟者不可能被診斷為憂鬱症」的條文。他們主張「大量資料顯示，和喪慟相關的憂鬱沒有不同於在任何其他情境中出現的重度憂鬱症，它同樣是被基因遺傳影響，最可能發生在有個人和家庭重度憂鬱症歷史的個人；它有相似的人格特質和共病模式，有可能是慢性和／或週期性發病，並對抗憂鬱劑有反應」。如果在喪慟時發展出重度憂鬱症，應該被考慮為是一種複雜性哀悼——即誇大的悲傷（請見第 5 章）。

耶魯大學 Jacobs、Hansen、Berkman、Kasi 和 Ostfeld（1989）；Jacobs 等人（1990）；Jacobs、Nelson 和 Zisook（1987），對喪慟情境中的憂鬱很感興趣。根據他們的看法：「雖然大多數喪慟中的憂鬱只是過渡現象，並不需要專業關注，但愈來愈多人同意，有些憂鬱——特別是在喪親第一年持續整年的憂鬱——在臨床上是有意義的」（1987, p. 501）。他們使用抗憂鬱劑治療一些在喪慟後期仍持續憂鬱、沒有自發性地解除或對人際介入沒有反應的病人。這些病人通常都有憂鬱症或其他心理健康失調的病史。他們發現這些病人在睡眠失調、食慾障礙，以及情緒和認知上都有進步，這個反應建議了憂鬱的生物面向。

DSM-5（APA, 2013）中有一節建議：

> 對一個重大失落的反應（例如喪慟），可能包括強烈的悲傷、對失落的反覆思索、失眠、胃口差和體重減輕，這些症狀都和憂鬱症類似。儘管這些症狀都可被了解，或被認為是對於失落的適當反應，也應該要仔細考量是否除了重大失落的正常反應外，亦有重度憂鬱的出現。這個決定不可避免地需要基於個人史和文化常規對失落情境中痛苦的表達，再加以臨床的判斷。（p. 95）

接觸正值急性悲傷期的人，諮商人員的功能之一是使用來自 *DSM-5*（APA, 2013）的現代標準診斷準則，以評估哪些病患可能遭受重度憂鬱。這樣的病患能因此得到更多協助，例如醫療評估及可能使用抗憂鬱劑。一旦藥物開始解除了憂鬱症狀，處遇重點就會轉變為依附關係中的根本衝突，而這些衝突無法僅透過藥物來加以解決（Miller et al., 1994）。

如果悲傷被界定為是人在失落後的經驗，哀悼則是對失落的調適歷程。以下兩章我們將詳細地檢視哀悼過程。

反思與討論

- 本章定義了悲傷、喪慟和哀悼這些名詞。其不同點如何讓你更清楚理解這個議題？你會想用什麼方式修改這些定義？
- 觀看各樣正常悲傷的典型反應：（1）感覺（2）生理感官知覺（3）認知（4）行為，有哪些反應是你在和喪慟者工作時，最常看到的？有哪些是你自己在重大失落後所經驗到的？
- 喪慟者有時會提到發狂的感覺。本章所描述的認知和情緒，如何促成這種瘋狂的感覺？
- 有些行為，例如一直帶著曾屬於逝者的物品，可能會讓某些出於好意的家人和朋友認為喪慟者需要專業協助。如何祛除你的個案對這些行為正常性的疑慮？
- 把正常喪慟反應當作是重度憂鬱症狀準則處理的時候，會有哪些問題？在臨床實作上，這些問題會有多重大？為什麼？

參考文獻

Ainsworth, M., Blehar, M., Waters, E., & Wall, S. (1978). *Patterns of attachment: A psychological study of strange situations*. Hillsdale, NJ: Erlbaum.

American Psychiatric Association. (2013). *Diagnostic and statistical manual of mental disorders* (5th ed.). Washington, DC: Author.

Beck, A. T., Rush, A. J., Shaw, B. F., & Emery, G. (1979). *Cognitive therapy of depression*. New York, NY: Guilford Press.

Bowlby, J. (1977a). The making and breaking of affectional bonds: I. Aetiology and psychopathology in the light of attachment theory. *British Journal of Psychiatry, 130*, 201–210. doi:10.1192/bjp.130.3.201

Bowlby, J. (1977b). The making and breaking of affectional bonds: II. Some principles of psychotherapy: The fiftieth Maudsley lecture (expanded edition). *British Journal of Psychiatry, 130*, 421–431. doi:doi:10.1192/bjp.130.5.421

Bowlby, J. (1980). *Attachment and loss: Loss, sadness, and depression* (Vol. II). New York, NY: Basic Books.

Cerney, M. S., & Buskirk, J. R. (1991). Anger: The hidden part of grief. *Bulletin of the Menninger Clinic, 55*, 228–237.

Cookson, K. (1990). Dreams and death: An exploration of the literature. *OMEGA–Journal of Death and Dying, 21*, 259–281. doi:10.2190/8LJ8-6GN1-YT22-B8D4

Darwin, C. (1872). *The expression of emotions in man and animals*. London, UK: Murray.

Demi, A. S., & Miles, M. S. (1987). Parameters of normal grief: A Delphi study. *Death Studies, 11*, 397–412. doi:10.1080/07481188708252206

Dorpat, T. L. (1973). Suicide, loss, and mourning. *Life-Threatening Behavior, 3*, 213–224. doi:10.1111/j.1943-278X.1973.tb00867.x

Drenovsky, C. K. (1994). Anger and the desire for retribution among bereaved parents. *OMEGA–Journal of Death and Dying, 29*, 303–312. doi:10.2190/HT0E-HCHE-JFLP-XG7F

Duncan, C., & Cacciatore, J. (2015). A systematic review of the peer-reviewed literature on self-blame, guilt, and shame. *OMEGA–Journal of Death and Dying, 71*, 312–342. doi:10.1177/0030222815572604

Eisma, M., Schut, H., Stroebe, M., Boelen, P., van den Bout, J., & Stroebe, W. (2015). Adaptive and maladaptive rumination after loss: A three-wave longitudinal study. *British Journal of Clinical Psychology, 54*, 163–180. doi:10.1111/bjc.12067

Engel, G. L. (1961). Is grief a disease? A challenge for medical research. *Psychosomatic Medicine, 23*, 18–22.

Erikson, E. H. (1950). *Childhood and society*. New York, NY: W. W. Norton.

Exline, J. J., Park, C. L., Smyth, J. M., & Carey, M. P. (2011). Anger toward God: Social-cognitive predictors, prevalence, and links with adjustment to bereavement and cancer. *Journal of Personality and Social Psvcholoqy, 100*, 129–148. doi:10.1037/a0021716

Field, N., & Bonanno, G. (2001). The role of blame in adaptation in the first five years following the death of a spouse. *American Behavioral Scientist, 44*, 764–781.

Freud, S. (1957). Mourning and melancholia. In J. Strachey (Ed. and Trans.), *Standard edition of the complete works of Sigmund Freud* (Vol. 14, pp. 237–260). New York, NY: Basic Books. (Original work published 1917)

Frey, W. H. (1980). Not-so-idle-tears. *Psychology Today, 13*, 91–92.

Jacobs, S., Hansen, F., Berkman, L., Kasi, S., & Ostfeld, A. (1989). Depressions of bereavement. *Comprehensive Psychiatry, 30*, 218–224. doi:10.1016/0010-440X(89)90041-2

Jacobs, S., Hansen, F., Kasl, S., Ostfeld, A., Berkman, L., & Kim, K. (1990). Anxiety disorders during acute bereavement: Risk and risk factors. *Journal of Clinical Psychiatry, 51*, 269–274.

Jacobs, S., Nelson, J., & Zisook, S. (1987). Treating depression of bereavement with antidepressants: A pilot study. *Psychiatric Clinics of North America, 10*, 501–510.

Jellinek, M. S., Goldenheim, P., & Jenike, M. (1985). The impact of grief on ventilatory control. *American Journal of Psychiatry, 142*, 121–123. doi:10.1176/ajp.142.1.121

Kersting, A. (2004). The psychodynamics of grief hallucinations—a psychological phenomenon of normal and pathological grief. *Psychopathology, 37*, 50–51. doi:10.1159/000077020

Klein, M. (1940). Mourning and its relationship to manic-depressive states. *International Journal Psychoanalysis, 21*, 125–153. Retrieved from https://pdfs.semanticscholar.org/1216/dd85933628fac2775a408346a790c43fd45e.pdf

Klerman, G. L., & Izen, J. (1977). The effects of bereavement and grief on physical health and general well being. *Advances in Psychosomatic Medicine, 9*, 63–104.

Klerman, G., & Weissman, M. (1986). The interpersonal approach to understanding depression. In T. Million & G. Klerman (Eds.), *Contemporary directions in psychopathology: Toward the* DSM-IV (pp. 429–456). New York, NY: Guilford Press.

Kosminsky, P., & Jordan, J. (Eds.). (2016). *Attachment-informed grief therapy: The clinician's guide to foundations and applications*. New York, NY: Routledge.

Lewis, C. S. (1961). *A grief observed*. London, UK: Faber & Faber.

Li, J., Stroebe, M., Chan, C., & Chow, A. (2014). Guilt in bereavement: A review and conceptual framework. *Death Studies, 38*, 165–171. doi:10.1080/07481187.2012.738770

Lindemann, E. (1944). Symptomatology and management of acute grief. *American Journal of Psychiatry, 101*, 141–148. doi:10.1176/ajp.101.2.141

Lorenz, K. (1963). *On aggression*. London, UK: Methuen.

Main, M., & Hesse, E. (1990). Parents' unresolved traumatic experiences are related to infant disorganized attachment status: Is frightened and/or frightening parental behavior the linking mechanism? In M. T. Greenberq, D. Cicchetti, & M. E. Cumminqs (Eds.), *Attachment in the preschool years: Theory, research, and intervention* (pp. 161–182). Chicago, IL: University of Chicago Press.

Martin, P. (2012). "Grief that has no vent in tears, makes other organs weep." Seeking refuge from trauma in the medical setting. *Journal of Child Psychotherapy, 38*, 3–21. doi:10.1080/0075417X.2011.651839

Meier, A., Carr, D., Currier, J., & Neimeyer, R. (2013). Attachment anxiety and avoidance in coping with bereavement: Two studies. *Journal of Social and Clinical Psychology, 32*, 315–334. doi:10.1521/jscp.2013.32.3.315

Miller, M. D., Frank, E., Cornes, C., Imber, S. D., Anderson, B., Ehrenpreis, L., . . . Reynolds, C. F., III (1994). Applying interpersonal psychotherapy to bereavement-related depression following loss of a spouse in late life. *Journal of Psychotherapy Practice and Research, 3*, 149–162.

Nolen-Hoeksema, S. (2001). Ruminative coping and adjustment to bereavement. In M. S. Stroebe, R. O. Hansson, W. Stroebe, & H. Schut (Eds.), *Handbook of bereavement research: Consequences, coping, and care* (pp. 545–562). Washington, DC: American Psychological Association.

Onrust, S. A., & Cuijpers, P. (2006). Mood and anxiety disorders in widowhood: A systematic review. *Aging & Mental Health, 10*, 327–334. doi:10.1080/13607860600638529

Parkes, C. M. (1972). *Bereavement: Studies of grief in adult life*. New York, NY: International Universities Press.

Parkes, C. M. (2001). A historical overview of the scientific study of bereavement. In M. S. Stroebe, R. O. Hansson, W. Stroebe, & H. Schut (Eds.), *Handbook of bereavement research: Consequences, coping, and care* (pp. 25–45). Washington, DC: American Psychological Association.

Parkes, C. M., Laungani, P., & Young, B. (2015). *Death and bereavement across cultures* (2nd ed.). London, UK: Routledge.

Parkes, C. M. & Prigerson, H. (Eds.). (2010). *Bereavement: Studies of grief in adult life* (4th ed.). New York, NY: Routledge.

Parkes, C. M., & Stevenson-Hinde, J. (Eds.). (1982). *The place of attachment in human behavior*. New York, NY: Basic Books.

Parkes, C. M., & Weiss, R. S. (1983). *Recovery from bereavement*. New York, NY: Basic Books.

Robinaugh, D., Mauro, C., Bui, E., Stone, L., Shah, R., Wang, Y., & Simon, N. (2016). Yearning and its measurement in complicated grief. *Journal of Loss and Trauma, 21*, 410–420. doi:10.1080/15325024.2015.1110447

Robinson, P. J., & Fleming, S. (1989). Differentiating grief and depression. *Hospice Journal, 5*, 77–88. doi:10.1080/0742-969X.1989.11882640

Robinson, P. J., & Fleming, S. (1992). Depressotypic cognitive patterns in major depression and conjugal bereavement. *OMEGA–Journal of Death and Dying, 25*, 291–305. doi:10.2190/5EX9-086T-VVD4-EV9V

Rosenblatt, P. (2008). Grief across cultures. In M. Stroebe, R. Hansson, H. Schut, & W. Stroebe (Eds.), *Handbook of bereavement research and practice: Advances in theory and intervention* (pp. 207–221). Washington, DC: American Psychological Association.

Rosenblatt, P. C., Walsh, R. P., & Jackson, D. A. (1976). *Grief and mourning in cross-cultural perspective*. New Haven, CT: Human Relations Area Files Press.

Rubinstein, G. (2004). Locus of control and helplessness: Gender differences among bereaved parents. *Death Studies, 28*, 211–223. doi:10.1080/07481180490276553

Silverman, P., & Worden, J. W. (1993). Children's reactions to the death of a parent. In M. S. Stroebe, W. Stroebe, & R. O. Hansson (Eds.), *Handbook of bereavement: Theory, research, and intervention* (pp. 300–316). Washington, DC: American Psychological Association.

Stroebe, M., Schut, H., & Stroebe, W. (2005). Attachment in coping with bereavement: A theoretical integration. *Review of General Psychology, 9*, 48–66. doi:10.1037/1089-2680.9.1.48

Stroebe, W., Abakoumkin, G., & Stroebe, M. (2010). Beyond depression: Yearning for the loss of a loved one. *OMEGA–Journal of Death and Dying, 61*(2), 85–101. doi:10.2190/OM.61.2.a

Stroebe, W., Stroebe, M., Abakoumkin, G., & Schut, H. (1996). The role of loneliness and social support in adjustment to loss: A test of attachment versus stress theory. *Journal of Personality & Social Psychology, 70*, 1241–1249.

Tanimukai, H., Adachi, H., Hirai, K., Matsui, T., Shimizu, M., Miyashita, M., & Shima, Y. (2015). Association between depressive symptoms and changes in sleep condition in the grieving process. *Supportive Care in Cancer, 23*, 1925–1931. doi:10.1007/s00520-014-2548-x

Taylor, S., & Rachman, S. J. (1991). Fear of sadness. *Journal of Anxiety Disorders, 5*, 375–381. doi:10.1016/0887-6185(91)90037-T

Van Baarsen, B., Van Duijn, M., Smit, J., Snijders, T., & Knipscheer, K. (2001). Patterns of adjustment to partner loss in old age: The widowhood adaptation longitudinal study. *OMEGA–Journal of Death and Dying, 44*, 5–36. doi:10.2190/PDUX-BE94-M4EL-0PDK

Wakefield, J., & Schmitz, M. (2013). Normal vs. disordered bereavement-related depression: Are the differences real or tautological? *Acta Psychiatrica Scandinavica, 127*, 159–168. doi:10.1111/j.1600-0447.2012.01898.x

Winnicott, D. (1953). Transitional objects and transitional phenomena. *International Journal of PsychoAnalysis, 34*, 89–97.

Winnicott, D. (1965). *The maturational processes and the facilitating environment*. London, UK: Hogarth.

Worden, J. W. (1976). *Personal death awareness*. Englewood Cliffs, NJ: Prentice-Hall.

Worden, J. W. (1996). Tasks and mediators of mourning: A guideline for the mental health practitioner. *In Session: Psychotherapy in Practice, 2*, 73–80. doi:10.1002/(SICI)1520-6572(199624)2:4<73::AID-SESS7>3.0.CO;2-9

Worden, J. W., & Silverman, P. R. (1993). Grief and depression in newly widowed parents with school-age children. *OMEGA–Journal of Death and Dying, 27*, 251–260. doi:10.2190/XMHJ-F977-P8GV-4W07

Zisook, S., Corruble, E., Duan, N., Iglewicz, A., Karam, E. G., Lanouette, N., . . . Young, I. T. (2012). The bereavement exclusion and *DSM-V*. *Depression & Anxiety, 29*, 425–443. doi:10.1002/da.21927

Zisook, S., & Kendler, K. S. (2007). Is bereavement-related depression different than non-bereavement-related depression? *Psychological Medicine, 37*, 779–794. doi:10.1017/S0033291707009865

Zisook, S., Paulus, M., Shuchter, S. R., & Judd, L. L. (1997). The many faces of depression following spousal bereavement. *Journal of Affective Disorders, 45*, 85–94.

Zisook, S., & Shuchter, S. R. (1993). Major depression associated with widowhood. *American Journal of Geriatric Psychiatry, 1*, 316–326. doi:10.1097/00019442-199300140-00006

Zisook, S., & Shuchter, S. R. (2001). Treatment of the depressions of bereavement. *American Behavioral Scientist, 44*, 782–792. doi:10.1177/00027642010440050006

/ 第 2 章 /

了解哀悼過程

在本書中，我使用哀悼這個名詞，意指在失落後，喪慟者接受失落所發生的過程；另一方面，悲傷則應用於個人對喪慟的反應，其中包括在失落後所經驗到、且隨著時間而改變的想法、感覺和行為。由於哀悼是一個過程，故被不同的理論家從各種方面來檢視——主要包括階段、時期和任務。

階段

檢視哀悼過程的一個方法就是從階段（stages）來看。許多以悲傷為主題的作品列出多達九個、甚至十二個哀悼階段。使用階段論的困難之一是，人們並不會按照順序去經歷這些階段。同時，沒有經驗的工作者會傾向跟著字義照本宣科，就像人們對 Elisabeth Kübler-Ross 所創瀕死階段論的反應一樣。在她的第一本書《論死亡與臨終》（*On Death and Dying*）（Kübler-Ross, 1969）出版後，許多人會期待瀕死病人以有條不紊的順序通過她所列舉的階段，有些人會因某個病人跳過某個階段而感到挫敗。Kübler-Ross 所述之瀕死階段也被用來描述哀悼過程，面臨到了同樣的限制（Kübler-Ross & Kessler, 2005; Maciejewski, Zhang, Block, & Prigerson, 2007）。

時期

包括 Parkes、Bowlby、Sanders 及其他人，採用時期（phases）的觀點，是取代階段的另一個方法。Parkes 界定四個哀悼時期：第一個是失落後馬上發生的麻木期，大部分喪慟者都經驗到麻木感，幫助他們可以暫時不理會失落的事實；然後，人們經驗到第二期的思念，渴望失去的親人能夠再回來，並且傾向於否認失落的永恆性。在這個時期，憤怒扮演很重要的一部分；第三個時期是解組和絕望的時期，喪慟者發現很難在生活環境中發揮功能；最後，他／她才可能進入重組行為的第四期，開始回復正常生活（Parkes, 1972; Parkes & Prigerson, 2010）。Bowlby（1980）的研究工作和興趣與 Parkes 類似，也強調時期的觀念，他認為哀悼者必得通過一連串相似的時期，最終才能解決完成哀悼。如同階段論般，不同時期有許多重複，且很難區隔。

Sanders（1989, 1999）也使用時期的概念來描述哀悼過程，她將哀悼過程分為五個時期：震驚、覺知失落、保護性的退縮、療癒，以及再生。

任務

雖然我對 Bowlby、Parkes 與 Sanders 的時期論並無異議，但是我認為，本書所提出的哀悼任務的概念，同樣提供對哀悼過程的確切了解，且對臨床工作者也較為實用。時期的意涵是被動的，是哀悼者必得經歷的狀態；而另一方面，任務（tasks）的概念則與 Freud 悲傷工作的觀點較為一致，表示哀悼者需要採取行動去做一些事情。同時，這個方法也意味著，哀悼可以被外界的介入所影響。換言之，哀悼者可能把時期看作為必須要通過的一些狀態，而任務取向則會使哀悼者感到有著力之處，並且希望可以積極地做一些事，去調適所愛之人的死亡。

兩種取向都有明顯的正確性。悲傷需要時間。然而，經常被轉述的警句「時間會治療一切」，僅僅抓住了一部分的事實，療癒是來自悲傷的人在時間歷程中做了什麼。同樣真實的觀念是，雖然對急性悲傷中感到劇痛的人來說，哀悼是難以承受的負荷，但在諮商人員的協助下，哀悼創造了必須面對的任務這個想法，可能提供了希望，表示喪親者可以做一些事，而且會有一條可以通過任務的出路。對於大部分哀悼者所經驗到的無助感，這個觀點會是一個有力的解方。

所有人類的成長和發展，都被各種發展任務所影響。兒童的成長和發展最為明顯。根據著名的發展心理學家 Robert Havinghurst（1953）研究，兒童成長時，會存在某些特定的發展任務（包括心理、生理、社會和情緒的任務），如果兒童無法在較低層次完成特定任務，當嘗試在更高層次去完成類似任務時，兒童的調適力可能會受到損害。

從發展心理學借用以上觀念，我視哀悼為對失落的調適，且涉及下文將概述的四項基本任務。為了調適失落，悲傷的人面對這些任務的問題是必要的。喪慟者對失去所愛，採取各種調適，有些調適得好，有些調適得較差。儘管沒有需要以特定順序去提出這些任務，依定義來看，有些順序還是有意義的。例如，要處理失落的情緒衝突，首先得接受失落已經發生、且此生不可逆轉的事實。由於哀悼是一個過程而不是一種狀態，下列的任務需要某些努力。然而，不是每一個經驗到的死亡失落，都會以同樣的方式挑戰這些任務。悲傷是一個認知的過程，涉及面對和調整對於逝者的思緒、失落經驗，和喪慟者必須活在一個不再一樣的世界之事實（Stroebe,

1992）。有人稱此為「悲傷工作」。

哀悼的任務

任務一：接受失落的事實

當某人死亡，即使是預料中的事，仍常會令人有種「它沒有發生」的感覺。悲傷的第一項任務便是完全面對逝者已經死亡、離開、不會再回來的事實。接受這個現實的一部分就是相信此生不再可能重聚。在 Bowlby 和 Parkes 的著作中廣泛討論過的追尋行為，直接關係著這項任務的完成。許多遭受失落的人發現，自己會呼喚失去的親人，和／或有時會有誤認周遭他人的傾向。當他們走在街上，瞥見某人使他們回想起逝者，必須提醒自己：「不！這不是我的朋友，我的朋友確實已經去世了。」Joan Didion（2005）在丈夫死後，曾有此經驗，並且寫在她的書《奇想之年》（*The Year of Magical Thinking*, 2005）之中。

接受失落事實的相反，就是透過某些否定的形式不相信死亡的發生。有些人拒絕相信死亡是真實的，於是在哀悼過程的第一關就被卡住了。我們會在不同層次以各種不同形式來否定現實，其中最常見的是失落的事實、失落的意義或失落的不可逆轉性（Lunghi, 2006）。

對失落事實的否定，從輕微扭曲到嚴重妄想，可能有程度上的不同。透過妄想否定死亡事實的怪異例子不多，如有些喪親者會將遺體停放家中多日，才通知親友。Gardiner 和 Pritchard（1977）曾描述六個這種不尋常行為的實例，而我看過兩個。這些人若不是有明顯的精神症狀，就是有怪異行為和社會退縮。

較可能發生的是，一個人經驗到精神科醫生 Geoffrey Gorer（1965）所謂的*木乃伊化*（mummification）現象，亦即將逝者的所有物保留在*木乃伊狀態*中，以備逝者回來時使用。最經典的例子是維多利亞女王（Queen Victoria）在夫婿亞伯特王子（Prince Albert）去世之後，仍每日將其衣物、修面用具擺列出來，並時常在皇宮四處走動，和他對話。失去小孩的父母亦常將房間維持著孩子去世前的原狀。在短時間內，這種行為並非不尋常，但若維持數年之久，就變成一種否定。扭曲而非妄想的一個例子是將逝者的小孩視為逝者的化身。這種扭曲的想法可緩和失落的強度，但卻無法讓人滿足，且阻礙了對死亡事實的接受。

另一種逃避現實的方法是否定失落的意義，亦即稀釋失落的實質意義。我們常會聽到一些陳述，如：「他過去並不是一個好父親」、「我們以前並不親近」或「我並不想念他」。有些人會立即拋棄讓他們想起逝者的衣物和其他個人物品。移除所有會提醒想到逝者的物品是「木乃伊化」的反例，以減少失落感。生者好像透過淨空那些會讓人面對失落現實的物品，以保護自己。在創傷性死亡後，這種現象是很普遍的。我曾和一位突然失去丈夫的女士會談，她的丈夫為了一個小毛病住院卻因而去世，她堅持直到丈夫的所有物被清走後才回家。她等不及春天的來臨，好讓丈夫在雪中的足跡消失。這種行為並非不尋常，且通常來自和逝者的衝突關係（欲知有關悲傷衝突關係的更多訊息，請參見第 6 章的治療處遇）。

另一種否定失落真正意義的方式是*選擇性遺忘*。例如，蓋瑞 12 歲時失去父親，多年來，他已完全將與父親有關的事、甚或父親的形象，由心中抹去。當他進入大學後第一次接受心理治療時，他甚至無法想起父親的臉孔。在治療走過一個階段後，他不僅能記得父親的容貌，甚至在畢業典禮獲頒獎狀時，感受到父親的存在。

有些人藉著否定死亡的不可逆轉性，阻礙了第一項任務的完成。電視節目《六十分鐘》（*60 Minutes*）播放的一段故事，就是很好的例證說明：一位中年家庭主婦在一場大火中失去母親及 12 歲的女兒，在最初兩年，對於女兒，她整天不斷大聲對自己說：「我不要妳死，我不要妳死，我不要讓妳死！」治療的一部分就是要求她面對女兒的死亡，以及她不可能再回來的事實。

通靈是否定死亡定局的另一種策略。希望和逝者重聚是一種正常情感，特別是在失落過後數日或數週之內。但若是持續希望重聚，就不是正常的狀況了。Parkes（2001）陳述：

> 通靈宣稱是去協助喪慟者尋回逝者。在我的不同研究中，有七位喪慟者描述去參加通靈大會或去了通靈的教會。他們的反應不一，有些人感覺他們和逝者已有某種接觸，也有少數人因此被嚇到。大體上，這些經驗都沒有讓他們感到滿足，也沒有任何人持續規律地參加這些活動。（pp. 55-56）

有一篇關於美國和英國通靈歷史與現狀的文章很有趣。作者訪談了一些參與通靈大會的人。儘管許多人參加的初衷是想知道他們所愛的人是否安好，或是想聽到來自另一個世界的忠告，但大多數受訪者仍持續參加通靈大會的原因，是喜歡在團體中得到的價值和友誼（Walliss, 2001）。

能接受失落的事實，是需要時間的，因為它不僅是一種理性的接受，也是一種情感的接受。許多缺乏經驗的諮商人員沒有認識到這點，太過僅僅聚焦於理性上的接受，而忽略了情感上的接受。喪慟者可能在理性上了解失落的終結性，卻要很久之後，才能在情感上完全接受這個事實。在我帶領的喪慟團體中，有一位女性每天早上醒來後，都會伸手去觸摸亡夫曾睡過的床的那一邊，看看他是否仍在那裡。雖然明明知道他不可能在那裡，但仍希望他也許會在，即使丈夫已經走了六個月。

相信所愛的人不過是外出旅行或是又去了醫院，這是很容易發生的。有位護士的年邁母親住院接受心血管繞道手術，她看到母親在失能狀況下插管及使用其他醫療設施維生。母親死後，有數月之久，她持續相信母親是在醫院準備動手術，因而無法在她生日時和她連絡，當別人詢問她母親的事，她也會如此告訴他人。另一個母親在兒子意外死亡後，寧願相信兒子仍如去年一樣在歐洲旅遊，拒絕相信他已死亡。

當拿起電話要和對方分享一些經驗，卻才想起所愛的人並不在電話的另一端時，這個現實的打擊是難以承受的。許多喪慟父母要數月之後才能說：「我的孩子已死，我不再擁有他了。」他們可能看見其他在街頭嬉戲的孩子或是瞥見校車，然後對自己說：「我怎麼可能忘記我的孩子已經死了？」

當設法處理哀悼任務時，相信或不相信失落的事實，是交互發生的。Krupp、Genovese 和 Krupp（1986）說得好：

> 有時哀悼者似乎受現實的影響，表現得好像完全接受逝者已去的事實；但在其他時候，她／他們的行為卻很不理性，被最終重聚的幻想所支配。而將怒氣朝向所愛的逝者、自己、可能的肇事者，甚至是善心提醒失落事實的悼慰者，是普遍存在的現象。（p. 345）

另一種不相信的形式是 Avery Weisman（1972）稱之為中介知

識（middle knowledge）的狀況。這是一個從存在主義哲學借用而來的名稱，指的是同時處於知道和不知道的狀態中。這種現象也發生在某些末期病人身上，對自己的瀕死狀態，是同時知道與不知道的。同樣地，在喪慟經驗中，哀悼者可能同時相信與不相信失落的事實。

雖然進行哀悼的第一項任務需要一段時間，傳統儀式如葬禮，幫助許多喪慟者漸漸接受失落的事實；至於那些沒有參加葬禮的人，可能需要一些外在形式去確認死亡的事實。在猝死的案例中，尤其在喪親者沒有親眼看見逝者屍體的情況下，特別不容易接受事實。哈佛兒童喪親研究發現，在配偶死亡後的最初幾個月，配偶猝死者夢到配偶的相關性很高。夢到逝者仍活著，不僅是願望的實現，透過夢境和夢醒的強烈對比，更是內心確認死亡事實的一種方法（Worden, 1996）。

任務二：處理悲傷的痛苦

談到痛苦，德文「schmerz」（痛苦傷心）很適合用以說明，因為其寬廣的定義包含了許多人所經驗到真實的生理痛苦，以及和失落相關的情緒與行為上的痛苦。承認和解決這種痛苦是必需的，否則痛苦會藉著生理症狀或某些偏差行為的形式呈現。Parkes（1972）鄭重陳述：「如果為了完成悲傷工作，喪慟者必須經歷悲傷的痛苦，那麼，任何允許喪慟者繼續逃避或壓抑痛苦的事，都可能被預期會延長哀悼的進行」（p. 173）。

並非每個人都會經驗到同樣強度的痛苦，或是以同一種方式感受到它，但失去自己曾經深深依附的對象，而沒有經驗某種層次的痛苦，幾乎是不可能的。近期喪親的人往往沒有準備好去處理隨失落而來全然的情緒力量和本質（Rubin, 1990）。許多因素會調節痛苦的形式和強度，第 3 章會指明這些因素。另一方面，近來有關依附風格的研究指出，在死亡發生後，有些個人並沒有經驗太多的痛苦。原因之一是，這些人不讓自己去依附任何人，而展現一種逃避—斷念（avoidant-dismissing）的依附風格（Kosminsky & Jordan, 2016）。

在社會和哀悼者間可能存有一種微妙的互動，使得要完成第二項任務更加困難。社會可能會對哀悼者的感受感到不安，因而傳遞一個微妙的訊息：「你不需要悲傷，你只是自憐而已。」在他人想幫忙的企圖中，哀悼者常被施予的陳腔濫調——「你還年輕，還能再有另一個孩子」、「活著的人仍要繼續生活，他一定不希望你有這種感覺」，這種意見和哀悼者本身的防衛形成共謀，表達成「我不應該有此感覺」或「我不需要去悲傷」，導致對需要去悲傷的否定（Pincus, 1974）。Geoffrey Gorer（1965）承認這點，他說：「對悲傷讓步常被標籤成病態、不健康及打擊士氣。讓哀悼者從悲傷中轉移出來，被認為是一個朋友和祝福者的適當行為」（p. 130）。

對處理痛苦的第二項任務的否定，結果則是不去感覺。簡化第二項任務有各種途徑，最明顯的是斷絕感覺及否定既存的痛苦。有時候人們藉由逃避痛苦的想法去阻擾悲傷過程，運用停止思想的程序，免於去感受和失落相關的不快樂心情；有些人則只鼓舞有關逝者的愉悅想法，以保護其免於不愉快想法的不舒服感；或將逝者理想化、避免接觸可能想起逝者的事物，以及使用酒精或毒品，這些都是讓人免於處理第二項任務問題的方法。

有些不想經驗悲傷的痛苦的人，嘗試去發現一種地理療法（geographic cure）。他們四處旅行，試圖從情緒中解脫，不允許

自己去處理痛苦 ——不去感覺它、不去了解這些痛苦終有一天會被不同地經驗。

一位年輕女子藉著相信自殺的哥哥是離開了黑暗、進入一個更美好之處，來減輕失落感。這種想法也許是真實的，但也隔離了她因哥哥離去而對他產生的強烈憤怒情緒。在治療中，當第一次允許自己生氣時，她說：「我只是對他的行為生氣，不是對他生氣！」最終，透過空椅子技巧的運用，她能夠承認這種直接針對哥哥的憤怒。

有少數案例，生者會對死亡有愉悅的反應，但這通常和強調拒絕相信死亡已然發生有關，且時常伴隨著「逝者仍然存在」的鮮明感受。一般而言，這種陶醉感是相當脆弱且短暫的（Parkes, 1972）。

Bowlby（1980）曾說：「那些逃避所有自覺的悲傷的人，其中有些人遲早會崩潰，通常是某種形式的憂鬱症」（p. 158）。悲傷輔導的目的之一是協助人們克服艱難的第二項任務，以免一生都背負著這種痛苦。如果第二項任務沒有充分地被指認，以後可能需要再治療，到那時，回頭去處理所曾逃避的痛苦，會更困難，往往比失落當時及時處理，是更為複雜和艱難的經驗。同時，可獲得的社會支持系統，也會比失落當時來得少，而可能使處理變得複雜。

我們傾向從悲哀和不快樂的說法，去想像悲傷的痛苦。確實，許多失喪的痛苦屬於這一類。然而，還有其他和失落相關的偽裝需要被處理。焦慮、憤怒、愧疚、憂鬱和寂寞，也是哀悼者可能經驗的共有感受。第 4 章會談到輔導中處理這些感覺的方法。

任務三：適應一個沒有逝者的世界

在死亡發生後，失去所愛，需要調適的領域有三個：外在調適——逝者如何影響生者的日常功能；內在調適——逝者如何影響生者的自我概念；以及靈性調適——逝者如何影響生者的信仰、價值觀和世界觀。以下一一檢視。

外在調適

適應一個沒有逝者的新環境，對不同的人來說，有不同的意義，得視生者與逝者的關係，以及逝者曾扮演過的各種角色而定。對許多喪夫者而言，得花一段時間去了解那種沒有丈夫的生活是什麼樣子，通常在失落後三到四個月，這種認知開始浮現，涉及接受去獨自生活和撫養孩子、面對一個空蕩蕩的房子、獨自處理財務。Parkes（1972）曾提過一個很重要的觀點：

> 任何失喪，都很難完全清楚界定到底失落了什麼。例如，失去了丈夫，到底意味著是失去了性伴侶、朋友、會計師、園丁、保母、聽眾，還是暖床的人等等——要視這位丈夫平常所履行的特定角色而定。（p. 7）

往往是在失落發生後過些時日，生者才會覺察到逝者曾扮演過所有的角色是什麼。

許多生者會怨恨必須發展新的生活技巧，並承擔以前由伴侶執行的角色。梅格是其中一例。她是一位喪夫的年輕母親，她的丈夫很有效率、負責任、會為她做許多事。在他去世後，孩子在學校闖了禍，必須和輔導諮商人員會談。以前都是丈夫和學校連絡，並且處理好每一件事，但在他死後，梅格被迫得發展這種能力。雖然滿心不情願和滿懷怨恨，她的確覺察到自己喜歡擁有這些能勝任處理情況的技巧，但如果丈夫仍活著，她絕不可能完成這些。重新界定失落的因應策略有助於生者，通常是成功完成第三項任務的一部分。在失落之後，了解失落的意義並從中找到益處，是創造意義的兩個面向，而這個當然和從死亡找到益處的議題相關。

有一個當代理論，受到 Neimeyer（2001, 2016）和其他許多人支持，即是在失落之後，有創造意義的需要。悲傷的死亡會挑戰對自己、他人和世界的信念，此時，創造意義是一個很重要的過程。死亡能粉碎一個人生命目的的核心，因而在面對失落時，發現和創造新的意義是重要的（Attig, 2011）。

內在調適

喪慟者不僅需調適逝者過去所扮演角色的失落，死亡亦讓他們得去面對調整自我概念的挑戰。我們所談的不僅僅是生者視自己為喪夫者或失去孩子的父母，更基本地，是死亡如何影響生者的自我界定、自尊和自我效能感。有些研究假設，對於那些透過關係和照顧他人來界定認同的婦女，失喪不僅意味著失去重要他人，亦是自我意識的失落（Zaiger, 1985）。對這些婦女而言，喪慟的目的之一是去感受到自我，而非兩人中的另一半。我輔導的某位喪夫者，有一整年的時間會繞著房子問：「傑克會怎麼做？」在傑克死後一週年，她告訴自己，傑克已不在了，她現在可以說：「我想要做什麼？」

在某些關係中，一個人的自尊是依賴那個所依附的人，有些人認為這是安全的依附。在這種依附關係中，如果依附的人死了，喪慟者的自尊可能會承受真正的傷害。如果逝者曾為哀悼者彌補了嚴重的發展缺失，就更是如此。艾瑟在一段短暫婚姻後，嫁給厄尼，艾瑟來自一個充滿情緒和肢體虐待的家庭，她從來沒有歸屬感，而厄尼給她一個讓她覺得被需要的地方。在厄尼突然去世後，她以為再也不會有人像厄尼一樣愛她、而她也不會再找到一個可歸屬之處，這種想法導致了艾瑟陷入嚴重的憂鬱中。

喪慟也可能影響一個人的自我效能感——即感覺對自身遭遇有某種程度的掌控。喪慟者視自己為無助的、不足的、無能的、孩子氣的，或是人格破產，可能導致嚴重的退化（Horowitz, Wilner, Marmar, & Krupnick, 1980）。履行逝者生前角色的嘗試若失敗，可能導致更低的自尊。在此情況中，個人效能被挑戰，而且生者可能將任何改變歸因於機會或命運，而非自己的力量和能力（Goalder, 1985）。

Attig（2011）強調在死亡發生後重新認識世界的需要，並特別聚焦在死亡對一個人自我的影響。哀悼者的內在任務即是提出這個問題：「現在，我是誰？」「除了愛他／她，我可以如何有所不同？」經過一段時間，負面意象通常會被更多正向想法取代，而生者能夠繼續他們的生活，並學習新的處世之道（Shuchter & Zisook, 1986）。

靈性調適

第三個需調適的領域是個人的世界觀。Neimeyer、Prigerson和 Davies（2002）寫道，悲傷試圖重新建構被失落衝擊的意義世界。這其中有二項挑戰：（1）整理死亡的事件故事，努力去從所發生的事件中找到意義，以及其對哀悼者接下來生活的意涵；（2）了解生者和逝者關係的背景故事，作為重建持續連結的途徑。

死亡可能動搖個人所設定世界的基礎。經由死亡而發生的失落，可能挑戰一個人的基本生命價值和哲學信念——這些信念乃受家庭、同儕、教育、宗教和生活經驗的影響。喪慟者感到失去人生方向，是很尋常的。他們在失落和伴隨而來的生活變遷中尋求意義，為的是了解其中奧祕且重新獲得生命的掌控力。Janoff-Bulman（1992, 2004）指出三個時常被所愛的死亡挑戰的基本假設：世界是一個慈善的地方、這個世界是有意義的，以及人是有價值的。2001 年的 911 事件就挑戰了這三個基本假設，以及更多的意義。

當死亡帶有暴力成分且不合時宜，以上挑戰也很可能發生。街頭偶發槍擊案件中，年幼受害者的母親時常質問上帝為何允許這件事發生。有位母親曾告訴我：「我必定是一個壞人，才會有這樣的事發生。」

Burke 和 Neimeyer（2014）指出複雜的靈性傷痛（complicated spiritual grief, CSG）的現象。在一個暴力和突然死亡的情況下失去所愛，例如集體槍殺，CSG 可能急速發生。這類死亡可能在哀悼者生活中促發一個靈性危機，而這個危機有可能造成（1）對上帝的怨恨和懷疑；（2）對所接受到的靈性支持感到不滿意；（3）在喪慟者的靈性信仰和行為中，產生實質的改變。

然而，並非所有的死亡都會挑戰個人的基本信念。有些死亡符合我們的期待並確認了我們的假設；一個老人在美好生活後的適當死亡，即為此例。

對許多人而言，並沒有一個清楚的答案。有一位母親的兒子死於 1988 年泛美航空公司 103 班機墜毀事件中，她說：「不是如何找到一個答案，而是如何能沒有答案地活下去。」經過一段時間，新的信念可能被採用或舊有的信念被重新肯定、或被修正，這都反映出生命的脆弱和掌控的有限（Neimeyer, 2003）。

第三項任務若受到妨礙，會造成調適失落的失敗。藉由加深自己的無助感、不去發展因應失落所需的技巧，或從世界退縮而不去面對環境的要求，人們著力在和自己作對。然而，大多數人並不會採取這種負面的方式。通常他們會下決心去執行以前所不習慣的角色，並發展以前所不具備的技巧，邁向一個經過再評估的自我和世界。Bowlby（1980）對此總結如下：

> 如何完成第三項任務，翻轉哀悼的結果——人要是不能前進朝向對環境改變的認知、逝者所代表模式的修正、生命目標的重新界定，就會被無解的矛盾囚困而延緩成長。（p. 139）

任務四：生者開始餘生之旅，同時找到一個記憶逝者的方式

我寫這本書的第一版時，列出的第四項哀悼任務是「將情感活力從逝者身上放開，轉而投注在另一段關係上」。Freud（1917/1957）已界定過這種觀念，他說：「哀悼得執行相當精密的心理任務：它的功能就是將生者的希望與記憶從逝者身上解離出來」（p. 268）。我們現在知道，人們不會和逝者斷絕，而是找到可記憶逝者的途徑，有時這些記憶和連結被稱之為持續性的連結（Klass, Silverman, & Nickman, 1996）。在本書的第二版和第三版中，我建議哀悼的第四項任務是為逝者找到一個處所，使哀悼者能去紀念逝者，但是要用一種不會阻礙他／她繼續生活的方式。我們需要找到方法去紀念，也就是去記憶已故的所愛之人，讓他們和我們在一起，但我們仍能繼續生活下去。在這個版本中，我重寫了第四項任務如下：生者開始餘生之旅，同時找到一個記憶逝者的方

式，這樣能夠更精準地定義第四項任務。

在哈佛兒童喪親研究中，我們很驚訝地發現，許多兒童藉由和死去的父母說話、想念、做夢，以及感覺被父母照顧，和父母保持著連結。在父母死亡後兩年，三分之二的兒童仍感覺被去世的父母照顧著（Silverman, Nickman, & Worden, 1992）。Klass（1999）和子女去世的父母工作多年，也證實這些父母需要用某些方式和已故孩子保持連結。

Volkan（1985）曾提示：

> 哀悼者永遠無法完全忘懷曾在生命中如此珍視的逝者，也無法完全撤回對他所曾投注的一切。除非藉著會破壞自我認同的靈性行動，我們永遠不可能排除那些曾在生命歷程中如此親近自己的人。（p. 326）

Volkan 接著說，當哀悼者不再需要在日常生活中以誇大的強度去重新活化逝者所代表的一切時，哀悼就算是結束了。

Shuchter 和 Zisook（1986）寫道：

> 生者是否準備好進入新的關係，不在於「放棄」逝去伴侶，而有賴於在喪慟者的心理生命中，為對方找到一個適當的處所——一個重要、但也為他人保留空間的處所。（p. 117）

諮商人員的任務不是幫助喪慟者放棄與逝者的關係，而是協助他們在情感生命中為逝者找到一個適宜的地方——一個能使喪慟者在世上繼續有效地生活的處所。Marris（1974）捕捉到這個觀念，他寫道：

起初，喪夫者無法將她自己的目標與理解，和在其中扮演核心角色的丈夫區隔開來：為了感覺自己仍活著，她必須藉著象徵與偽裝，去持續復甦這個關係。但當時間過去，她理解了丈夫已死亡的事實，開始重建生活。她逐漸有了轉變，從「好像他就坐在我旁邊的椅子上」般地和丈夫談話，到想像他會怎麼說和怎麼做，再進而以他會如何希望的說法，去策劃她自己和孩子的未來。直至最後，這些希望成為她自己的，她才不再有意識地將這一切歸之於逝者。（pp. 37-38）

失去子女的父母通常很難了解佛洛伊德學說中有關情感撤回的觀念。如果我們以重新定位的角度去思考，喪慟父母的任務是帶著與去世孩子相關的想念和回憶，持續維持和孩子的關係，同時能夠在失落後，仍然可以繼續生活。就有一位這樣的母親，終於為自己對亡子的思念和回憶找到一個有意義的處所，因此才能開始重新投入生活。她寫道：

直至最近，我才開始注意到生活中有些事物仍為我開放，你知道的，就是那些可以為我帶來快樂的事。我知道終此一生，我仍會持續為勞比感到悲傷，對他的愛的回憶會永遠存在。但生活仍會繼續下去，不管喜歡與否，我都是其中的一部分。最近我注意到，好幾次在家做一些事，或甚至和朋友參加一些活動，我似乎非常好。（Alexy, 1982, p. 503）

對我而言，這就代表了完成第四項任務的移動。

Attig（2011）肯定地說：

> 我們可以繼續去「擁有」所「失去」的——那就是，對逝者持續的愛，即便是被轉化了的愛。我們並沒有真的失去和逝者共度的歲月或記憶，也沒有失去賦予在他們生命中的影響、啟示、價值和意義。我們也可積極地將這些融入新的生活模式中，包括那些我們曾關切與愛過、被轉化但永恆的關係。（p. 189）

要適當界定什麼是「未完成第四項任務」，這會是困難的，最好的描述可能就是*不再活著*。一個人的生活隨著死亡而停止，不再重新開始。當一個人以一種排除發展新關係的方式，去緊抓著過去的依附關係，第四項任務就被阻礙了。有些人發現失落是如此痛苦，就和自己定了一個「不再去愛」的契約，流行歌曲充斥了這類主題，給予「不值得」一個正當性。

對許多人而言，第四項任務最難完成。他們在悲傷中動彈不得，後來才意識到，生命停頓在失落發生的那時。但是，這項任務是可以被完成的。一位青少女在對父親死亡的調適上，遭遇到極大的困難，兩年後，當她開始經歷第四項任務的議題時，她從學校寫了一封信給母親，清楚說出了如同許多人在緊抓著記憶還是繼續生活之間掙扎時所了解到的：「還有別的人值得我去愛，這並不意味著我對父親的愛變少了。」

許多諮商人員發現，哀悼的四項任務對了解喪慟過程是有幫助的。這四項任務包括了在個人、現實、靈性和存在方面對失落的調適。我關心的是，有些新手傾向將這些任務視為固定的進程，而掉入固著階段的陷阱裡。在時間過程中，這些任務可能一再被檢驗和處理，不同的任務也可能得在*同時間*處理。悲傷是一個流動的過程，會被哀悼的因素影響，這些將在下一章裡討論。

其他可被考慮的模式

1970 年代中期，在哈佛大學和芝加哥大學，我開始了任務模式的發展。《悲傷輔導與悲傷治療》在 1982 年出版後不久，其他以這本書的知識為基礎的模式開始出現，企圖對哀悼過程放置一個不同的線軸。我想簡短地呈現這三個模式。雖然還有其他模式，但在悲傷輔導和治療中，這三個是最廣泛被使用的。

哀悼的六個「R」模式（Therese Rando）

Therese Rando 是一位羅德島的心理學家，她的臨床實作和研究長期以來都聚焦在喪慟議題上。在我的書出版後不久，Rando 發展了六個「R」模式。她使用頭韻（重複的開頭字母）幫助臨床人員和哀悼者記得有哪些需要必須要完成。雖然她沒有使用任務的說法，但建議六項對調適失落很重要的活動或過程：（1）承認（recognize）失落；（2）對分離有反應（react）；（3）記得（remember）和再經驗（reexperience）；（4）放棄（relinquish）依附和視為當然之事；（5）重新適應（readjust）新世界；（6）重新投注（reinvest）在新的活動和關係中。大部分這些需要都和我的哀悼任務重複，只是用語和順序不同（Rando, 1984, 1993）。

哀悼的雙軌模式（Simon Rubin）

為了解哀悼過程，Simon Shimshon Rubin 和他在以色列的同僚，發展了雙軌模式（two track model; Rubin, 1999; Rubin, Malkinson, & Witztum, 2003, 2011）。這個雙焦點方法聚焦在：（1）喪慟者的生理—心理—社會功能；和（2）哀悼者在逝者生前和逝後繼續的情緒依附和關係。這二個軌道是不同的軸線，能同時彼此交叉和前進。這二個軸線對哀悼都很重要，但分開來檢視，在臨床人員做研究和對喪慟者進行處遇時，可能是有幫助的。

第一個軌道「功能」，聚焦在幾個問題。什麼和多少情緒症狀是哀悼者正在經驗的（例如焦慮、憂鬱和心身症）？他／她的家人是怎麼樣的、他／她們的人際互動如何？此人能去工作並投入生活任務嗎？死亡有影響他／她的自尊嗎？死亡對哀悼者生活的意義是什麼？

第二個軌道「關係」，在另一方面，檢視哀悼者和逝者的親近度及距離感，包括他／她接受失落和其中矛盾衝突情感的能力。此人能否適當處理失落的情緒部分——太多或太少？死亡如何影響哀悼者的自我知覺？此人能否紀念他／她失去的所愛？

個人功能（軌道一）僅是一個人對失落反應的一部分。和逝者的持續關係中錯綜的記憶、觀念、聯想和需要（軌道二），對一個人調適失去所愛的失落也很重要。時常，臨床人員過度聚焦在前者，而沒有對後者賦予足夠的注意。Rubin 發展了一種評估一個人位在這些軌道上何處的工具，可能對臨床工作和研究有所幫助（Rubin, 2009）。

雙重歷程模式（Stroebe 和其同僚）

荷蘭（今名尼德蘭）的 Margaret Stroebe、Hank Schut 和同僚在 1999 年介紹了可了解哀悼者如何處理死亡失落的雙重歷程模式（dual process model, DPM）。這個模式的焦點更多放在人們如何因應失落，而非喪慟的結果。其假設是因應失落的風格將影響對喪慟的調適。這個方法以和喪慟相關的兩種壓力源為基礎：（1）和失落相關的壓力源——處理負面情緒及重新組織和逝者的依附關係；（2）和復原相關的壓力源——用心照應許多生活改變，以去適應一個沒有逝者的世界。哀悼者來回擺盪於因應這兩種壓力源，在兩者間選擇或對待一個或另一個，但通常不會同時處理兩個。適合的因應包括有時面對這些壓力源，其他時候則迴避這些壓力源。哀悼者來回擺盪於全神貫注在悲傷，以及新參與一個被失落改變的世界之間。

來回擺盪是這個理論的關鍵，它是一個有規律的過程，促成有效因應，也讓這個模式獨特不同於以前的理論，例如時期論或任務論。來回擺盪建議喪慟者去面對失落的許多方面，以及在其他時候迴避它。對於復原方面亦然。根據 DPM 模式，對付喪慟是一個在面對和迴避間複雜而有規律的過程，對於適合的因應，在兩種壓力源間來回擺盪是必要的。

DPM 已被廣泛接受，也在許多研究計畫中被探究，以去進一步確認或是修正它。作者並提供了在研究中使用此模式的指南（Stroebe & Schut, 1999, 2010）。

這部分的結論是，臨床工作者盡力輔導喪慟者，為了了解哀悼過程和作為各種不同處遇策略的基礎，臨床工作者會使用某些有系統的理論。明顯地，我較偏好在這本書所概述的任務模式。但是為顧及到讀者，我仍將這三個理論納入作為選擇。

反思與討論

- 針對哀悼過程，描述 Parkes 的四個時期和本書作者的四個任務間的異同。為何它們有如此多的相似點？你認為什麼最能說明差異處？
- 引述 Stroebe（1992）的著作時，作者寫道：「悲傷是一個認知的過程，涉及面對和調整對於逝者的思緒、失落經驗，以及喪慟者必須活在一個不再一樣的世界的事實。」你如何體會到這個說法的真確性呢？
- 介紹第二個任務時，作者提及德文「schmerz」的適用性，你如何看待這個概念在悲傷過程中的重要性？
- 作者講述一位母親的案例，她的兒子死於泛美航空公司墜毀的 103 班機，她說：「不是如何找到一個答案，而是如何能沒有答案地活下去。」你認為諮商人員或治療師具有什麼角色，可去幫助喪慟者接受這個想法？
- 作者在這本書所有的不同版本，描述了第四項哀悼任務的發展。關於這個任務措辭的改變，你認為什麼是重要的？這個措辭如何影響你為悲傷者提供的服務？

參考文獻

Alexy, W. D. (1982). Dimensions of psychological counseling that facilitate the grieving process of bereaved parents. *Journal of Counseling Psychology, 29*(5), 498-507. doi:10.1037/0022-0167.29.5.498

Attig, T. (2011). *How we grieve: Relearning the world* (Rev. ed.). New York, NY: Oxford University Press.

Bowlby, J. (1980). *Attachment and loss: Loss, sadness, and depression* (Vol. II). New

York, NY: Basic Books.
Burke, L., & Neimeyer, R. (2014). Complicated spiritual grief I: Relation to complicated grief symptomatology following violent death bereavement. *Death Studies, 38*, 259–267. doi:10.1080/07481187.2013.829372
Didion, J. (2005). *The year of magical thinking*. New York, NY: Knopf.
Freud, S. (1957). Mourning and melancholia. In J. Strachey (Ed. and Trans.), *Standard edition of the complete works of Sigmund Freud* (Vol. 14, pp. 237–260). New York, NY: Basic Books. (Original work published 1917)
Gardiner, A., & Pritchard, M. (1977). Mourning, mummification, and living with the dead. *British Journal of Psychiatry, 130*, 23–28. doi:10.1192/bjp.130.1.23
Goalder, J. S. (1985). Morbid grief reaction: A social systems perspective. *Professional Psychology: Research and Practice, 16*, 833–842.
Gorer, G. D. (1965). *Death, grief, and mourning*. New York, NY: Doubleday.
Havinghurst, R. J. (1953). *Developmental tasks and education*. New York, NY: Longmans.
Horowitz, M. J., Wilner, N., Marmar, C., & Krupnick, J. (1980). Pathological grief and the activation of latent self-images. *American Journal of Psychiatry, 137*, 1157–1162. doi:10.1176/ajp.137.10.1157
Janoff-Bulman, R. (1992). *Shattered assumptions: Towards a new psychology of trauma*. New York, NY: Free Press.
Janoff-Bulman, R. (2004). Posttraumatic growth: Three explanatory models. *Psychological Inquiry, 15*, 30–34.
Klass, D. (1999). *The spiritual lives of bereaved parents*. Philadelphia, PA: Brunner/Mazel.
Klass, D., Silverman, P., & Nickman, S. (Eds.). (1996). *Continuing bonds: New understandings of grief*. Washington, DC: Taylor & Francis.
Kosminsky, P., & Jordan, J. (Eds.). (2016). *Attachment-informed grief therapy: The clinician's guide to foundations and applications*. New York, NY: Routledge.
Krupp, G., Genovese, F., & Krupp, T. (1986). To have and have not: Multiple identifications in pathological bereavement. *Journal American Academy of Psychoanalysis, 14*, 337–348. doi:10.1521/jaap.1.1986.14.3.337
Kübler-Ross, E. (1969). *On death and dying*. New York, NY: Macmillan.
Kübler-Ross, E., & Kessler, D. (2005). *On grief and grieving: Finding the meaning of grief through the five stages of loss*. New York, NY: Scribner.
Lunghi, M. (2006). Ontology and magic: A conceptual exploration of denial following bereavement. *Mortality, 11*, 31–44. doi:10.1080/13576270500439233
Maciejewski, P. K., Zhang, B., Block, S. D., & Prigerson, H. G. (2007). An empirical examination of the stage theory of grief. *JAMA, 297*, 716–723. doi:10.1001/jama.297.7.716
Marris, P. (1974). *Loss and change*. London, UK: Routledge & Kegan Paul.
Neimeyer, R. (Ed.). (2001). *Meaning reconstruction and the experience of loss*.

Washington, DC: American Psychological Association.
Neimeyer, R. (2003). *Lessons of loss: A guide to coping*. New York, NY: Routledge.
Neimeyer, R. (Ed.). (2016). *Techniques of grief therapy: Assessment and intervention*. New York, NY: Routledge.
Neimeyer, R., Prigerson, H. G., & Davies, B. (2002). Mourning and meaning. *American Behavioral Scientist*, *46*, 235–251. doi:10.1177/000276402236676
Parkes, C. M. (1972). *Bereavement: Studies of grief in adult life*. New York, NY: International Universities Press.
Parkes, C. M. (2001). A historical overview of the scientific study of bereavement. In M. S. Stroebe, R. O. Hansson, W. Stroebe, & H. Schut (Eds.), *Handbook of bereavement research: Consequences, coping, and care* (pp. 25–45). Washington, DC: American Psychological Association.
Parkes, C. M. & Prigerson, H. (Eds.). (2010). *Bereavement: Studies of grief in adult life* (4th ed.). New York, NY: Routledge.
Pincus, L. (1974). *Death and the family: The importance of mourning*. New York, NY: Pantheon.
Rando, T. A. (1984). *Grief, dying, and death*. Champaign, IL: Research Press.
Rando, T. A. (1993). *Treatment of complicated mourning*. Champaign, IL: Research Press.
Rubin, S. S. (1990). Treating the bereaved spouse: A focus on the loss process, the self and the other. *Psychotherapy Patient*, *6*, 189–205. doi:10.1300/J358v06n03_16
Rubin, S. S. (1999). The two-track model of bereavement: Overview, retrospect, and prospect. *Death Studies*, *23*, 681–714. doi:10.1080/074811899200731
Rubin, S. S., Malkinson, R., & Witztum, E. (2003). Trauma and bereavement: Conceptual and clinical issues revolving around relationships. *Death Studies*, *27*, 667–690. doi: 10.1080/713842342
Rubin, S. S., Malkinson, R., & Witztum, E. (2011). *Working with the bereaved*. New York, NY: Routledge.
Rubin, S. S., Nadav, O. B., Malkinson, R., Koren, D., Goffer-Shnarch, M., & Michaeli, E. (2009). The two-track model of bereavement questionnaire (TTBQ): Development and validation of a relational measure. *Death Studies*, *33*, 305–333. doi:10.1080/07481180802705668
Sanders, C. M. (1989). *Grief: The mourning after*. New York, NY: Wiley.
Sanders, C. M. (1999). *Grief: The mourning after: Dealing with adult bereavement* (2nd ed.). New York, NY: Wiley.
Shuchter, S. R., & Zisook, S. (1986). Treatment of spousal bereavement: A multidimensional approach. *Psychiatric Annals*, *16*, 295–305. doi:10.3928/0048-5713-19860501-09
Silverman, P. R., Nickman, S., & Worden, J. W. (1992). Detachment revisited: The child's reconstruction of a dead parent. *American Journal of Orthopsychiatry*, *62*, 494–503. doi:10.1037/h0079366
Stroebe, M. (1992). Coping with bereavement: A review of the grief work hypothesis. *OMEGA–Journal of Death and Dying*, *26*, 19–42. doi:10.2190/

TB6U-4QQC-HR3M-V9FT

Stroebe, M., & Schut, H. (1999). The dual process model of coping with bereavement: Rationale and description. *Death Studies*, *23*, 197–224. doi:10.1080/074811899201046

Stroebe, M., & Schut, H. (2010). The dual process model of coping with bereavement: A decade on. *OMEGA–Journal of Death and Dying*, *61*, 273–289. doi:10.2190/OM.61.4.b

Volkan, V. (1985). Complicated mourning. *Annals of Psychoanalysis*, *12*, 323–348.

Walliss, J. (2001). Continuing bonds: Relationships between the living and the dead within contemporary Spiritualism. *Mortality*, *6*, 127–145. doi:10.1080/13576270120051811

Weisman, A. D. (1972). *On dying and denying*. New York, NY: Aronson.

Worden, J. W. (1996). Tasks and mediators of mourning: A guideline for the mental health practitioner. *In Session: Psychotherapy in Practice*, *2*, 73–80. doi:10.1002/(SICI)1520-6572(199624)2:4<73::AID-SESS7>3.0.CO;2-9

Zaiger, N. (1985). Women and bereavement. *Women and Therapy*, *4*, 33–43. doi:10.1300/J015V04N04_05

/第3章/

哀悼過程：哀悼的影響要素

僅知道哀悼任務是不夠的，對諮商人員而言，了解哀悼過程的第二部分——影響哀悼的要素——也有其重要性。若評估眾多經歷悲傷的人，你會明白，悲傷行為的範圍很廣，雖然這些行為也許反映了那些正常悲傷的反應，其中還是有很大的個別差異。對有些人來說，悲傷是一個很強烈的經驗，對另外一些人來說，則比較緩和；有些人在一開始聽聞失落時，就悲傷起來，有些人則延遲了很久；有些案例的悲傷持續了相對較短的時間，而有些卻似乎永無止境。為了了解為何個人會以不同方式處理哀悼任務，就必須了解這些任務如何被各種不同的要素所影響。當處理複雜性哀悼時，這些了解特別重要（第 5 章會加以陳述）。

要素一：家族關係：誰去世了？

從最顯見的開始：要了解一個人對失落的反應，你需要知道關於逝者的事情。家族關係指出逝者與生者間的關係，這些關係可能是配偶、子女、父母、手足、其他親人、朋友或愛人。一位終老天年的祖父／母和一位死於車禍意外的手足，讓人感到悲傷的狀況可能不同；失去遠房表親和失去自己的孩子不同，失去配偶和失去父母也會有不同的悲傷反應。同樣失去父親的兩個孩子，其悲傷反應也可能會有相當的個別差異。對 13 歲的女兒和對 9 歲的兒子而言，其反應可能會十分不同。兩個孩子都失去了父親，但兩個孩子和父親的關係各有不同，對父親也有不同的希望和期待。

家族關係是預測悲傷最有力的指標之一。一般而言，和逝者的家族關係愈親近，所感受到的悲傷也就愈強烈（Boelen, Van den Bout, de Keijser, 2003）。即使在家庭中，家族關係種類會造成差別。在 Cleiren（1993）的研究中，家族關係已被證明是預測悲傷的最有力指標，身為逝者的父母和配偶，其悲傷較之於逝者的孩子或手足，更為嚴重。

 要素二：依附的本質

哀悼任務不只受逝者身分影響，還關係到生者對逝者依附的本質，你需要知道：

1. **依附關係的強度**：悲傷的強度依愛的強度而定，是幾乎不敘自明的定理。悲傷反應往往根據愛的關係強度比例而增加其嚴重性。
2. **依附關係的情緒安全感**：逝者對生者福祉的必要程度如何？如果生者是為其自尊——對自己有良好感覺——而需要逝者，即可預測更困難的悲傷反應。對許多人而言，安全及尊重需求是被配偶滿足，配偶去世後，需求仍在，但資源卻失去了（Neimeyer & Burke, 2017）。
3. **關係中的愛恨衝突**：任何親密關係都存有某種程度愛恨衝突的矛盾。基本上，人被愛，但是負面感受也會同時存在。通常正

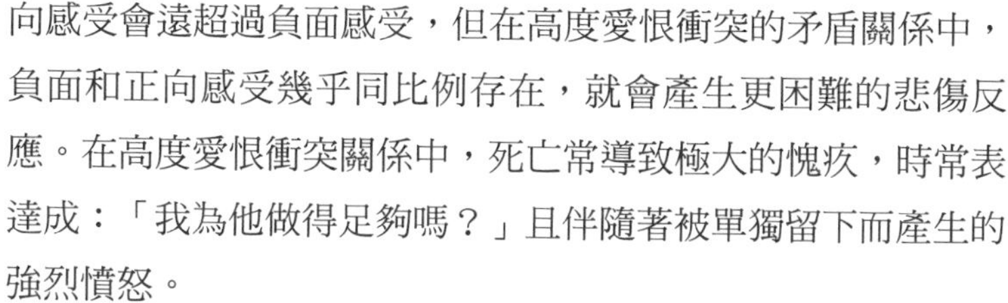

向感受會遠超過負面感受，但在高度愛恨衝突的矛盾關係中，負面和正向感受幾乎同比例存在，就會產生更困難的悲傷反應。在高度愛恨衝突關係中，死亡常導致極大的愧疚，時常表達成：「我為他做得足夠嗎？」且伴隨著被單獨留下而產生的強烈憤怒。

4. **與逝者的衝突**：不僅指死亡發生前那段時間的衝突，也包括衝突的歷史，特別是來自早期的肢體虐待和／或性虐待所產生的衝突（Krupp, Genovese, & Krupp, 1986）。在衝突關係中，未竟之事很可能從未在死亡前被解決。在意外猝死例子中，這是特別真實的。莎拉和丈夫、母親同住一處，有天早上母親去工作前，莎拉和母親大吵了一架。在上班途中，母親的車子遭十八輪大卡車撞擊，母親因而身亡。莎拉對於在母親死亡那天和母親的互動以及彼此間的長期衝突，懷抱著很大的愧疚。她向外尋求諮商，幫助自己解決這種愧疚以及和母親間的未竟之事。

5. **依賴關係**：依賴關係可能影響個人對死亡的調適，特別是第三項任務。如果一個人曾依賴逝者來完成各類日常生活的活動，例如付帳單、駕駛、準備餐點等，則其「外在調適」的問題會比那些較少依賴逝者處理日常生活事務者大很多。Bonanno 等人（2002）曾報告，以往對逝去配偶的依賴，和隨之而來的慢性悲傷有關。

要素三：死亡是如何發生的？

逝者在什麼情況下去世，會影響生者如何處理哀悼的多重任務。傳統上，NASH 分類法將死亡分為自然死亡（natural）、意外死亡（accidental）、自殺（suicidal）和他殺（homicidal）。兒童意外死亡和老人自然死亡讓人感受到的悲傷是不同的，在發生的時間點上，後者的死亡被視為較適當；父親自殺死亡所感受到的悲傷又不同於留下年幼子女的年輕母親已預知的死亡。有證據指出，在自殺身亡情況下的親友，處理悲傷方面，有其獨特和非常困難的問題（見第 7 章）。以下說明可能會影響喪慟經驗的與死亡相關的其他層面。

地理位置的遠近

發生死亡的地理位置離喪親者近或遠？發生在遠方的死亡，可能給喪親者帶來對死亡不真實的感覺，會認為逝者仍然存在，而影響其哀悼的第一項任務（接受失落的事實）。針對在家中死亡是否有助於減輕還是更加重失喪的苦痛？有許多不同的發現（Gomes, Calanzani, Koffman, & Higginson, 2015）。Addington-Hall 和 Karlsen（2000）於英國研究在家中的死亡，發現照顧在家死亡病人的喪親者在死亡發生後，會有更多的心理痛苦、更想念逝者、更難接受死亡。作為麻州總醫院歐美佳計畫（Project Omega）的一分子，Avery Weisman 和我與那些所愛的人於家中臨終的照顧者面談，我們詢問他們：「如果再來一遍，是否仍願意這樣做？」結果是一半一半。願意的那一半人覺得他們可以給臨終的所愛特別的關注，而且有助於他們的孩子把死亡看成生命的一部分。不願意的另一半人則說：「不會了。」他們發現有些醫療程序很難處理，且總是覺得在醫院好像可以為臨終者再多做一點（Weisman & Worden, 1980）。在我們進行這個研究時，臨終居家照顧已有發展，所以後

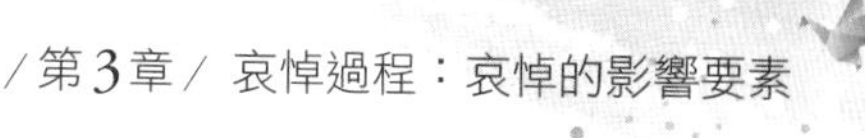

者的態度現在可能較不是問題了。

突然或不預期的死亡

死亡是否有些預警或未被預期？許多研究提出，相較於有預警的人，那些親人猝死的喪親者——尤其是年輕的喪親者，在一年或兩年後，會經驗更艱難的時刻（Parkes & Weiss, 1983）。在哈佛兒童喪親研究中，相對於預期的死亡（60%），猝死（40%）同時影響小孩和家庭的調適，這種情形在喪慟的第一年最明顯。當進入第二年，其他要素會對家庭的調適有更顯著的影響。雖然在死亡發生兩年後，有一半的孩子仍會擔心他們尚存父或母的安全，但造成這種擔心的並非猝死，而是尚存父或母的功能不足。若猝死加上暴力，後者可能才是最大的衝擊。若是自然死亡，愈早預知死亡的發生，喪親者的調適愈好。無論如何，在哈佛研究中，造成調適的不同，並不必然是客觀的時間（如週或月），而是喪親者對預期的感知（Worden, 1996）。不過，Donnelly、Field 和 Horowitz（2000）發現，相較於主觀的預期，客觀的預期是預測症狀的更強力指標，因此，需要更多的調查研究。

暴力或創傷性死亡

暴力和創傷性死亡的影響可能會是持久的，並且時常導致複雜性哀悼（第 7 章將討論他殺和自殺的後續）。這類型的死亡對哀悼任務有幾項挑戰。第一，挑戰一個人的自我效能感，以及第三項任務中的內在調適——「我能做什麼去預防此事的發生？」時常是盤據生者腦海的主要想法；第二，暴力死亡很可能粉碎一個人的世界觀，挑戰第三項任務中的創造意義；第三，死亡發生的情境可能讓生者難以表達憤怒和責備（第二項任務），這在生者因意外殺害了死者，或是他殺的案例中，特別顯著——愧疚很明顯是因應失落的重要因素；第四，伴隨創傷性死亡的第四個後續可能是創傷後壓力疾患（PTSD），在 2017 年於拉斯維加斯的群眾槍擊案件發生後，這個情況時常可見。

在哈佛兒童喪親研究中，我們發現最強烈的悲傷和暴力及創傷性死亡（意外、自殺和他殺）有關聯，且創傷性死亡時常促使複雜性喪慟的發展（Worden, 1996）。須特別注意的是，那些在自殺場景或其他創傷性死亡情境中發現或看到屍體的人，所經驗到的擾人意象和情緒（Neimeyer & Burke, 2017）。要對暴力死亡有更多了解，請見 Rynearson（2006）；Rynearson、Schut 和 Stroebe（2013）；以及 Currier、Holland、Coleman 和 Neimeyer（2008）。

多重失落

有些人在單一悲劇事件中或在相當短時間內，失去多位至親所愛。我認識的某個人，親眼目睹一台建築起重機倒塌在他的車上，造成他的太太和兩個小孩死亡。當這種多重失落發生時，有喪慟過載（bereavement overload）發生的可能性（Kastenbaum, 1969）。太多的悲傷和痛苦，使人無法處理哀悼的第二項任務中的感受。處遇需要個別探索每一個失落，從最不複雜的開始，檢視失落了什麼，然後逐漸協助其展開悲傷過程。對於在意外中同時失去兩個孩子的人而言，因為他和每一個孩子的關係以及對每一個孩子的期待都不一樣，所以分別探索他和每一個孩子的關係至關重要。

除了因交通意外事故所產生的多重失落，還有許多其他事件，

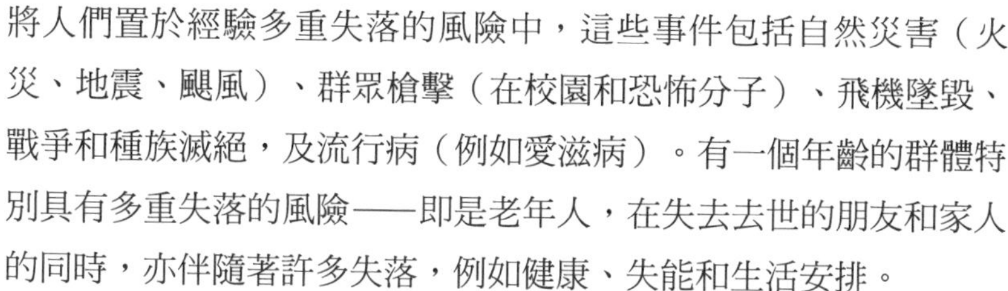

將人們置於經驗多重失落的風險中，這些事件包括自然災害（火災、地震、颶風）、群眾槍擊（在校園和恐怖分子）、飛機墜毀、戰爭和種族滅絕，及流行病（例如愛滋病）。有一個年齡的群體特別具有多重失落的風險——即是老年人，在失去去世的朋友和家人的同時，亦伴隨著許多失落，例如健康、失能和生活安排。

可預防的死亡

當死亡被認為是可預防的，愧疚、責備和懲罰的問題就會浮上檯面，好好處理這些問題是第二項任務的一部分。長期訴訟通常和可預防的死亡相關，且會拖延和其有關聯人們的哀悼過程（Gamino, Sewell, & Easterling, 2000）。Bugen（1977）促使我們注意此面向，並且顯示，伴隨著情感親密，這個面向如何影響對死亡的整體調適。最近，Guarnaccia、Hayslip 和 Landry（1999）針對一大群成人測試 Bugen 的模式，結果發現覺察死亡的可預防性，是影響悲傷程度的強力要素。

不明確的死亡

有些情況是，生者無法確定自己所愛之人是生或死。越戰時，被列在行動中失蹤名單上的軍事人員的家人，因為無法確定親人是死或生，讓哀悼者陷入一個困窘的處境，他們不知是否該保持希望還是悲傷。當飛機墜入海中，相似的不確定性也可能存在；我曾協助 1983 年從空中被擊落的韓國航空（KAL）飛機乘客的家屬。當時找不到屍體，儘管家屬知道所愛已死，但有些仍抱持著希望。南韓政府建立了一個紀念碑，刻上了乘客的名字——這對結束是有幫助的。在 2001 年的 911 悲劇之後，有些屍體沒被找到，這讓家屬仍抱持著希望：他們所愛的人某天或許會出現。針對這類失落，我們需要更多的了解，藉由記錄在不明確的失落中，仍能設法完成改變並繼續前進的家屬的故事，可能有所幫助（Boss, 2000; Tubbs & Boss, 2000）。

汙名化的死亡

Doka 和其他人曾敘寫過有關「被遞奪的悲傷」（Attig, 2004; Doka, 1989, 2002, 2008）。因自殺或愛滋病而產生的死亡，時常被認為是汙名化的死亡（McNutt & Yakushko, 2013）。當汙名存在時，對哀悼者的社會支持可能是不足夠的（Doka, 1989; Moore, 2011）。汙名化的死亡，和社交上說不出口以及被否定的許多失落相關，這會在第 7 章討論。

要素四：過往經驗

要了解一個人如何悲傷，就必須了解他／她過去是否有過失落，以及這些失落的悲傷經驗在過去是如何處理的？當時的悲傷處理得足夠了嗎？還是過去未解決的悲傷被帶至新的失落中呢？

個人的心理健康歷史也很重要，尤其是有憂鬱症病史的喪親者。Zisook、Paulus、Shuchter 和 Judd（1997）相信，若死亡發生前即有重度憂鬱，喪偶可能增加引發重度憂鬱的風險。另一方面，Byrne 和 Raphael（1999）發現，喪偶老年男性過往的負面情緒歷史並不能預測重度憂鬱症的併發。這些研究發現的差異，部分可被

解釋為是人口群、時間點和所使用量表的差異。

另一個過往經驗要素則和家庭事件有關。未解決的失落和悲傷可能超越數代而影響現在的哀悼過程（Paul & Grosser, 1965; Shapiro, 1994; Walsh & McGoldrick, 1991）。

要素五：人格變數

Bowlby（1980）強烈主張，在了解個人對失落的反應時，治療師和其他諮商人員應考慮哀悼者的人格結構。這些人格變數包括如下：

年齡和性別

性別差異和悲傷的能力近年來引起相當的興趣，特別是男性悲傷的方式（Doka & Martin, 2010; Martin & Doka, 2000）。他們假設，男性偏向透過生理和認知層次去接近悲傷的**工具性悲傷**（instrumental grieving）；另一方面，女性則偏向以更情感的方式去貼近悲傷的**直覺性悲傷**（intuitive grieving）（Stillion & Noviello, 2001）。確實，男孩、女孩的社會化有所不同，男性和女性處理哀悼任務的諸多差異，是社會化的一部分，更甚於其本質上的遺傳差異。有個推測是，由於女性比男性接收到更多的社會支持，因而悲傷的方式不同，並有不同的喪慟結果。但 W. Stroebe、Stroebe 和 Abakoumkin（1999）在其嚴謹的研究中，並不支持這種說法。然而，Schut、Stroebe、de Keijser 和 van den Bout（1997）發現，在有效處遇模式上，有明顯的性別差異；男性對情感刺激性處遇的反應較好，而女性則是對問題解決性處遇有較好反應。這個處遇似乎和典型的性別風格完全不同。Lund（2001）調查失去配偶的男性，發現 50 歲左右的男性在因應悲傷方面是最有成效的。針對悲傷反應和併發症的感受性上，檢視性別影響的研究中，其結果是混雜偏差的，有必要進行更多的調查（Neimeyer & Burke, 2017）。

因應型態

一個人悲苦的程度受其因應選擇的影響——如何壓抑情感、如何處理焦慮，以及如何因應壓力情境。Lazarus 和 Folkman（1984）將因應（coping）界定為個人用以處理在壓力狀況下的外在或內在需求時，變動的想法和行動。所愛之人的死亡確實會造成這些需求。因應型態（coping style）因人而異。因應的研究——處理癌症、喪慟或創傷——是我專業生涯很重要的一部分。了解因應有許多不同的範例，但我發現從問題解決模式去看因應，同樣對研究和臨床處遇特別有用。它將因應視為一個人在面對問題時，減輕痛苦和解決問題的作為。減輕痛苦和解決問題兩者都是等距量數，依減輕痛苦和解決問題的程度而改變。因應功能有三個主要的類別：

問題解決式的因應

解決問題的能力因人而異。技巧貧乏的人會過度使用無效的策略，或者只試著用一種方式去解決問題，然後當它不管用時就放棄了。有些方法可用來教導那些缺乏技巧的人解決問題，例如 Sobel 和我發展了一種認知行為處遇的方法（Sobel & Worden, 1982）。

積極的情緒因應

針對處理問題和管理壓力，積極的情緒因應是最有效的策略。重新定義是效率清單中的首要項目。這是一種在惡劣情況中，找到正向事物或救贖的能力。透過悲傷成長的整體概念，就在於能否有效地運用這些策略。在癌症病患和喪慟者的研究中，那些情緒痛苦程度最低的人，就是那些能重新框架問題並能在困難情境中找到正向事物的人。幽默是另一種可能會有效的因應策略。能夠幽默表示能對問題保持某種距離，因而在短期內，可能會有幫助，情緒宣洩比壓抑感受要有用。無論如何，把正向和負面感覺釋放出來是最好的，但不是那種把人轟出門的強烈表達方式。接受支持的能力是積極情緒因應方法的另一面向。接受他人的支持並不表示自己的效能較差，相反地，接受支持是哀悼者可以增進效能和自尊的一個選擇。

逃避式的情緒因應

或許最無效的策略就是逃避式的情緒因應。這種方式可能讓人暫時覺得舒服些，但對解決問題卻並不特別有用。逃避式的因應包括責備——對自己和對他人；轉移注意力——短期內可能有用，卻不能持久；否定——就像轉移注意力一樣，可能有緩衝對抗困難現實的短期好處，但長期來看，卻是無效的；社交退縮——仍然是短期有效，但不是最有效的因應方式；物質的使用和濫用——可能讓人感覺好過些，但無法解決問題，且可能有反效果。

在哈佛兒童喪親研究中，對父母親和對孩子而言，最好的結果都來自積極的情緒因應策略，特別是重新定義和重新框架的能力。消極策略（如：「我什麼也不能做」）是所有策略中最無效的

(Worden, 1996)。Schnider、Elhai 和 Gray(2007)發現,在創傷失落之後,積極因應和最好的結果相關,而逃避式的情緒因應則和 PTSD 和/或複雜性悲傷的發展有關。

個人的因應型態是否穩定,或是可被修改? Folkman(2001)相信有些策略,像重新架構和認知的逃避,傾向更穩定的因應型態。其他型態如問題解決技巧和運用社會支持,是較能被修改的。根據我們的研究,我同意這點。我們針對一群拙劣的問題解決者,使用認知行為策略教導其問題解決技巧,結果非常成功(Sobel & Worden, 1982)。同時,透過喪慟團體,哀悼者能學習到更有效運用社會支持的方法。

依附風格

另一個影響個人處理不同哀悼任務的重要要素是個人的依附風格(Kosminsky & Jordan, 2016)。依附風格是早期親子連結的結果,在生命早期即被設定。依附行為的目的是為和依附對象——通常是母親,保持或重新建立親近的關係。依附對象對孩子情緒需求的反應——特別是在壓力之下,決定了這些依附風格的模式。有些人認為依附風格是個人的特色,在某些情況下,如創傷事件和心理治療,依附風格多少會受到影響,但基本上是被穩固建立的(Fraley, 2002)。當依附對象缺席時,一個人是否感到安全或沮喪,依附對象的可獲得性或心理上的親近,是重要的決定因素。一般來說,依附風格是在生命早期,從與重要他人的經驗或關係的結果自然發展而來。依附連結亦存在於成人之間,但被認為和親子連結有很重要的差異,因為伴侶可成為彼此的依附對象。

死亡切斷了和依附對象的關係,威脅到喪親者去維持或重建和

依附對象的親近。為了重新建立失落的關係，分離悲痛促使搜尋行為，但喪親者會逐漸明白失落的永久性。對新的現實的健康調適，是哀悼者能將逝者內化，進入自己內在及生命基模中，因此，心理親近取代了過去的生理親近。喪慟者藉由逝者的心靈表徵（mental representation），得到情緒上的支持，對於不再可得的生理存在的需要即減少了。關於依附風格，對於內在模式或心智表徵，已有很多描述（Ainsworth, Blehar, Waters, & Wall, 1978; Main & Solomon, 1990; Mikulincer & Shaver, 2003, 2007, 2008）。

安全依附風格

透過健全親職和其他的健康早期關係，許多人發展出安全的依附風格。具備安全依附的人，具有被重視以及值得支持、關切和愛的正向心理模型。當死亡讓人經驗了重要依附對象的失落時，具備安全依附風格的個人，會經驗到悲傷的痛苦，但能處理這種痛苦，並能繼續和失去的所愛發展健康且持續的連結。早期強烈的悲傷（探索和渴慕）不會壓倒他們在第一項任務中對失落現實的接受。

不安全依附風格

當親職和早期關係沒有健全發展時，人們可能具有四類不安全依附風格，包括：焦慮／沉迷依附、焦慮／矛盾依附、逃避／斷念依附、逃避／恐懼依附（針對相同的現象，有些研究者可能使用其他說法）。這些不同的依附風格，影響人一生的關係。當依附對象死亡時，在悲傷過程中，這些不安全依附風格是相當重要的影響因素，因為它們可能造成調適任務的困難，並促成複雜性哀悼的發展（Schenck, Eberle, & Rings, 2016; M. Stroebe, Schut, & Stroebe,

2006）。讓我們來更仔細地檢視這些不安全依附風格。

焦慮／沉迷依附：這是一種讓人覺得不安的關係，在此關係中，對小事和其他感覺到的被疏忽，時常會過分敏感。這些人會在身邊保留備胎男友（或女友），以防現有的關係會沒有結果。他們對自己沒有良好感覺，可能會讓重要他人決定其自尊需求（見要素二）。當死亡帶走所愛之人，具有這種依附風格的人，經常會長時間表現出高度的悲苦，甚至導致慢性或長期的悲傷併發症。他們可能缺乏規範情感和處理壓力的能力、可能對失落有很多反覆思索，且可能用逃避行為處理極端的痛苦——避免會提醒其失落的事物，以緩衝痛苦（Eisma et al., 2015）。由於認為自己是無助的，失去所愛就無法因應，因而有明顯的低自我效能。黏人和求助行為是這種風格的行為樣貌，治療目標是幫助他們不再試圖去和逝者重獲生理上的親近，而是透過心理上的親近，去內化安全感（Field, 2006）。

焦慮／矛盾依附：在矛盾關係中，愛與恨共存。形成這類依附的人，視另一方為不可信賴的。關係可能是激烈的，並且在關係被威脅時，憤怒會顯現。在我的臨床工作中，有時我會將其稱之為憤怒依附。這幾年，我處理過許多對夫妻，當配偶之一必須為正當的生意目的而離開幾天或幾週，另一方就會帶著憤怒反應抓狂。某種程度上我們可以覺察這樣的憤怒是為了不要對方離開，讓自己不必經驗這種依附下隱含的焦慮。這跟小孩為了和依附對象重新建立生理上的親近而做出的抗議行為是類似的。當所愛去世，憤怒和焦慮極端強烈，因此，為了保持穩定性，哀悼者可能專注於和憤怒完全相反的正向感覺，會放大所愛的人，以避免去面對經驗中另一面的憤怒深處。當他們談到所愛之人，會給諮商人員一種感覺：沒有人可能如此偉大。處遇應該被導向對正向和負面感覺的認可及表達。

如果不能表達憤怒，也不能融合愛的感覺，哀悼者可能會經驗高度的憂鬱或長期的悲傷，伴隨著冗長的反覆思索。

逃避／斷念依附：此人可能有一位毫無反應的父母，且發展出一種假性的自足風格，行為的組合圍繞著自我信賴和獨立的目標。有些這類依附型的人，會被視為不可靠。自主和自我信賴對其極端重要。在親人亡故之後，這些人可能呈現很輕微的症狀和最少的情緒反應，基本上是因為他們很少依附。這些人具有極端正向的自我觀點，但對於他人，則常抱持負面觀感，因此在壓力下，也就不太會向他人求助。具有這種依附風格的個人，於失落初期顯現很少的情緒反應，但接下來是否會發展出延宕的悲傷反應，看法紛紜，例如 Fraley 和 Bonanno（2004）就持反對意見。然而由於潛意識對分離的渴望，他們有可能在死亡發生後不久，或者稍後，經驗到身心反應（M. Stroebe, Schut, & Stroebe, 2005, 2006）。由於防衛性的排除，他們無法處理失落的意涵，則可能會在第三項任務中有所掙扎。

逃避／恐懼依附：具有這種依附風格的人，對失落的調適很可能是最差的（Fraley & Bonanno, 2004）。不像逃避／斷念依附的人重視自足，他們想要關係。但由於害怕依附可能破滅，長期以來只有短暫依附。當死亡帶走任何他們曾經發展出的依附關係，就很容易受到影響而發展出重度憂鬱。這種憂鬱時常保護他們免於可能感受到的憤怒。在喪慟情況中，社交退縮是最常見到的行為，且有自我保護的效果（Meier, Carr, Currier, & Neimeyer, 2013）。

當依附因死亡而斷裂，健康依附會導致悲傷的感覺，較不健康的依附會引發憤怒和愧疚感（Winnicott, 1953）。對高度依賴和發展關係有困難的人來說，依附問題也非常重要；某些有人格失調診斷的人，可能也有處理失落的艱難時刻，特別是對那些被歸類為邊緣性或自戀性人格疾患的人而言，確實是如此（見 American Psychiatric Association [APA], 2013）。較不健康的依附可能導致分離疾患，是當前創傷性悲傷的焦點（Prigerson & Jacobs, 2001）。

認知風格

認知風格因人而異。有些人較樂觀，就可能敘說杯子中有一半的水而非無水的那一半。樂觀風格和在惡劣情況中仍會找到正向或補償面向的能力有關。有位癌症病患說：「我並不樂意得到癌症，但這的確給了我和母親一個和解的機會。」在哈佛兒童喪親研究中，我們發現，在失落後最初兩年，樂觀和重新界定的能力和倖存父母的低度憂鬱有關（Worden, 1996）。同樣地，Boelen 和 van den Bout（2002）發現，正向思考和焦慮與創傷性悲傷徵候的程度呈負相關，尤其是憂鬱。這並不令人驚訝。Beck、Rush、Shaw 和 Emery（1979）以及其他憂鬱症的研究者發現，憂鬱的個人對生活、自己、世界和未來具有負面觀點。憂鬱症患者的悲觀態度，時常導致陷於過度概化的認知風格，「我絕對無法從此事復原」和「再也不會有人愛我了」，就是這類想法的例子。

另一個重要的認知風格是*反覆思索*（rumination）。持續和重複反覆思索的人，會把焦點放在他們的負面情緒，而沒有採取行動去解放這些情緒。在喪慟的情境中，這種認知風格牽涉習慣性和消極地把焦點放在和悲傷相關的症狀上，延長了經驗負面情緒的時間，無法促成有效處理第二項任務，並可能導致將憂鬱心情變成憂鬱疾患（Nolen-Hoeksema, 2001; Nolen-Hoeksema, McBride, & Larson, 1997）。反覆思索的人把焦點放在失落，想要去尋找意義和理解，但研究顯示，比起不去反覆思索的人，他們較無法找到失

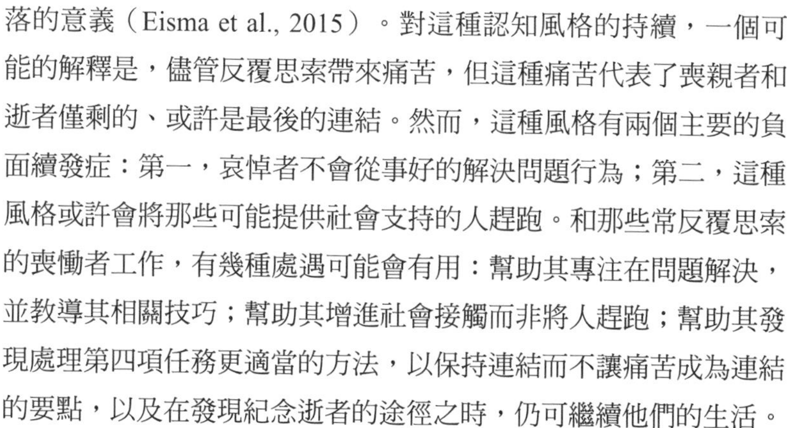

落的意義（Eisma et al., 2015）。對這種認知風格的持續，一個可能的解釋是，儘管反覆思索帶來痛苦，但這種痛苦代表了喪親者和逝者僅剩的、或許是最後的連結。然而，這種風格有兩個主要的負面續發症：第一，哀悼者不會從事好的解決問題行為；第二，這種風格或許會將那些可能提供社會支持的人趕跑。和那些常反覆思索的喪慟者工作，有幾種處遇可能會有用：幫助其專注在問題解決，並教導其相關技巧；幫助其增進社會接觸而非將人趕跑；幫助其發現處理第四項任務更適當的方法，以保持連結而不讓痛苦成為連結的要點，以及在發現紀念逝者的途徑之時，仍可繼續他們的生活。

自我力量：自尊和自我效能

所有人面對死亡事件的態度，和其自我價值以及影響生命中所發生事件的能力有關。有些死亡可能挑戰一個人的自尊和自我效能，進而讓第三項任務的「內在調適」更具挑戰（Haine, Ayers, Sandler, Wolchik, & Weyer, 2003; Reich & Zautra, 1991）。特別是當個人長期的負面自我形象從配偶處得到補償，當配偶死亡時，深重的失落可能再次啟動了以前潛藏的負面自我形象（Horowitz, Wilner, Marmar, & Krupnick, 1980）。自我效能是自我力量的另一個元素，和 Rotter 的制握信念（locus of control）相似，涉及一個人相信他／她對生命中發生的事件，有多少掌控力。當死亡讓人感到無力和失控時，對某些人而言，死亡能不能被預防就成為一個主要焦點。Benight、Flores 和 Tashiro（2001）發現，具有較強自我效能因應意識的較年長喪偶者，會有較好的情緒和心靈幸福感，身體健康狀況也較佳。在哈佛兒童喪親研究中，對父或母死亡調適得最好的兒童經驗中，自尊和自我效能是很重要的力量（Worden,

1996）。在美國亞利桑那州的喪親兒童研究中，Haine的團隊（2003）也發現，制握信念和自尊是重要的壓力調適要素（自尊比效能更甚）。針對一群中年喪偶者，Bauer和Bonanno（2001）發現，自我效能和心理健康間有強大的連結，且為長期下來較少悲傷的預測因子。自我效能特別有助於哀悼者處理第三項任務的從失落中發現意義以及建立新的認同。

假設的世界：信仰和價值

我們每個人都假設世界是慈善和有意義的（Schwartzberg & Janoff-Bulman, 1991）。有些死亡可能比其他死亡更挑戰一個人假設的世界觀，引發一個不再確定真假、好壞的靈性危機，致使第三項任務的心靈調適更加困難。我曾協助過一些母親，她們的年幼孩子在自家院子玩耍，卻被開車路過的槍擊者（通常是幫派分子）射殺。孩子毫無意義的死亡，讓這些母親顯現出信心危機，挑戰了她們對世界之可預測性以及上帝在世界所在位置的信仰。無論如何，某些世界觀可以提供保護功能，允許個人將重大悲劇整合融入其信仰系統。對「凡事皆為上帝更大計畫的一部分」有堅定信仰的人，在失去配偶後，會較那些無此觀點的人，顯現較少悲苦（Wortman & Silver, 2001）。而人將在永恆中和逝者重聚的信仰，也可能提供保護功能（Smith, Range, & Ulmer, 1992）。

 要素六：社會變數

悲傷是一種社會現象，和他人一起悲傷的需求是重要的。在家庭中和家庭外，覺知到來自他人的情緒和社會支持的程度，在哀悼過程中意義同樣重大。有些研究已經顯示，感受到社會支持，會減輕壓力的負面效果，包括喪慟的壓力（Juth, Smyth, Carey, & Lepore, 2015; Schwartzberg & Janoff-Bulman, 1991; Sherkat & Reed, 1992; W. Stroebe, Stroebe, & Abakoumkin, 1999）。就連養寵物的人相較於無寵物相伴的人，也顯現出較少的症狀（Akiyama, Holtzman, & Britz, 1986）。許多研究發現，那些社會支持不足或有衝突者，在喪慟中過得較差。有個難題是：社會支持雖然會在死亡發生時和不久之後的那段時間出現，但六個月到一年之後，當哀悼者逐漸認知到所有因所愛死亡的失落時，那些出席喪禮的人可能已不在身邊；如果他們仍在身邊，就可鼓勵哀悼者克服悲傷並繼續生活下去。

M. Stroebe、Schut 和 Stroebe（2005）檢視四個縱貫性研究，調查社會支持和憂鬱的關係，歷經兩年時間。這些研究乃杜賓根喪親縱貫性研究（W. Stroebe, Stroebe, Abakoumkin, & Schut, 1996）、年老夫妻改變生活研究（Carr et al., 2000）、孩子死於暴力的父母研究（Murphy, 2000），以及反覆思索因應研究（Nolen-Hoeksema & Morrow, 1991）。在所有四個研究中，每一個被評估的時間點都顯示，擁有較多社會支持的人，有較低的憂鬱指數。然而，沒有一個研究發現社會支持會加速對失落的調適或讓調適更容易些。儘管知道可以要求朋友和家人的支持，可能有助於減輕失落的打擊，但社會支持並不必然會加快悲傷過程。以下為重要的社會要素：

1. **支持滿意度**：比僅獲得支持更為重要的是，哀悼者對社會支持的看法和滿意度。研究已經顯示，很多案例可獲得社會支持，但當事人並不滿意。社會整合包括和他人相處的時間，以及社會支持的運用（信賴他人），這是形成支持滿意度的兩個層面（Aoun et al., 2015; Sherkat & Reed, 1992）。
2. **社會角色的關聯**：多重角色參與可影響死亡後對失落的調適。參與較多不同社會角色的人，對失落的調適似乎較那些不具備多重角色的人佳。在研究中的角色包括父母、員工、朋友、親戚，以及在社區、宗教及政治團體的涉入（Hershberger & Walsh, 1990; M. Stroebe et al., 2013）。
3. **宗教資源和種族期待**：我們每個人都屬於各種不同的社會次文化——包括種族和宗教。這些次文化提供了行為的準則和儀式，如愛爾蘭人和義大利人或美國北方佬，就各有不同的悲悼方式。在猶太信仰中，有「坐七」期（Shiva）——在七天的期間，家人守在家中，親友會來幫忙，協助讓其更容易度過悲傷。接下來還有其他儀式，例如去教堂和一年後揭開墓石等活動。天主教和基督教也有自己的儀式。為了充分預測一個人的悲傷反應，就必須了解他／她的社會、種族、宗教背景。參與儀式對喪慟調適的影響程度，目前所知不多，但有理由相信是有用的。這需要更多的研究。

在此應該提一下社會要素的最後一個層面，也就是在悲傷中，生者可能會找到的次級補償。在悲傷中，生者可能會從其社會網絡中得到許多助益，而這可能對悲傷期的長短有些效果。然而，過長的悲傷期會有相反的結果，並會疏離了社會網絡。

討論到社會要素時，不要忽略重要的跨文化差異。Rosenblatt

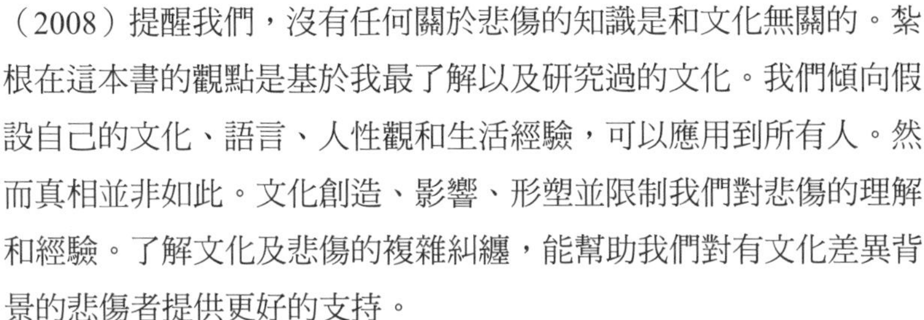

（2008）提醒我們，沒有任何關於悲傷的知識是和文化無關的。紮根在這本書的觀點是基於我最了解以及研究過的文化。我們傾向假設自己的文化、語言、人性觀和生活經驗，可以應用到所有人。然而真相並非如此。文化創造、影響、形塑並限制我們對悲傷的理解和經驗。了解文化及悲傷的複雜糾纏，能幫助我們對有文化差異背景的悲傷者提供更好的支持。

想要更了解跨文化對悲傷和失落的影響，可以檢視以下參考資料：Goss 和 Klass（2005）；Hayslip 和 Peveto（2005）；Neimeyer、Klass 和 Dennis（2014）；Parkes、Laungani 和 Young（2015）；以及 Rosenblatt（2008）。

要素七：同時發生的失落和壓力

另一個影響喪慟的因素是，在死亡之後同時發生的改變及危機。有些改變是無法避免的，但有些個人和家庭在死亡事件後，經歷到很大的分裂（二度失落），包括嚴重的經濟倒退。哈佛兒童喪親研究在為期兩年的追蹤時發現，在配偶去世後，經歷到最大的生活改變事件的喪偶者（使用《家庭生命事件量表》[Family Inventory of Life Events]），其憂鬱程度最高，其子女的功能也較差（Worden, 1996）。

特別值得注意的是，死亡的發生，更惡化了經濟資源較少者的財務負擔。尤其當死亡帶走了主要的家計負擔者時，更是如此。經濟資源也被社經階級地位所影響，在理解和／或協商提供給所愛在生命終點的處遇選擇時，家庭成員的較低教育程度，也限制了其醫療理解力（Neimeyer & Burke, 2017）。

注意事項：哀悼行為的多元決定論

讓我在此提出一個注意事項，即對於「悲傷的決定因素」和「哀悼的影響要素」，有一個簡化想法的傾向，尤以研究為最。例如，有人可能調查突如其來的暴力死亡對生者憂鬱狀態的影響，並且可能調查覺知到和實際得到的社會支持作為共同要素。然而，這樣的研究忽略了其他重要的關係要素，例如，依附關係的微妙性、個人因應技巧、從悲劇中尋找意義的能力，以及許多其他的哀悼影響因素。哀悼行為由多元因素決定，臨床工作者和研究者若能將此觀念長存心中，就可以好好完成工作。

和因應與失落相關的迷思，近來引起興趣。Wortman 和 Silver（2001）挑戰失落導致強烈痛苦和憂鬱的假設。任何有經驗的臨床工作者都知道，這種情況僅適用於某些人，對其他人則不然。痛苦的程度明顯受各種不同哀悼因素的影響。Wortman 和 Silver 都同意，有些要素一定得被考慮：

> 重要的是，指認出有哪些因素可能引發有些人在死亡發生後表達負面感覺。首先，如果經驗到更多負面感覺，人們更可能會去表達負面感覺。在失落之後，有些人可能會吃更多苦頭——這有很多原因，包括和死者依附的緊密程度、死亡的形式，以及生者過去對自己或世界的信念被死亡損毀的程度……有些特定類型的失落，可能是更難以克服的，例如相較於所愛的老伴的死亡，因酒駕造成一個孩子的死亡便是如此。（p. 423）

 哀悼何時結束？

詢問「哀悼何時結束？」就像問「天有多高？」一樣，沒有現成的答案。Bowlby（1980）和 Parkes（1972）都曾表示，哀悼在完成復原的最後哀悼期時便結束了。我則認為，哀悼任務完成時，便是哀悼結束之時，雖然後來可能再出現。設定一個明確的時間表，是不可能的。然而，在喪親文獻中，仍有各種訂下時間的企圖，如四個月、一年、兩年，或不結束。在親密關係的失落中，我很懷疑能在一年之內完全解決；對大部分人而言，兩年並不算太長。

哀悼完成的一個基準點是，能不那麼痛苦地思念逝者。當想起已逝去的所愛，總會有一種哀傷的感覺，但會是一種不同的哀傷，不同於以前那種別離痛苦的特質。能想起逝者，而沒有生理的表徵——如慟哭或胸口緊縮的感覺，並且能夠重新將情感投注在生命和生活中時，哀悼便已完成了。

然而，有些人似乎永遠不能脫離悲傷。Bowlby（1980）曾引述一個 60 多歲喪夫者的話，她說：「哀悼永遠不會結束，只是當歲月流逝，較少發作而已」（p. 101）。大部分研究顯示，失去丈夫的女性，能在第一年內回復的，不到半數。Shuchter 和 Zisook（1986）發現，大多數喪偶者會在約兩年左右，「稍微穩定下來……建立新的認同、且發現新的生活方向」（p. 248）。Parkes 多個研究則顯示，喪夫者可能會花三年或四年將生活穩定下來。悲傷輔導所能提供的基本教育之一，便是提醒這些人一個事實：哀悼是一個漫長的過程，而結果將不會是一個悲傷前的狀態。諮商人員也能讓哀悼者了解，即使哀悼有所進展，悲傷並不會直線前進，它可能再度出現、需要再度被處理。在經過一段漫長且痛苦的哀悼期後，有一位也失去了年輕成年兒子的喪夫者曾對我說：「期待會折磨人！我現在才明白，痛苦永遠不會完全消失。然而當痛苦再現時，我比較能記得那些不痛苦的時刻了。」我有個朋友，失去一位對他很重要的人，他感覺非常痛苦，而他對痛苦沒有很大的忍受力——特別是情感上的痛苦。在失落過後不久，他對我說：「我很高興當四週過去後，一切都將結束。」我工作的一部分，就是幫助他了解，這種痛苦不會在四週、甚或是四個月內離開。有些人相信，花一年的時間，悲傷將會減退。Gorer（1965）相信，生者對口頭慰問的反應方式，是生者處於哀悼過程中哪個階段的指標。對慰問滿懷感激的接受，是最可靠的信號之一，表示生者正順利地完成哀悼。

有一種意味，當人重拾對生活的興趣、感受更多的希望、再次經驗喜悅之情，且重新調適新的角色時，哀悼也許可能結束。然而，哀悼也可能永遠不會結束。或許，我們可以從 Freud 寫給一位喪子友人 Binswanger 信上的一段話得到幫助：

> 我們會找到一個安置失落的處所。儘管我們知道在如此的失落後，哀悼的急性期將平息，我們也知道這種痛苦是無可安慰，也無可取代。不管可能填補這個裂縫的是什麼，就算被完全地填補，它依然以不同的樣貌繼續存在著。（Freud, 1961, p. 386）

反思與討論

- 你如何看待喪慟者和逝者的關係或是依附的本質，改變了喪慟者完成哀悼任務的方式？在為喪慟者提供諮商或治療時，你如何思考以上問題的重要性？
- 作者經由研究確認，指出使用積極的情緒因應策略，例如重新定義和重新框架，對完成悲傷過程是最有幫助的，你相信或不相信的理由是什麼？
- 在依附風格的部分，作者提出，「當依附因死亡而斷裂，健康依附會導致悲傷的感覺，較不健康的依附會引發憤怒和愧疚感」。在和喪慟者工作時，你認為這是真確的嗎？針對這個通則，你有想到哪些是例外的情況？
- 閱讀了要素六社會支持的部分，你可能會問喪慟者哪些問題，以評估其支持系統的可獲得性和有助程度？
- 如果要確認哀悼已結束是如此困難，你怎麼知道什麼時候該轉介喪慟者去接受比你目前所能提供的更深入之支持呢？

參考文獻

Addington-Hall, J., & Karlsen, S. (2000). Do home deaths increase distress in bereavement? *Palliative Medicine*, *14*, 161–162. doi:10.1191/026921600674991350

Ainsworth, M., Blehar, M., Waters, E., & Wall, S. (1978). *Patterns of attachment: A psychological study of strange situations*. Hillsdale, NJ: Erlbaum.

Akiyama, H., Holtzman, J. M., & Britz, W. E. (1986). Pet ownership and health status during bereavement. *OMEGA–Journal of Death and Dying*, *17*, 187–193. doi:10.2190/8JWU-Q6JT-LL3P-MWW8

American Psychiatric Association. (2013). *Diagnostic and statistical manual of mental disorders* (5th ed.). Washington, DC: Author.

Aoun, S. M., Breen, L. J., Howting, D. A., Rumbold, B., McNamara, B., & Hegney, D. (2015). Who needs bereavement support? A population based survey of bereavement risk and support need. *PLoS One, 10*(3) e0121101. doi:10.1371/journal.pone.0121101

Attig, T. (2004). Disenfranchised grief revisited: Discounting hope and love. *OMEGA–Journal of Death and Dying, 49*, 197–215. doi:10.2190/P4TT-J3BF-KFDR-5JB1

Bauer, J. J., & Bonanno, G. A. (2001). I can, I do, I am: The narrative differentiation of self-efficacy and other self-evaluations while adapting to bereavement. *Journal of Research in Personality, 35*, 424–448. doi:10.1006/jrpe.2001.2323

Beck, A. T., Rush, A. J., Shaw, B. F., & Emery, G. (1979). *Cognitive therapy of depression*. New York, NY: Guilford Press.

Benight, C., Flores, J., & Tashiro, T. (2001). Bereavement coping self-efficacy in cancer widows. *Death Studies, 25*, 97–125. doi:10.1080/07481180125921

Boelen, P. A., & van den Bout, J. (2002). Positive thinking in bereavement: Is it related to depression, anxiety, or grief symptomatology? *Psychological Reports, 91*, 857–863. doi:10.2466/pr0.2002.91.3.857

Boelen, P. A., van den Bout, J., & de Keijser, J. (2003). Traumatic grief as a disorder distinct from bereavement-related depression and anxiety. *American Journal of Psychiatry, 160*, 1339–1341. doi:10.1176/appi.ajp.160.7.1339

Bonanno, G. A., Wortman, C. B., Lehman, D. R., Tweed, R. G., Haring, M., Sonnega, J., . . . Nesse, R. M. (2002). Resilience to loss and chronic grief. *Journal of Personality and Social Psychology, 83*, 1150–1164. doi:10.1037//0022-3514.83.5.1150

Boss, P. (2000). *Ambiguous loss: Learning to live with unresolved grief*. Cambridge, MA: Harvard University Press.

Bowlby, J. (1980). *Attachment and loss: Loss, sadness, and depression* (Vol. II). New York, NY: Basic Books.

Bugen, L. A. (1977). Human grief: A model for prediction and intervention. *American Journal of Orthopsychiatry, 47*, 196–206. doi:10.1111/j.1939-0025.1977.tb00975.x

Byrne, G., & Raphael, B. (1999). Depressive symptoms and depressive episodes in recently widowed older men. *International Psychogeriatrics, 11*, 67–74. doi:10.1017/S1041610299005591

Carr, D., House, J. S., Kessler, R. C., Nesse, R. M., Sonnega, J., & Wortman, C. (2000). Marital quality and psychological adjustment to widowhood among older adults: A longitudinal analysis. *Journals of Gerontology, 55B*, S197–S207. doi:10.1093/geronb/55.4.S197

Cleiren, M. (1993). *Bereavement and adaptation: A comparative study of the aftermath of death*. Washington, DC: Hemisphere.

Currier, J., Holland, J., Coleman, R., & Neimeyer, R. (2008). Bereavement following violent death: An assault on life and meaning. In R. G. Stevenson & G. R. Cox (Eds.), *Perspectives on violence and violent death*

(pp. 177–202). New York, NY: Routledge.
Doka K. (Ed). (1989). *Disenfranchised grief: Recognizing hidden sorrow*. Lexington, MA: Lexington Books.
Doka, K. (Ed.) (2002). *Disenfranchised grief: New directions, challenges, and strategies for practice*. Champaign, IL: Research Press.
Doka, K. (2008). Disenfranchised grief in historical and cultural perspective. In M. S. Stroebe, R. O. Hansson, H. Schut, & W. Stroebe (Eds.), *Handbook of bereavement research and practice: Advances in theory and intervention* (pp. 223–240). Washington, DC: American Psychological Association.
Doka, K., & Martin, T. (2010). *Grieving beyond gender: Understanding the ways men and women mourn* (Rev. ed.). New York, NY: Routledge.
Donnelly, E. F., Field, N. P., & Horowitz, M. J. (2000). Expectancy of spousal death and adjustment of conjugal bereavement. *OMEGA–Journal of Death and Dying, 42*, 195–208. doi:10.2190/9316-UGCT-6B2C-NTQE
Eisma, M., Schut, H., Stroebe, M., Boelen, P., van den Bout, J., & Stroebe, W. (2015). Adaptive and maladaptive rumination after loss: A three-wave longitudinal study. *British Journal of Clinical Psychology, 54*, 163–180. doi:10.1111/bjc.12067
Field, N. (2006). Unresolved grief and continuing bonds: An attachment perspective. *Death Studies, 30*, 739–756. doi:10.1080/07481180600850518
Folkman, S. (2001). Revised coping theory and the process of bereavement. In M. S. Stroebe, R. O. Hansson, W. Stroebe, & H. Schut (Eds.), *Handbook of bereavement: Consequences, coping, and care* (pp. 563–584). Washington, DC: American Psychological Association.
Fraley, R. C. (2002). Attachment stability from infancy to adulthood: Meta-analysis and dynamic modeling of developmental mechanisms. *Personality and Social Psychology Review, 6*, 123–151. doi:10.1207/S15327957PSPR0602_03
Fraley, R. C., & Bonanno, G. A. (2004). Attachment and loss: A test of three competing models on the association between attachment-related avoidance and adaptation to bereavement. *Personality & Social Psychology Bulletin, 30*, 878–890. doi:10.1177/0146167204264289
Freud, E. L. (Ed.). (1961). *Letters of Sigmund Freud*. New York, NY: Basic Books.
Gamino, L., Sewell, K., & Easterling, L. (2000). Scott and White Grief Study—Phase 2: Toward an adaptive model of grief. *Death Studies, 24*, 633–660. doi:10.1080/07481180050132820
Gomes, B., Calanzani, N., Koffman, J., & Higginson, I. (2015). Is dying in hospital better than home in incurable cancer and what factors influence this? A population-based study. *BMC Medicine, 13*, 1–14. doi:10.1186/s12916-015-0466-5
Gorer, G. D. (1965). *Death, grief, and mourning*. New York, NY: Doubleday.
Goss, R., & Klass, D. (2005). *Dead but not lost: Grief narratives in religious traditions*. Walnut Creek, CA: Alta Mira Press.
Guarnaccia, C., Hayslip, B., & Landry, L. P. (1999). Influence of perceived

preventability of the death and emotional closeness to the deceased: A test of Bugen's model. *OMEGA–Journal of Death and Dying, 39*, 261–276. doi:10.2190/XU27-A7X3-JAVW-P15Y

Haine, R. A., Ayers, T. S., Sandler, I. N., Wolchik, S., & Weyer, J. (2003). Locus of control and self-esteem as stress-moderators or stress-mediators in parentally bereaved children. *Death Studies, 27*, 619–640. doi:10.1080/07481180302894

Hayslip, B., Jr., & Peveto, C. A. (2005). *Cultural changes in attitudes toward death, dying and bereavement*. New York, NY: Springer Publishing.

Hershberger, P. J., & Walsh, W. B. (1990). Multiple role involvements and the adjustment to conjugal bereavement: An exploratory study. *OMEGA–Journal of Death and Dying, 22*, 91–102. doi:10.2190/K8D3-NTBT-KTMF-58CB

Horowitz, M. J., Wilner, N., Marmar, C., & Krupnick, J. (1980). Pathological grief and the activation of latent self-images. *American Journal of Psychiatry, 137*, 1157–1162. doi:10.1176/ajp.137.10.1157

Juth, V., Smyth, J. M., Carey, M. P., & Lepore, S. J. (2015). Social constraints are associated with negative psychological and physical adjustment in bereavement. *Applied Psychology: Health and Well-Being, 7*, 129–148. doi:10.1111/aphw.12041

Kastenbaum, R. (1969). Death and bereavement in later life. In A. H. Kutscher (Ed.), *Death and bereavement* (pp. 27–54). Springfield, IL: Thomas.

Kosminsky, P., & Jordan, J. (Eds.). (2016). *Attachment-informed grief therapy: The clinician's guide to foundations and applications*. New York, NY: Routledge.

Krupp, G., Genovese, F., & Krupp, T. (1986). To have and have not: Multiple identifications in pathological bereavement. *Journal American Academy of Psychoanalysis, 14*, 337–348. doi:10.1521/jaap.1.1986.14.3.337

Lazarus, R., & Folkman, S. (1984). *Stress, appraisal and coping*. New York, NY: Springer Publishing.

Lund, D. A. (2001). *Men coping with grief*. Amityville, NY: Baywood Publishing.

Main, M., & Solomon, J. (1990). Procedures for identifying infants as disorganized/disoriented during the Ainesworth strange situation. In M. Greenberg, D. Cecchetti, & E. Cummins (Eds.), *Attachment in the preschool years* (pp. 121–160). Chicago, IL: University of Chicago Press.

Martin, T. L., & Doka, K. J. (2000). *Men don't cry… women do: Transcending gender stereotypes of grief*. Philadelphia, PA: Brunner/Mazel.

McNutt, B., & Yakushko, O. (2013). Disenfranchised grief among lesbian and gay bereaved individuals. *Journal of LGBT Issues in Counseling, 7*, 87–116. doi:10.1080/15538605.2013.758345

Meier, A. M., Carr, D. R., Currier, J. M., & Neimeyer, R. A. (2013). Attachment anxiety and avoidance in coing with bereavement: Two studies. *Journal of Social and Clinical Psychology, 32*, 315–334. doi:10.1521/jscp.2013.32.3.315

Mikulincer, M., & Shaver, P. (2003). The attachment behavioral system in adulthood. In M. Zanna (Ed.), *Advances in experimental social psychology* (pp. 53–152). Washington, DC: American Psychological Association.

Mikulincer, M., & Shaver, P. (2007). *Attachment in adulthood: Structure, dynamics, and change*. New York, NY: Guilford Press.

Mikulincer, M., & Shaver, P. (2008). An attachment perspective on bereavement. In M. S. Stroebe, R. O. Hansson, H. Schut, & W. Stroebe (Eds.), *Handbook of bereavement research and practice: Advances in theory and intervention* (pp. 87–112). Washington, DC: American Psychological Association.

Moore, R. (2011). The stigmatized deaths in Jonestown: Finding a locus for grief. *Death Studies, 35*, 42–58.

Murphy, S. (2000). The use of research findings in bereavement programs: A case study. *Death Studies, 24*, 585–602. doi:10.1080/07481180050132794

Neimeyer, R., & Burke, L. (2017). What makes grief complicated? Risk factors for complicated bereavement. In K. Doka & A. Tucci (Eds.), *When grief is complicated* (pp. 73–94). Washington, DC: Hospice Foundation of America.

Neimeyer, R., Klass, D., & Dennis, M. (2014). A social constructionist account of grief: Loss and the narration of meaning. *Death Studies, 38*, 485–498. doi:10.1080/07481187.2014.913454

Nolen-Hoeksema, S. (2001). Ruminative coping and adjustment to bereavement. In M. S. Stroebe, R. O. Hansson, W. Stroebe, & H. Schut (Eds.), *Handbook of bereavement research: Consequences, coping, and care* (pp. 545–562). Washington, DC: American Psychological Association.

Nolen-Hoeksema, S., McBride, A., & Larson, J. (1997). Rumination and psychological distress among bereaved partners. *Journal of Personality & Social Psychology, 72*, 855–862. doi:10.1037/0022-3514.72.4.855

Nolen-Hoeksema, S., & Morrow, J. (1991). A prospective study of depression and posttraumatic stress symptoms after a natural disaster: The 1989 Loma Prieta earthquake. *Journal of Personality & Social Psychology, 61*, 115–121. doi:10.1037/0022-3514.61.1.115

Parkes, C. M. (1972). *Bereavement: Studies of grief in adult life*. New York, NY: International Universities Press.

Parkes, C. M., Laungani, P., & Young, B. (2015). *Death and bereavement across cultures* (2nd ed.). London, UK: Routledge.

Parkes, C. M., & Weiss, R. S. (1983). *Recovery from bereavement*. New York, NY: Basic Books.

Paul, N., & Grosser, G. H. (1965). Operational mourning and its role in conjoint family therapy. *Community Mental Health Journal, 1*, 339–345. doi:10.1007/BF01434390

Prigerson, H., & Jacobs, S. (2001). Traumatic grief as a distinct disorder. In M. Stroebe, R. Hansson, W. Stroebe, & H. Schut (Eds.), *Handbook of bereavement research* (pp. 613–645). Washington, DC: American Psychological Association.

Reich, J. W., & Zautra, A. J. (1991). Experimental and measurement approaches to internal control in at-risk older adults. *Journal of Social Issues, 47*, 143–158.

Rosenblatt, P. (2008). Grief across cultures. In M. Stroebe, R. Hansson, H. Schut, & W. Stroebe (Eds.), *Handbook of bereavement research and practice: Advances in theory and intervention* (pp. 207–221). Washington, DC: American Psychological Association.

Rynearson, E. (2006). *Violent death*. New York, NY: Routledge.

Rynearson, E., Schut, H., & Stroebe, M. (2013). Complicated grief after violent death: Identification and intervention. In M. Stroebe, H. Schut, & J. van den Bout (Eds.), *Complicated grief: Scientific foundations for health care professionals* (pp. 278–292). New York, NY: Routledge.

Schenck, L., Eberle, K., & Rings, J. (2016). Insecure attachment styles and complicated grief severity: Applying what we know to inform future directions. *OMEGA–Journal of Death and Dying, 73*, 231–249. doi:10.1177/0030222815576124

Schnider, K., Elhai, J., & Gray, M. (2007). Coping style use predicts posttraumatic stress and complicated grief symptom severity among college students reporting a traumatic loss. *Journal of Counseling Psychology, 54*, 344–350. doi:10.1037/0022-0167.54.3.344

Schut, H., Stroebe, M., de Keijser, J., & van den Bout, J. (1997). Intervention for the bereaved: Gender differences in the efficacy of grief counseling. *British Journal of Clinical Psychology, 36*, 63–72. doi:10.1111/j.2044-8260.1997.tb01231.x

Schwartzberg, S. S., & Janoff-Bulman, R. (1991). Grief and the search for meaning: Exploring the assumptive worlds of bereaved college students. *Journal of Social and Clinical Psychology, 10*, 270–288. doi:10.1521/jscp.1991.10.3.270

Shapiro, E. R. (1994). *Grief as a family process*. New York, NY: Guilford Press.

Sherkat, D. E. & Reed, M. D. (1992). The effects of religion and social support on self-esteem and depression among the suddenly bereaved. *Social Indicators Research, 26*, 259-275. doi:10.1007/BF00286562

Shuchter, S. R., & Zisook, S. (1986). Treatment of spousal bereavement: A multidimensional approach. *Psychiatric Annals, 16*, 295–305. doi:10.3928/0048-5713-19860501-09

Smith, P. C., Range, L. M., & Ulmer, A. (1992). Belief in afterlife as a buffer in suicidal and other bereavement. *OMEGA–Journal of Death and Dying*, 24, 217–225. doi:10.2190/HME4-G1XE-9HXL-TJ96

Sobel, H., & Worden, J. W. (1982). *Helping cancer patients cope*. New York, NY: Guilford Press.

Stillion, J., & Noviello, S. (2001). Living and dying in different worlds: Gender differences in violent death and grief. *Illness Crisis & Loss, 9*, 247–259. doi:10.1177/105413730100900302

Stroebe, M., Finkenauer, C., Wijngaards-de Meij, L., Schut, H., van den Bout, J., & Stroebe, W. (2013). Partner oriented self-regulation among bereaved parents: The costs of holding in grief for the partner's sake. *Psychological*

Science, 24, 395–402. doi:10.1177/0956797612457383

Stroebe, M., Schut, H., & Stroebe, W. (2005). Attachment in coping with bereavement: A theoretical integration. *Review of General Psychology, 9*, 48–66. doi:10.1037/1089-2680.9.1.48

Stroebe, M., Schut, H., & Stroebe, W. (2006). Who benefits from disclosure? Exploration of attachment style differences in the effects of expressing emotions. *Clinical Psychology Review, 26*, 133–139. doi:10.1016/j.cpr .2005.06.009

Stroebe, W., Stroebe, M., & Abakoumkin, G. (1999). Does differential social support cause sex differences in bereavement outcome? *Journal of Community & Applied Social Psychology, 9*, 1–12. doi:10.1002/(SICI)1099 -1298(199901/02)9:1<1::AID-CASP478>3.0.CO;2-X

Stroebe, W., Stroebe, M., Abakoumkin, G., & Schut, H. (1996). The role of loneliness and social support in adjustment to loss: A test of attachment versus stress theory. *Journal of Personality & Social Psychology, 70*, 1241–1249.

Tubbs, C., & Boss, P. (2000). An essay for practitioners: Dealing with ambiguous loss. *Family Relations, 49*, 285–286. doi:10.1111/j.1741 -3729.2000.00285.x

Walsh, F., & McGoldrick, M. (1991). *Living beyond loss: Death in the family*. New York, NY: W. W. Norton.

Weisman, A. D. & Worden, J. W. (1980). Psychosoial screening and intervention with cancer patients: Research report. Boston: Project Omega, Harvard Medical School, Massachusetts General Hospital.

Winnicott, D. (1953). Transitional objects and transitional phenomena. *International Journal of PsychoAnalysis, 34*, 89–97.

Worden, J. W. (1996). Tasks and mediators of mourning: A guideline for the mental health practitioner. *In Session: Psychotherapy in Practice, 2*, 73–80. doi:10.1002/(SICI)1520-6572(199624)2:4<73::AID-SESS7>3.0.CO;2-9

Wortman, C. B., & Silver, R. C. (2001). The myths of coping with loss revisited. In M. S. Stroebe, R. O. Hansson, W. Stroebe, & H. Schut (Eds.), *Handbook of bereavement research: Consequences, coping, and care* (pp. 405–429). Washington, DC: American Psychological Association.

Zisook, S., Paulus, M., Shuchter, S. R., & Judd, L. L. (1997). The many faces of depression following spousal bereavement. *Journal of Affective Disorders, 45*, 85–94.

/第4章/

悲傷輔導：引發正常悲傷

我們現在已經了解失去重要親人後產生諸多反應是正常的。大多數人都能夠克服這些悲傷反應，走過哀悼的四項任務，最終調適了失落；但也有些人會經驗較大的痛苦，想要尋求悲傷輔導。由於初期的高度痛苦反應是預測後期痛苦反應的重要指標之一，因此能夠用來預測出會產生不良喪慟結果的危險度有多高。對這類個案，悲傷輔導能夠協助他們較有效地去調適失落（Schut, 2010; M. Stroebe, Schut, & Stroebe, 2005）。

我將悲傷輔導和悲傷治療區分開來。悲傷輔導協助人們在合理時間內，引發正常的悲傷，健康地完成悲傷任務。而悲傷治療則處理異常或複雜（性）悲傷反應，需要一些專精技巧，這部分將在第6章加以討論。

有些人並不認為處理急性期的悲傷需要任何輔導的協助。事實上，Freud（1917/1957）認為悲傷是自然的過程，他在〈哀悼與憂鬱〉（Mourning and Melancholia）一文中曾寫道：「悲傷不應被干擾。」無論如何，傳統上，人們透過家庭、教會、葬禮儀式和其他社會習俗來處理悲傷。但是時代改變，今日有些人因無法有效處理悲傷任務而來尋求專業輔導，希望協助他們調適無法處理的想法、感覺和行為；另有一些人雖未直接求助，但當無法靠自己解決失落時，也會接受協助。當傳統的處理方式無效或闕如時，悲傷輔導是一種適當的彌補。當然，心理衛生工作者的正式處遇有可能使悲傷蒙上病態意義，但若能有技巧地輔導，便能避免這種誤解。

悲傷輔導的目標

悲傷輔導的終極目標是協助生者調適失親的失落，並能夠適應沒有逝者的新生活。這些特定目標亦與哀悼的四項任務相符，即：（1）增加失落的現實感；（2）協助當事人處理情緒和行為的痛苦；（3）協助當事人在失落後克服再調適過程（外在、內在和心靈）中的各種障礙；（4）協助當事人找到一個方法與逝者維持連結，同時能夠坦然地重新投入生活。

誰來做悲傷輔導？

為了達成這些特定目標，需要協同各種不同類型的諮商人員。Parkes 在〈喪慟輔導管用嗎？〉（Bereavement Counselling: Does It Work?）的報告中，指出三種基本的悲傷輔導型態（Parkes, 1980）。第一種為專業服務，由受過訓練的醫生、護理人員、心理師或社工人員透過個別或團體形式，為遭遇重大失落的人提供支持性服務。第二種為志願服務，由專家挑選、訓練、支持的志工負責；早期由哈佛社區精神醫學實驗室（Harvard Laboratory for Community Psychiatry）推動成立的方案之一「喪夫者團體」（widow-to-widow）就是一個好例子（Silverman, 1986, 2004）。第三種是自助團體，由有共同喪慟經驗的人組成，互相扶持，不一定要得到專業的幫助，如溫馨友誼社（Compassionate Friends）這

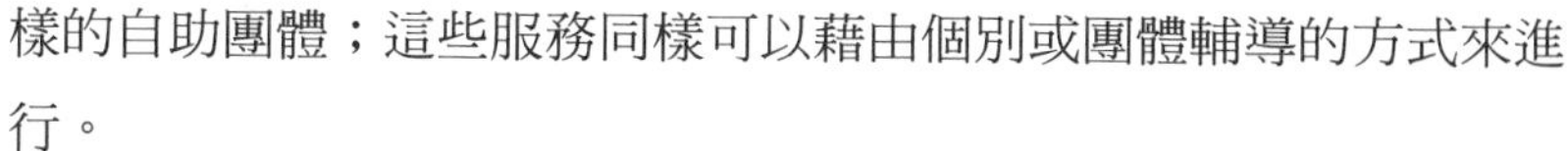

樣的自助團體；這些服務同樣可以藉由個別或團體輔導的方式來進行。

由於安寧服務運動在美國萌發，使大家對喪慟輔導的領域重新投注關切。安寧照顧指導原則強調：一個完整的安寧照顧方案不單只對在安寧病房中陪伴瀕死病人的家屬提供輔導及支持，對社區裡的喪慟者也提供服務（Beresford, 1993; Connor, 2017; Worden, 2002）。各種安寧方案的性質不同，但不論是採緩和治療的病房、自立自足的機構或居家服務，都一致認為完整的安寧照顧包括在死亡發生之前以及之後對家庭的服務。大多數安寧服務混合運用專業人員和志願服務者從事輔導工作。

開始悲傷輔導的時機？

在大多數情況，悲傷輔導最早是在葬禮後一週開始；除非諮商人員在死亡發生前就已和當事人接觸，否則一般來說葬禮後的第一天就連絡是太快且不適宜的。此時喪慟者仍陷於麻木或震驚狀態中，尚未準備好去處理這種混亂。有時若預知死亡即將來臨，諮商人員可事先與家屬連絡，在死亡當時與他們做簡短的接觸，葬禮過後一週再進一步連繫。不過，這其實並沒有一定的規則，不需要死抓住這個時間表，重要的是考量死亡情境、諮商人員的角色和輔導場合來決定怎麼做。我們在哈佛大學所做的研究顯示，配偶過世三、四個月後，喪偶者才會開始了解他們失去的是什麼（Parkes & Weiss, 1983; Worden, 1996）。

悲傷輔導應在何處進行？

悲傷輔導不一定要在專業辦公室內進行。我曾在醫院不同地點，如花園或其他非正式場合，進行過悲傷輔導；當事人的家中也是可以有效運用的場地之一。做過家訪的諮商人員可能發現，家庭是提供處遇的最佳情境場合。Parkes（1980）也同意這點，他說：「電話連絡和在辦公室內的諮商都無法取代家訪的效果。」（p. 5）雖然諮商人員還是要能清楚知道會談的目標，並與當事人制定合約，但正式的工作場合並非必要。然而，在專業場合進行悲傷治療則較在家庭或非正式場合更為適當。

誰需要接受悲傷輔導？

喪慟輔導基本上有三種取向，也可說是三種哲學。第一種是對遭遇喪慟的個人，特別是失去父母或子女的家庭，提供悲傷輔導。這種哲學背後的假定認為，對每一個喪慟者來說，死亡是一件重大的創傷事件，所以應該對所有喪慟者提供服務。儘管這原則容易理解，但其耗費較高，再加上其他因素，不可能如此普遍地提供輔導；再說，我們的研究顯示，並非每個人都有這種需要（Worden, 1996），多數人沒有我們的協助也可以處理得很好。Parkes（1998）一語中的：「沒有證據顯示所有的喪慟者都能從諮商中得到幫助；而且研究顯示，因為遭逢喪親而沒有其他原因就依照一般程序轉介的當事人，並不能從諮商中獲益。」（p. 18）

第二種取向是假設有些人需要協助，但會等他們遭遇到困難、自覺有需要並主動跨出求助時，再提供協助。這個方式比第一種有效益，只是個案在得到幫助前得經歷某種程度的痛苦。然而，有

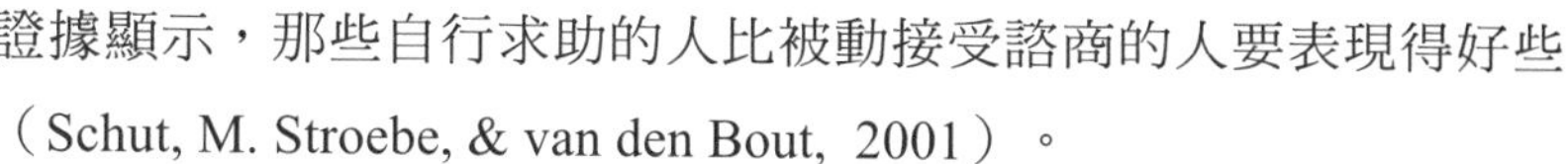

證據顯示，那些自行求助的人比被動接受諮商的人要表現得好些（Schut, M. Stroebe, & van den Bout, 2001）。

第三種取向源自心理健康預防模式。如果我們能預期哪些人在失落發生後一至兩年內可能遭遇到困難，就可以進而提供早期處遇，以排除對失落的不佳調適。Parkes 和 Weiss（1983）以及哈佛喪親研究的同僚即採取此模式，並透過一些顯著指標，界定 45 歲以下喪偶者的高危險群。

此研究在配偶死亡後，定期對喪偶者做長達三年的描述性研究，其中挑出一群在配偶死亡後十三至二十四個月間調適不良者，蒐集其喪慟早期資料，作為高危險群的重要預測指標。以下是對在此原創性研究中被列為高危險群喪慟者的描述。在美國，喪夫與喪妻之比例為 5：1，所以這裡選擇以喪夫為重點。此研究中沒有一位女性完全符合高危險指標。雖然這是多重變數的組合，卻提供高危險對象的概念，以便早期界定出來，並提供輔導，協助她們將悲傷轉化為更適當的結果。

界定高危險群喪慟者

無法良好調適的喪夫者大都具下列特徵：年輕、有小孩、無近親可就近照顧、支持網絡薄弱。她的個性膽怯、依附性強、高度依賴丈夫，或者與丈夫的關係充滿矛盾情感。她的文化與家庭背景較不允許情緒表達，以及過去曾對分離有不良反應或有憂鬱症病史。此外，丈夫死亡為生活帶來額外壓力，如收入減少、可能要搬遷，再加上與也在嘗試調適失落的子女相處困難。起初，她似乎調適良好，接著卻被強烈的渴慕、自責、憤怒等情緒淹沒，而這些情緒不但不會降低，反而與時俱增（Parkes & Weiss, 1983）。

Beverley Raphael 在另一個劃時代的研究中，也嘗試指認高危險喪偶者。Raphael（1977）在澳洲觀察喪偶者，並發現下列變項可作為一、兩年以後仍調適不良者的重要預測指標：

1. 在危機期間，生者很缺乏支持性社會網絡。
2. 社會支持網絡並非特別不足，但死亡情境極端創痛。
3. 與逝者有極端衝突的婚姻關係、極創痛的死亡情境，以及未被滿足的需要。
4. 同時出現其他生活危機。

Sheldon 等人（1981）在多倫多的克拉克中心（Clark Institute）以八十位喪夫者為研究對象，發現四組預測指標可用以解釋喪偶的調適。這四組預測指標為社會人口統計變數、人格因素、社會支持變數，以及死亡事件的意義。所有指標中，社會人口統計變數——年輕和低社經階層者——為日後悲痛的最具影響因素。

哈佛兒童喪親研究以配偶死亡、留下學齡兒童的單親家長為對象，觀察高悲痛的預測指標。結果發現在第一年忌日時，經歷最高悲痛的是先生意外去世的婦女，她們也是在死亡發生後四個月時，經歷高悲痛與困難的同一群。她們還擁有較多 12 歲以下同住的孩子，同時又在失落後數月中，承受較多的生活變遷事件和壓力來源（Worden, 1996）。

這種預測方法也可用於配偶之外的其他家庭成員。Parkes 和 Weiss（1983）在英國的聖克里斯多福安寧院（St. Christopher Hospice）使用八變項喪慟危險指標來界定家人對支持的特定需要。如果在死亡後四週內的評估中出現多項變數，此人便被界定為有接受處遇的需要。這些變數包括：

1. 年幼小孩人數多者。
2. 社會階層較低者。
3. 失業或就業狀況不穩定者。
4. 憤怒程度高者。
5. 渴慕程度高者。
6. 自責程度高者。
7. 目前缺乏其他關係者。
8. 調適評估結果認為需要協助者。

Kissane 和同僚（Kissane & Bloch, 2002; Kissane & Lichtenthal, 2008; Kissane et al., 2006）發展了喪慟危險指數（Bereavement Risk Index）來確認哪些家庭和家庭成員會對於家庭成員的過世有調適不良的情況。Beckwith 和同僚（1990）也在他們北達科他安寧緩和療護方案中運用同樣的指標，發現較年輕、孩子較小、社經地位低、較缺乏親密的關係，以及經濟變差是喪偶後第一年處於高危險的指標。

如果能設計出一套可應用到喪慟群體的指標當然最好，但這是不可能的。以上指標雖然多所重疊，但能預測某一類個案困難度的指標，未必對另一類個案有意義。想運用預測模式的臨床專業人員必須小心地運用描述性研究，蒐集喪慟早期的評量變數，並且有系統地定期追蹤沒有接受處遇的對象，才能有效地了解哪些早期評量是預測日後困難的最佳指標。預測指標的取用應參考列於第 3 章的影響哀悼的中介變項。我們在研究失去父母的學齡兒童時也運用這樣的方式發展指標。在這個長期研究中，我們找出失去父母兩年後還調適不好的兒童，運用喪親不久後蒐集到的兒童和家庭的資料，整理出一個準確度很高的指標工具，因而能夠提早介入。這套評量工具以及其後的發展在 Worden（1996）的論文中有說明。

Prigerson 和同僚（1995），以及 Prigerson 和 Jacobs（2001）提出了複雜性悲傷量表（Inventory of Complicated Grief, ICG），以便發展出複雜性喪慟（complicated bereavement）的概念。這與其說是一種預測的工具，不如說是一種描述的工具，用來評量哀悼者的當下狀況和經驗，就好像量一個人的體溫一樣。這類似於使用德州悲傷量表修正版（Texas Revised Grief Inventory）或是荷根悲傷反應檢核表（Hogan Grief Reaction Checklist）去併行衡鑑。然而，複雜性悲傷量表具有某種程度的預測功能，因為這個量表可以展現哀悼者的早期分數和後來的分數是高度相關的，特別是在沒有介入的情況下更是如此。使用這個工具，我們可以早期確認高分數的哀悼者，給予某種程度的介入，以避免後續負面的發展。

輔導原則與程序

無論在什麼機構或運用何種悲傷輔導哲學，為使悲傷輔導達成效果，都必須遵循某些原則與程序。下列原則可提供諮商人員協助個案克服急性的悲傷情境，達到良好的調適。

原則一：協助生者體認失落

任何人若失去身邊重要的人，即使事先已有某些死亡警訊，仍會有種不真實的感覺，好像它不曾真正發生。因此，第一個悲傷任務就是完全體認失落已實際發生——其人已逝並且不再復生。生者必須接受這個事實，才能處理失落所引起的情緒衝擊。

如何幫助一個人體認失落？最好的方法之一是諮商人員協助生者談論失落。死亡是在哪裡發生的？如何發生的？是誰告訴你的？你聽到這個消息時人在哪裡？葬禮是怎麼舉行的？大家在追悼會上說了些什麼？所有這類問題都有助於討論有關死亡的種種情境。許多人都需要在心裡一再地仔細檢閱有關死亡的事件，才能真正接受死亡已發生的事實；這需要花一段時間。在研究中，許多喪夫者提及，大概過了三個月，才開始相信並了解伴侶實際已去世且永不再返的事實。莎士比亞藉馬克白之口說出談論失落的重要性：「說出你的悲傷吧！沒說出來的悲傷將摧毀你那過度疲憊的心，使它破碎。」

探訪墓地或是骨灰存放或撒散之處，也能使人體認失落的事實。諮商人員可詢問當事人是否曾去過墓地，並探索當事人對這個經驗的看法和感受。如果沒去過，可詢問他們對探訪墓地的想像。墓地探訪固然有其文化期待和實踐的根源，其實亦提供了線索，據以了解當事人在第一項悲傷任務中的狀況。在悲傷工作中，有時需要鼓勵當事人去訪視墓地，這個建議唯有秉持關懷與敏感的態度，並尋找恰當的時機進行，才能順利完成。

諮商人員要做個有耐心的傾聽者，並鼓勵當事人談論失落。在許多家庭，當喪夫者談及這件事時，所得的反應卻是：「不要再說了，我都知道了，為什麼妳要談這些折磨自己呢？」家人並不了解她需要藉此以領悟死亡的事實。諮商人員絕不可如此沒有耐性，須幫助當事人說出來有關過去及現在對死者的記憶，以漸漸了解失落和因之而來的衝擊。

原則二：幫助生者界定並體驗感覺

在第 1 章，我曾列舉許多在悲傷經驗中會有的感覺，大部分都是令人不安的。因為這些感覺帶來痛苦和不快，人們往往不去面對自己有這些感覺，或者不去深入體會這些感覺，因而不能有效地解決悲傷。許多當事人求助是為了擺脫痛苦，以尋求立即的解脫。他們要的是減輕痛苦的藥丸，幫助他們接受及解決痛苦是處遇的重點，而憤怒、愧疚、焦慮、無助和悲哀是生者最難處理的感覺。

憤怒

所愛的人去世，常使人產生憤怒情緒。一位 20 來歲的男性談起妻子的死時曾說：「能幫助我的是關心我、而且傾聽我發洩憤怒的人。」早先我曾說過，憤怒可能有兩種來源：第一，由於挫折；第二，來自退化的無助感受。不管是源自哪一種原因，很多人都曾經感受過強烈的憤怒，但卻少有人會把憤怒朝向逝者。因此，缺乏了真正的發洩對象（逝者），這種真實而且必得宣洩的情緒便常偏射向醫生、醫院工作人員、葬儀社職員、神職人員或其他家人（Cerney & Buskirk, 1991）。

憤怒如果不直接針對逝者或轉移至其他人，便退而反射到自己內在，以沮喪、愧疚或低自尊等方式呈現。在一些極端的例子中，內射的憤怒可能導致自殺行為或自殺的念頭。有能力的悲傷諮商人員往往會詢問當事人是否有自殺的念頭。簡單地問：「你有沒有因為太痛苦了，而想過傷害自己？」多半能導致正向的結果，而不至於刺激某些人採取自我毀滅的行動。自殺並不一定代表內射的憤怒，也有可能是渴望藉此與死者重聚。

有些憤怒來自喪慟後的強烈痛苦，諮商人員可協助當事人接觸

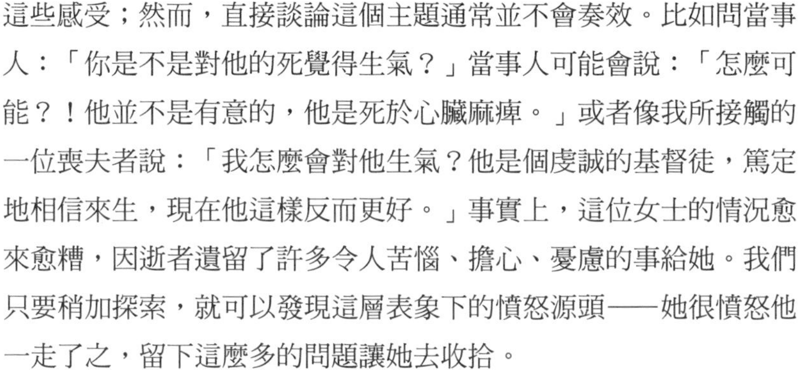

這些感受；然而，直接談論這個主題通常並不會奏效。比如問當事人：「你是不是對他的死覺得生氣？」當事人可能會說：「怎麼可能？！他並不是有意的，他是死於心臟痲痺。」或者像我所接觸的一位喪夫者說：「我怎麼會對他生氣？他是個虔誠的基督徒，篤定地相信來生，現在他這樣反而更好。」事實上，這位女士的情況愈來愈糟，因逝者遺留了許多令人苦惱、擔心、憂慮的事給她。我們只要稍加探索，就可以發現這層表象下的憤怒源頭——她很憤怒他一走了之，留下這麼多的問題讓她去收拾。

如果諮商人員問得太直接，許多人不會承認有憤怒的情緒。有時是他們沒有意識到這種感覺，或是遵循文化的約束，不願說逝者壞話。我發現間接、低調的字眼——如*懷念*——會比較有幫助。我曾問過一位生者：「你懷念他的是什麼？」通常當事人會舉出一連串事情，並引發悲哀的感覺和淚水。過一會兒，我會問：「你不懷念的是什麼？」通常對方會停頓，並流露出驚訝的表情，然後說出一些話如：「我從來沒這麼想過，既然你提起，我不懷念的是他喝太多酒、不準時回家吃晚飯……」等等。然後當事人開始承認他們的一些負面情緒。重要的是，不要留在負面情緒裡，而要幫助當事人將他們對逝者的正向和負面情感找到一種*更好的平衡*，使他們明白負面情緒不會排除掉正向情感，反之亦然；諮商人員在這方面可以扮演一個主動的角色。另一個有幫助的說法是*失望*；我會問：「她有讓你失望的地方嗎？」沒有失望的親密關係十分少見。*失望*包含著哀傷和憤怒的情感。*不公平*也是一個此時很有用的字眼。

有些人對逝者只有負面情緒，這時協助他們發掘相對應的正向情感就很重要——儘管也許很少。僅僅抓住負面情緒也是避免悲傷的一個途徑，但會阻礙當事人承認重要的失落。承認正向情感是健康解決悲傷過程中必經之路，這時的問題不在於對難言的情緒（如憤怒）的壓抑，而在於對情感的壓抑。

邁克 23 歲時，父親去世。過去多年來，他都被酗酒的父親虐待。他說：「父親造成我對他的依賴，使我不斷回到他身邊去索求一些我得不到的東西。他去世後，我很怨恨他。」父親過世後三年，邁克與一位年紀較大的男性成為朋友。有天晚上，當他準備就寢時，這位朋友以一種小時候父親送他上床睡覺的方式觸摸他，引發出一些鮮明的影像：父親的葬禮和躺在棺材裡的父親。強烈悲傷的情緒伴隨而來，使他意識到自己多麼想念父親的愛。他拚命告訴自己，在這個意象中，躺在棺材裡的並不是他父親，以試圖抵抗這種感覺；但沒有用，悲傷蔓延出來。在治療時，他問我：「我為什麼會想念從未擁有過的父愛呢？」經由治療，他得以更平衡自己的情感。他漸漸地發現一個解決之道，而且解脫了他的情緒，他說：「我愛父親，但是他因自身的成長過程，無法表達對我的愛。」

強烈的負面情感會增加哀悼者在喪慟調適上產生困難的危險性，因而需要治療性的處遇（Neimeyer, 2003）。毫無疑問地，平衡的未來展望是最健康的，而有經驗的臨床工作者需要協助當事人達成這個目標。我們從治療訓練中學到做解析時最重要的是時機；要求一個把焦點放在負面情緒的當事人去想可能有的正向情感，或者失落對於成長的意義，一定要非常小心。太早提出來可能會使生者覺得不受尊重，以及他的失落經驗沒有被認可（Gamino & Sewell, 2004）。

愧疚

有許多事情可能會在失落後引起愧疚感，例如，生者覺得沒有提供較好的醫療照顧、不該答應做手術、沒有早點請教醫生，或沒有送對醫院。失去子女的父母極易因愧疚感而脆弱，尤其是認為

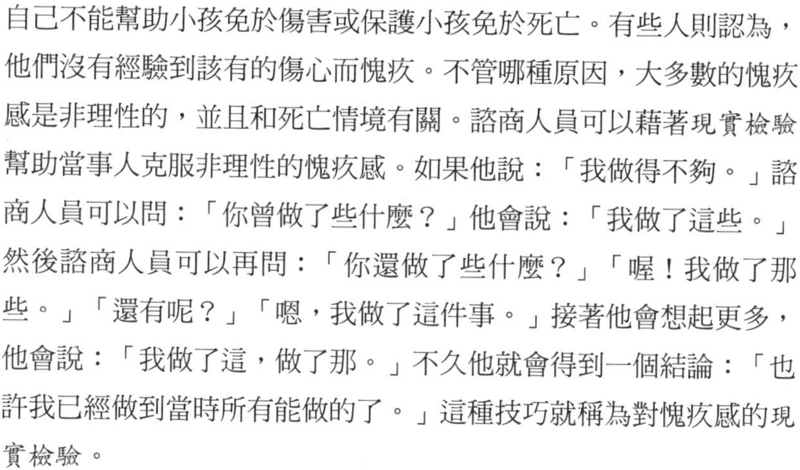

自己不能幫助小孩免於傷害或保護小孩免於死亡。有些人則認為，他們沒有經驗到該有的傷心而愧疚。不管哪種原因，大多數的愧疚感是非理性的，並且和死亡情境有關。諮商人員可以藉著現實檢驗幫助當事人克服非理性的愧疚感。如果他說：「我做得不夠。」諮商人員可以問：「你曾做了些什麼？」他會說：「我做了這些。」然後諮商人員可以再問：「你還做了些什麼？」「喔！我做了那些。」「還有呢？」「嗯，我做了這件事。」接著他會想起更多，他會說：「我做了這，做了那。」不久他就會得到一個結論：「也許我已經做到當時所有能做的了。」這種技巧就稱為對愧疚感的現實檢驗。

有時，有一種愧疚感是有事實根據的真正感受，這種輔導工作便較為困難。在一些場合，我曾在團體治療中使用心理劇技巧，幫助當事人克服這類愧疚感。在某團體中，成員維琪是一位年輕女子，她承認在父親死亡的那天晚上，她和男朋友在一起，而沒有留在家裡陪家人。她覺得愧對父親、母親、哥哥和自己。在心理劇中，我請她選擇成員來扮演家人和自己，在演出過程中與這些人互動，並告白犯錯的感覺；然後輪流傾聽這些成員的反應。這個心理劇非常動人，而最令人感動的一刻是在快結束時，維琪擁抱扮演她自己的成員，在那一刻，維琪的內在經驗到一種和解與治癒的感受。

M. Stroebe 和同僚（2014）在一項有關愧疚感（自我怪罪和後悔）的長期研究中著重於悲傷和憂鬱的影響。他們發現自我怪罪和後不後悔是影響悲傷結果的最重要因素，並不是影響憂鬱的最重要因素。

焦慮與無助

親人去世後，人們常經驗到焦慮與害怕。焦慮是成人和兒童在依附系統中對於所愛的人分離的一種正常反應（Shear & Skritskaya, 2012）。大多數焦慮來自無助的感覺，擔心無法獨自過日子。這是一種退化的經驗，往往隨著時間過去，或因了解到現實雖困難，但自己還是應付得來而得到解決。諮商人員的角色就是透過認知再建構的技巧，幫助他們覺察自己在失落之前的處事能力，這樣做有助於了解焦慮和無助。

焦慮也可能來自與日俱增的對自己可能死亡之了解（Worden, 1976）；這種覺察不是針對一般的死亡，或某一他人的死亡，而是特定於自己本身。這種感覺每個人都會有，時時徘徊在我們的意識背景中，時常因某些事件而清晰地浮現出來，例如同齡人的死亡或在高速公路上差點發生車禍等等。

大多數人只在非常潛在的層次上意識到自己會死亡，可是一旦失去一個重要的朋友或家人，這種自己終將死亡的認知就會浮現，而產生存在的焦慮。諮商人員可依不同個案採取不同方式。針對某些人，最好避免直接提起，而讓這種擔心自然減低、消失；對另一類人，直接談論他們對自己死亡的害怕和擔憂可能較有幫助——談論這些可以使他們產生一種解開焦慮負擔並探索各種選擇的釋放感。總之，諮商人員得靠自己判斷哪一種方式對當事人是最恰當的選擇。

悲哀

有時，諮商人員必須鼓勵當事人表達悲哀和哭泣。我們時常拒絕在朋友面前哭泣，是因為擔心自己會成為對方的負擔或失去友

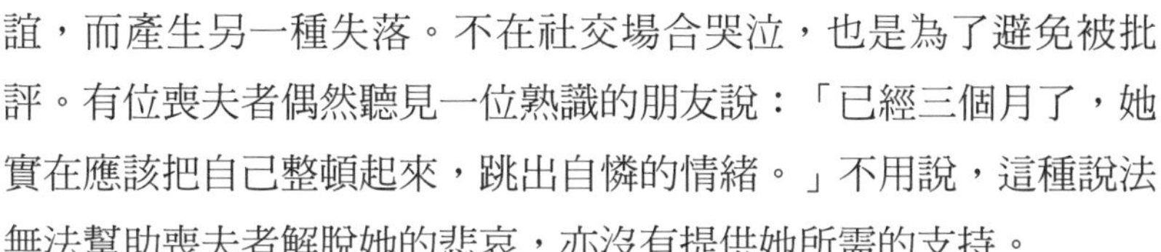

誼，而產生另一種失落。不在社交場合哭泣，也是為了避免被批評。有位喪夫者偶然聽見一位熟識的朋友說：「已經三個月了，她實在應該把自己整頓起來，跳出自憐的情緒。」不用說，這種說法無法幫助喪夫者解脫她的悲哀，亦沒有提供她所需的支持。

有些人擔心公開哭泣沒有尊嚴，且會使別人尷尬。史黛拉 4 歲的女兒猝逝，葬禮是在一位保守的紐約姻親家舉行，和女兒過世的地點有一段距離。史黛拉習慣公開表達悲傷，但婆婆在葬禮中壓抑情緒的表現，使史黛拉不只壓抑自己悲傷的感覺，甚至還要求自己上了年紀的母親也如此做，以免丈夫的家人尷尬。諮商人員幫助她了解到這個狀態，並允許她哭泣——這是她需要、但一直不允許自己做的。

獨自哭泣可能有幫助，但也可能不如有人陪伴且能夠得到支持來得有效。Simos（1979）曾說：「只有哭泣是不夠的，生者需要有人協助去了解哭泣的意義。而且當悲傷工作有所進展時，哭泣的意義也會隨之改變。」（p. 89）

諮商人員不應僅止於鼓勵激烈情緒的表達，重要的是去經驗情感，而不只是表達情感而已。事實上，失喪之後在最初幾個月情緒最激動的人，一年後可能還是如此（Parkes, 2001; Wortman & Silver, 1989）。界定焦點很重要。處理悲哀的同時，必須要察覺失落了什麼，適當且有效地設定憤怒的對象，評估並解決愧疚感，以及辨識並處理焦慮。沒有了焦點，不管諮商人員能引發多少或者多有深度的感覺，都不算是有效的輔導（van der Hart, 1988）。

> 有焦點之外，我們還需要平衡。生者要達到某種平衡狀態，才能去經驗痛苦、失落、寂寞、害怕、憤怒、愧疚和悲哀；才可以惱怒且表達這種惱怒；才可以在他們的靈魂核心知

道並感覺到所發生之事；也才可以混合這種種一起去處理，這樣，他們才不會被這些感覺所壓倒。（Schwartz-Borden, 1986, p. 500）

學習適度拿捏情緒的份量是調適失落的重要部分。這包含了深入地面對情緒，之後能夠退開一段時間，才再度進入此種情緒（M. Stroebe & Schut, 1999, 2010）。

原則三：幫助生者在失去逝者的情況中繼續生活下去

這個原則是指，藉由加強當事人在沒有逝者陪伴下的生活能力，以及獨立做決定，來協助他調適失落。諮商人員可運用問題解決方式達到此一目的，也就是了解生者所面臨的問題是什麼，以及如何解決。我們在第 3 章曾提及問題解決是調適能力的一環，有些人會比別人發展出較好的問題解決技巧。逝者曾在生者生命中扮演不同角色，因而生者調適失落的能力部分由這些角色來決定。決策者角色在家庭中是很重要的，這種角色常在配偶去世後引發問題。在很多關係中，由配偶之一扮演主要的決策角色，而這通常是男性，若他去世，妻子常在必須獨立做決定時感到不知所措。諮商人員可以幫助她有效地調適及學習決策技巧，正式擔負以前由丈夫扮演的角色。在這過程中，也因此減低了情緒上的沮喪。Onrust、Cuijpers、Smit 和 Bohlmeijer（2007）的研究結論：主控能力的提升應該是對一個配偶過世後調適不良的喪偶者一種有效的支持要素。

另一個需要關注的重要角色即性伴侶的失落。有些諮商人員對這個主題會有所遲疑，也有些會過分強調，以至於使生者感到不舒服。瑞塔是位 60 歲的家庭主婦，丈夫突然過世後，諮商人員邀請她加入一個喪夫者團體。這位弄巧成拙的諮商人員告訴她，團體願幫助她建立新關係及解決性需要的問題；這種方式當然不是這位內斂的中年女士所願聽的，於是她拒絕了。如果這件事以不同方式處理，這位女士可能可以得到團體的支持。其實，能夠討論性的感覺——包括需要被觸摸和被擁抱——是很重要的。諮商人員可以建議各種與當事人個性和價值觀相稱的方法，以滿足這類需要。對於那些只和去世的伴侶有過性經驗的人，諮商人員可以談談新的性經驗可能帶來的焦慮感（Hustins, 2001）。

有個一般性的原則是，不要鼓勵新近有所失落的生者做任何改變生活的重大決定，如馬上變賣財產、改行、換工作或領養小孩；在此極為悲傷的時刻，很難有好的判斷力，並且容易產生不良調適的反應。有一位喪夫者曾在團體中建議：「不要搬家或賣東西，否則你會逃避。最好在一個熟悉的情境中學習克服悲傷。」

有一位女士在丈夫死後馬上搬家，她告訴我，她以為這樣會比較不想念先生。一年後，她發現這個方式不管用，所以尋求治療。有個部分是她過去沒有充分評估的，就是她的支持系統主要在原來的居住地，而在新居，她很缺乏支持。阻止生者不要太快做任何有關生活變遷的重大決定時，要小心謹慎，不要助長了他們的無助感。重要的是告訴他們，不要僅為減輕痛苦而急於做決定，當他們準備好時，自然就有能力做決定並採取行動。

原則四：幫助生者尋求失落的意義

悲傷輔導的目標之一是協助當事人在至親的死亡中尋求意義。

諮商人員可以協助催化這個目標。尋求意義的過程本身和所追尋的意義一樣重要。Schwartzberg 和 Halgin（1991）認為：

> 人們追尋意義的獨特方式——如「宇宙自有其靈性次序」、「她喝太多了」，或「我該去學些什麼」這些策略——可能不如找尋意義的過程本身來得重要。換句話說，有能力為變遷的世界賦予新的意義，比新意義的內涵更重要。（p. 245）

創傷性死亡對於追尋意義的人是特別具有挑戰性的（Davis, Harasymchuk, & Wohl, 2012）。有些人因為找不到至親「為什麼」會死亡的答案，於是投入和奪走至愛的死亡事件相關的慈善、政治或照顧的行動。有一對父母的孩子因為校外住宿處火災去世，而設立了一個網站紀念他們的孩子，成立以孩子為名的獎學金，並且致力於在孩子去世的社區推動改變煙霧警示系統檢驗程序。面對孩子的死是「無意義且毫無必要的」，這些行動幫助他們相信孩子的死不是白白犧牲。

想要找尋失落的意義時，生者不但會問為什麼失落會發生，還會問為什麼會發生在我身上？喪親使我有什麼改變？有些失落改變了個人的自我價值感，特別是創傷性的失落情境會使人覺得自我價值似乎只是一個假象。失去自尊的同時，往往也失去了自我效能。最好的做法是協助生者覺察到某些事務還是在自己的掌控之中，來幫助他重新建立自我掌控的感覺。

Neimeyer、Klass 和 Dennis（2014）主張創造意義並不只是一種內在的過程，同時也是一種社會的過程，因為失去親人的群體會為了關注更多他人的失落而由死亡之中找尋意義。我們也必須在更大社群的主流社會理解中，去看待個人或家庭在親人死亡後所尋求到的意義。

原則五：幫助生者找到紀念逝者的方法

紀念逝者以及紀念的過程是猶太—基督宗教傳統的重要一環。耶穌在最後的晚餐中教誨他的門徒要建立聖餐儀式，祂說：「你們應當如此行，為的是要紀念我。」在名為《安納斯塔西亞》（*Anastasia*）的戲劇中，年輕的公主在年邁祖母啟程返回巴黎之前見了最後一面。祖母和公主道別的同時，給了安納斯塔西亞一個玩具，說道：「每次妳玩這個玩具的時候，請妳要想起我。」每個失去親人的人都需要一個記憶點當成紀念品。我認識的一個人保留了一疊她父母親寫給彼此的情書當成對他們兩人的紀念，以及紀念他們兩人的愛情。紀念是悲傷過程的一環。

然而，我們經常見到生者會害怕他們忘掉過世的親人。有些個案告訴我，他們害怕隨著時間的推移，他們會忘卻自己的親人。諮商人員可以和個案討論這個問題，並透過物件、儀式、個人特徵以及共享的價值，找出他們可以紀念親人的方法。前面提過的家庭基金會不僅讓家人可以對其兒子的悲劇死亡找到意義，也是一種紀念的方式。因此，每到了秋季，接近兒子生日的時候，他們都會伸出援手支持基金會。

藉著促進情感的轉移，諮商人員可協助生者為逝去的所愛尋找生命中的一個新處所——一個允許生者發展新關係並且繼續生活下去的地方。追憶逝者可以逐漸剝除和逝者緊緊連結的情緒能量。有些人並不需要這種情感轉移的鼓勵，但有許多人需要，尤其是那些失去配偶的人。有些人對建立新關係很遲疑，因為他們認為，這樣做對於逝者的懷念是一種不敬；或是覺得沒有人能夠取代逝者的地位。這些想法都有道理，但是諮商人員可以協助他們了解，儘管無人能取代逝者，但建立新關係以填補空處並沒有錯。

有些人卻毫不遲疑，很快地跳入一段新的關係中，諮商人員可幫助他們了解這樣做是否適當。有位女士在丈夫死後不久再婚，因她認為：「只要再婚，一切就都沒問題了。」其實在大部分情況下，這樣做並不合適，因為可能阻礙她適當地處理自己的悲傷，且反而可能導致離婚，造成額外的失落。我最近遇見一位男性，他在妻子的葬禮中就挑選了下任太太，成功地把她追到手，很快地取代了前任妻子。在我看來，這有點突兀且不太適當。雖然很快找到替代者也許能使人一時感覺不錯，但也可能阻礙對失落體驗的深度和強度，而這是完成悲傷所必須經歷的；再者，生者也必須能夠真正認識並欣賞新的對象，新的關係才能成功。

原則六：給予充分的時間去悲傷

悲傷需要時間；這是一個喪親後的調適過程，而且這個過程是漸進的。對家人而言，障礙之一是急切地想克服失落和痛苦以回歸正常作息。子女有時會這樣勸解母親：「妳一定要回復正常生活，父親一定不願見妳總是鬱鬱不樂。」子女不能了解調適失落和其他牽連的枝節是需要花費時間的。在悲傷輔導中，諮商人員可對家人闡明這些道理；雖然這都是顯而易見的，但令人驚訝的是，家人往往並不明白。

我發現悲傷過程中有某些時刻是特別困難的。我很鼓勵諮商人員即使沒有和當事人有固定、持續的接觸，也要了解這些艱難時刻，並且及時與當事人連繫。其中一個困難的時刻是失落後三個月。我曾與一位癌症病患的家人接觸工作了好幾個月，他去世後我還參加了他的葬禮。病人是一位牧師，他的妻子和三個小孩在葬禮期間及之後都得到充分的支持。但三個月後我和這位妻子連絡時，發現她非常生氣，因為沒人再電話連絡，大家都避著她，於是她將憤怒轉而投向丈夫的繼任者——教會的新牧師身上。

另一個艱難時刻便是第一次週年忌日。如果諮商人員沒有定期連繫生者，此時是再接觸的時機。對生者而言，此時會湧上各種想法和感受，需要額外的支持。這對大人和小孩都一樣（Worden, 1996）。諮商人員最好在死亡發生時，預先在記事簿上註明當事人可能遇到的各個艱難時刻，屆時與當事人再接觸。對許多人而言，節日也是艱難時刻之一，諮商人員可協助當事人預期這些困難，並做好心理準備。有一位年輕守寡的母親曾說：「在聖誕節前預先想到這些，對我確實很有幫助。」

再者，和當事人接觸的頻率，得視諮商人員和當事人的關係及工作契約來決定，包括正式或非正式的接觸。重要的是悲傷需要時間克服，儘管實際上的連繫不一定很頻繁，但諮商人員要了解自己的介入角色必須是長期的。對於不同文化對週年忌日的看法有興趣的讀者，不妨參考 Chow（2010）。

原則七：闡明「正常的」悲傷行為

第七項原則即了解和闡明正常的悲傷行為。許多人在失落之後，會有種快發瘋的感覺，這是因為失落引起的混亂不同於日常生活的經驗。若諮商人員對所謂正常的悲傷行為已有清楚認識，便能向生者保證這些新經驗其實是正常的。很少有人會因遭逢失落而崩潰並呈現出精神異常的症狀；但也有些例外。這些人往往曾有精神異常的發作病史，或屬於邊緣性人格疾患。其實，生者會有要發瘋的感覺是相當尋常的，尤其是以前沒有重大失落經驗的人。若諮商人員了解到幻覺、混亂或被逝者獨占心神等，皆可能為正常行為，便能提供當事人相當的保證。本書第 1 章有列出常見的悲傷行為。

原則八：允許個別差異

悲傷行為反應相當廣泛；正如同每位臨終者死亡的方式不同，每個人亦各有其獨特的悲傷反應。悲傷現象有極大的個別變數，其情感反應的強度、受傷害的程度，以及經驗痛苦的失落情緒的時間長短，都有極大的個別差異（Schwartzberg & Halgin, 1991），有時頗難以使家人了解這點。若有某位家庭成員表現與其他家人不同的悲傷行為，或感到其他家人的反應與自己不同，往往會對自己的行為感到不安。諮商人員可以對期待所有人都以同樣方式哀悼的家庭，闡明這種差異性的存在。

在哈佛兒童喪親研究中，我們經常讓悲傷的喪偶者關心他們的孩子是否能夠健康地面對悲傷。家長可以看到他們經歷悲傷的小孩有許多不同的反應。有一件事情很重要，就是要讓家長體認到每個小孩都有不同的性格和調適方式。而且，每一個小孩都和過世的家長有不同的關係。

父親過世，對 13 歲女兒的影響和對 9 歲兒子的影響是不一樣的。澄清這種差別可以幫助喪偶的家長更能應對焦慮（Worden, 1996）。

有位年輕女子在我演講後，找我談她的家庭。她的父母最近失去了家中的小嬰兒，她和母親對此失落十分悲傷，但她擔心父親沒有出現悲傷的反應，認為父親可能沒有充分悲傷，以至於遏止了悲傷反應。我從她口中得知，父親在葬禮過程中，曾要求把棺材扛在肩上，從教堂走到墓地。我腦海勾勒出一幕在整個儀式中，孤獨身影穿過小鎮到墓地的景象。她說自從死亡發生後，務農的父親常獨自長時間逗留在田野的牽引機上。我相信他有悲傷的反應，只是他以自己的方式來表現悲傷。這女孩後來寫了一封信告訴我確實如此。

原則九：檢查防衛及因應型態

第九項原則是幫助當事人去檢查因失落而更加強化的特定防衛和因應型態（第 3 章有了解因應型態的範例）。若諮商人員和當事人已建立信任關係，當事人會願意討論自己的行為，這種檢查就不難做到。有些防衛和因應型態能預測良好調適行為，有些則可以預測出不良調適。例如，以大量的酒精或藥物來面對失落，會產生不良調適：

> 喝點小酒，有助入眠，減輕焦慮，還可抹除紛亂的思緒，這些都促使生者在酒精中尋求安慰。有時候會愈演愈烈，最後導致失控的狀態。最危險的是戒酒中的酒癮者，或是有酒癮家庭史的人。（Shuchter & Zisook, 1987, p.184）

諮商人員要提高警覺，詢問當事人關於酒精和／或藥物的使用情形。過度使用藥物或酒精會激化悲傷和沮喪，阻礙哀悼過程（Stahl & Schulz, 2014）。如果確定或懷疑有這些問題，諮商人員要採取積極治療的態度，包括轉介如戒酒匿名會或藥物使用匿名會這類團體。整體來說，積極的情緒因應是處理問題最有效的方法，面對喪慟時亦然；這包括幽默、正向定義困境、適當的情緒調節技巧，以及接受社會支持的能力。逃避式的情緒因應則是最沒有效果的，特別是在面對問題時。指責、轉移、否認、社會退縮及物質濫用也許會讓人暫時覺得好些，但是這些並非解決問題的好策略。

退縮、拒絕正視逝者圖像，或保留與逝者有關的物品，都可能顯示出不健康的因應型態。諮商人員可以指出這些因應方式，並幫助當事人評估其有效性。然後，諮商人員和當事人可以共同探索其他得以減低壓力並解決問題的更有效調適途徑。

原則十：界定病態行為並轉介

最後一個原則是辨認出有問題的悲傷行為，並知道何時該轉介。從事悲傷輔導者可以辨識出失落和悲傷引發的病態行為，並轉介給專業人員；這就是所謂「守門人」的角色。對有些人而言，悲傷輔導以及催化悲傷是不足的，失落本身或處理失落的方式有時會產生更多難題。有 10% 到 15% 的喪慟者會持續痛苦，並且發展出一些困難的哀悼模式——如長期的或者過長的悲傷疾患（PGD），需要一些特殊處遇，這部分將留在第 5 章來討論。處理這些困難需要特定技巧和處遇，以及對心理動力的了解，因此，不在悲傷輔導技巧範圍之內。即便悲傷輔導能將之納入處遇範圍，其策略、技巧和目標也應改變。重要的是，諮商人員要了解自己的限制，並知道何時該轉介當事人去做悲傷治療或其他的心理治療。

在結束悲傷輔導原則和運作的討論前，我想談談一些陳腔濫調的反應；這些陳腔濫調常來自好心的朋友，偶爾諮商人員也會這麼說，但大部分時候，陳腔濫調是沒有幫助的。許多參與我們喪親研究的女士說：「當人們來告訴我說，他們了解我的感受時，我真想對他們尖叫：『你不可能了解我的感受，你又沒有失去一個丈夫！』」有些話如：「做個勇敢的男孩」、「活著的人總是要繼續生活」、「一切很快就會結束」、「你會站起來的」、「一年後就沒事了」、「你會變好」、「堅忍到底」等，太過籠統卻毫無幫助。即使是一句「我很遺憾」，也可能遏止了進一步的討論。至於有些人為了使生者感覺好些，便開始滔滔不絕提起自己相似的遭遇和所使用的策略，其實他們不了解，這些是沒有幫助的。痛苦的人常使我們覺得無力，這種無力感可能只有簡單地承認：「我真的不知道該對你說些什麼比較好。」

有效的技巧

任何輔導或治療都應奠基在對人類的人格和行為理論的充分了解上，而不僅是一套技巧。然而，我發現有些技巧對悲傷輔導的運作很有幫助，我想在此予以提出。

直言不諱的語彙

諮商人員可使用直接的字眼以喚起感覺，例如，「你的兒子死了」，而不是「你失去了兒子」。直接的語彙可以幫助人們處理與失落相關的現實層面，且引發一些需要被觸及的痛苦感覺。同時，以過去式談起逝者可能有幫助，如：「你的丈夫以前……」。

使用象徵

進行輔導時，請哀悼者將逝者的相片帶來，不僅可以幫助諮商人員對逝者有更清楚的認識，還能對逝者產生親近感，可以有具體的焦點直接對逝者說話，而不是只談論逝者。其他如逝者所寫的信件、錄音帶或錄影帶，以及衣物和首飾，都是有用的象徵物。

書寫

請生者寫信給逝者，表達對他的想法和感受。藉著表達需要告訴逝者的話，幫助他們處理未竟之事（Ihrmark, Hansen, Eklunk, & Stodberg, 2011）。我很鼓勵人們盡量寫信，包括寫一封道別信給逝者。把失落事件的經歷轉換成語言，建構一個一致的敘事，整合想法和感受，有時能夠產生一種得到解決的感覺，也能減少和事件相關的負面感受（O'Connor, Nikoletti, Kristjanson, Loh, & Willcock, 2003）。悲傷經驗札記或寫詩也能促進情感的表達，且為失落經驗賦予個別意義。Lattanzi 和 Hale（1984）曾寫過一篇很好的文章，介紹各種與逝者通信的方式。

繪畫

就像寫信，繪畫可以反映一個人對逝者的感覺和經驗，也很有助益。這個技巧對於失去父母的小孩相當有幫助，對於成人也同樣有效。比起談話，繪畫較不會引發防衛性的扭曲。Irwin（1991）指出運用藝術做悲傷輔導的四個優點：（1）有助於催化感覺；（2）可指認出當事人沒有覺察到的衝突；（3）強化對失落的覺

知；（4）確認當事人處於哪一個悲傷階段。

Schut、de Keijser、van den Bout 和 Stroebe（1996）在荷蘭的住院病人團體中，運用繪畫做悲傷治療，發現十分有效。他們運用音樂引導視覺想像，激發感受，再請病人畫出這些感覺，這是運用在這些病人身上的多元治療模式中的一部分活動。

Turetsky（2003）發展了一個藝術治療模式，用來預防及治療生命中年期未解決的悲傷。雖然這個模式基本上是一個心理治療，但對於指認生命早期未解決的失落如何影響當前的功能很有幫助，也能協助當事人繼續朝向對悲傷有較好的解決之道。

Lister、Pushkar 和 Connolly（2008）發現，藝術作品和當前或者新興的悲傷理論是相符的，包括讓生者使用繪畫來重建生活的意義。

角色扮演

針對各種讓生者害怕或不知所措的情境，協助他們做角色扮演，也是建立調適技巧的一種方式，這種方式對處理第三項任務特別有用。諮商人員可以進入角色扮演，或當催化員，或是為當事人示範可能的新行為。

認知重建

這個技巧所蘊含的假設是：我們的想法會影響我們的感覺，特別是那些不斷出現在我們心頭卻隱伏的思想和自我內言。藉著協助當事人指認這些想法，並且測試其在現實中的正確性或過度類化的程度，諮商人員可以幫助當事人減少因非理性想法所引起煩躁不安的感覺，例如，「不會再有人愛我了」就是一種當時根本不能被證實的想法。若想知道更進一步的論述，可參考 Greenberger 和 Padesky（1995）所著的《想法轉個彎，就能掌握好心情》（*Mind Over Mood*）一書。也可以參考 Malkinson 的《認知悲傷治療》（*Cognitive Grief Therapy*）一書。

回憶錄

這個活動可以讓全家人一起來，做一個有關逝者的回憶紀錄。這個紀錄包括有關家庭事件的故事、相關快照和其他相片的重要記事，及家人（包括小孩）所寫的詩和繪畫。這個活動可協助家人追憶，最後能哀悼逝者更真實的形貌。除此以外，小孩日後還能回頭重新閱覽這本紀錄，將失落再一次整合進入他們不斷成長改變的生命中。

引導想像

協助當事人閉上眼睛想像逝者或張開眼睛想像逝者坐在空椅子上，然後鼓勵當事人對逝者談想談的話——這是一種很有力的技巧。它的力量並非來自想像，而是來自當下的存在感。在那一刻，當事人在與逝者對話，不同於只是單方面談論逝者而已。Brown（1990）對運用引導想像協助喪慟者的技巧做了很好的整理。也可以參考 Field 和 Horowitz（1998）。

運用譬喻

另外一個可用在悲傷輔導上的有效技巧是運用譬喻做視覺的輔助。Schwartz-Borden（1992）認為當病人不能直接面對與死亡相關的感覺時，可以使用譬喻來降低對喪慟痛苦的抗拒。譬喻提供一個令人較能接受的象徵，讓哀悼者可以表達感覺，並修通哀悼的第二項任務。運用譬喻可讓悲傷的人以較可接受的方式對焦在一個象徵自己經驗的圖像上。Schwartz-Borden 用過一個特別有用的意象——即以截肢後失去的肢體仍會產生痛苦幻覺，來象徵遭逢失落後的痛苦。

這些技巧的目的都是為了鼓勵生者充分表達有關失落的思緒和感受，包括後悔和失望。在 Castle 和 Phillips（2003）的文章中可以讀到更多的技巧和悲傷儀式，以及討論了哪些技巧和儀式是哀悼者覺得最有用的。

藥物的運用

處理強烈而正常的悲傷反應時，常會討論到藥物的運用。一般的共識是，要謹慎地運用藥物，以解除焦慮或失眠為重點，而非用來處理沮喪憂鬱症狀。已故的麻州總醫院精神科主管 Thomas P. Hackett 有許多處理喪慟者的經驗。他曾使用抗焦慮藥物去處理焦慮與失眠的問題（Hackett, 1974）。無論如何，對於承受強烈悲傷反應病人的藥物處理，特別重要的是，避免讓當事人持有足以致命的藥量。

對這類當事人使用抗憂鬱劑往往是不明智的，這類藥物得花很長時間才能產生效用，不但無法解除正常的悲傷症狀，反而可能產生病態的悲傷反應；不過這看法仍待研究來證實。唯一的例外是，可以使用在重鬱症（major depressive episodes, MDE）發生的時候。

Raphael、Minkov 和 Dobson（2001）認為，儘管我們對喪慟心理的了解愈來愈多，但仍然缺乏進行生物介入的良好基礎。只有在確定疾患的狀況下，才可提供藥物治療；我也同意這樣的看法。死亡所觸發的精神疾患通常需要精神藥物的處置，我將在第 5 章「誇大的悲傷反應」一節裡做更多的討論。

悲傷輔導團體

悲傷輔導可透過團體情境運作，不但有效，且可提供喪慟者所尋求的情緒支持。以下為成立團體和使團體有效運作的各項指標。

選擇團體形式

喪慟團體通常有下列一或多個目標：情緒支持、教育或社交目的。有時團體由一個目標開始，再引發出另一個目標。由情緒支持開始的團體，經過一段時間，同樣的成員雖然仍提供情緒支持，也可能開始發展其社交目標。儘管每一種目標都很可貴，但我極力倡導的是提供情緒支持的團體。

如何組織該團體？有些團體是封閉式的，有時間限制，所有成員皆同時進入和離開團體；有些開放式團體則沒有明確結束的時間，成員可以在團體中滿足個別需要來決定去留。不同結構的團體形式各有其優缺點；開放式團體比較難幫助新成員跟上團體進度，因為新成員並不了解他們參加團體之前，團體所發生過的重要行動和突破。同時，當新成員加入，新的信任感必得在成員間重新推展。

該團體的後續事項有哪些？團體開始前，需要完成許多重要決定，例如：聚會次數和時間長短、團體大小，以及聚會的地點和費用。在帕薩達那安寧院（Hospice of Pasadena）中，有一個包括八到十人的封閉式團體，為教育和情緒支持等目的而聚集，每週一次，持續八次，每次九十分鐘，由兩位諮商人員協助。成員必須繳費，藉以鼓勵他們的出席率，並加強其投入團體的動機。

預先篩選成員

挑選成員是團體運作的關鍵因素。同質性——即把有相同失落經驗的人放在同一團體中——是很重要的，例如喪偶團體或喪子父母團體。然而，有時因喪慟團體不夠大，或所服務的區域中沒有足夠具相似失落的人，而無法成立同質性團體。如果發生這種情況，試著在團體中找到至少每兩個人有相似型態的失落，如在喪夫團體中僅有一位喪妻者，最好再找另一位喪妻者，以免僅有一位喪妻者會感覺自己像團體的異類或多餘的人；其他失落類型的團體亦然。

另外一個可以考慮的團體是妻子癌症過世的父親們（Yopp & Rosenstein, 2013）。一般而言，男性並不喜歡參加混合性別的悲傷團體以獲得情緒支持。不過，就我們從哈佛兒童喪親研究的結果來看，喪妻的父親很樂意參加團體，學習如何變成一個更好的單親家長的技巧（Worden, 1996）。

另一篩選因素是失落的時間。重要的是，不要納入失落發生才六週或者不到六週的人。大多數新近失喪的人還沒有準備好要經驗團體。有些團體要求成員等到喪慟六個月後才加入。不過，失喪時間的廣泛分布可能有幫助，如新近喪夫者可向失喪較久者學習，而後者可以示範如何在調適失落時向前走（Vlasto, 2010）。

篩選喪慟團體成員時，排除嚴重病態者很重要，那些具嚴重病態和情緒問題者最好接受個別輔導或治療。

有兩種失落可能呈現其特定問題，在考慮接納這樣的潛在團體成員之前必須十分謹慎。一種是多重失落，有人在很短時間內失去很多家人，常因太過傷心而無法在一個喪慟團體中有效地參與。他們可能在一次意外或房屋失火中突然失去多位親人，也可能是在一小段時間內承受許多失落。

另一種可能在喪慟團體中呈現問題的失落是難以啟齒的失落，例如自殺。有親人自殺身亡的成員，可能會使其他團體成員感到焦慮，也應在篩選過程中予以考慮，最好能包括至少兩位自殺死亡事件的生者；對 AIDS 也適用相同考慮。為自殺和 AIDS 死亡的親友成立特定團體，會非常有效。

多重喪慟團體到底是否有效，研究結果好壞參半。對此現象比較好的研究成果，可以參考 Piper、Ogrodniczuk、Joyce 和 Weideman（2009）；Joyce、Ogrodniczuk、Piper 和 Sheptycki（2010）；Johnsen、Dyregrov 和 Dyregrov（2012）。

界定期待

每個參加團體的人都帶著各種不同期待，如果團體無法符合這些期待，成員將會覺得失望而不再返回；這不僅是個人的損失，也對團體士氣有所打擊。在第一次團體聚會前，負責成員篩選的接案工作人員可以塑造成員期待，同時處理任何有關團體成員的錯誤觀念或不切實際的擔心。最近，有位婦女來找我們，表示想參加安寧喪慟團體，由於她明確要求匿名，我們將她轉介到另一個團體。因為在我們的團體中鼓勵成員盡情分享，不願分享的人顯然不適合這個團體，轉介她去另一個較大且以教育而非支持為焦點的團體，她可以如願地匿名。因此，為喪慟團體篩選成員，首先必須處理他們的期待。

建立基本規範

團體領導者在一開始就要建立團體的基本規範，這些基本規範有助於達成幾項目的。基本規範提供團體結構，使成員有安全感。成員知道有某些行為與舉止規範的存在，可以加強支持感。基本規範也可幫助領導者對團體有所控制。例如，規定每位成員有相同的時間談論個人經驗，若某位成員超過時間，領導者可引用基本規範使分享時間更公平。或者，有人破壞保密原則，領導者可公開提出這個問題。一定要在第一次團體聚會時解釋基本規範，並在前兩次團體聚會時反覆說明。

在我們的喪慟支持團體中，使用的基本規範例子有：

1. 成員應參加每一次團體聚會，並準時出席。
2. 在團體中分享的訊息留在團體內。團體之外，成員不可以談論其他成員的經驗。
3. 成員可以依其所願分享經驗。
4. 每人都有相同的時間做經驗分享，這條規範可避免某人獨占團體注意力的問題。
5. 除非有人要求，成員不必給予忠告。在團體情境中，尤其是喪慟團體，成員很容易會想提供忠告。一般而言，忠告不被期待，也不會被感激。

在篩選面談時建立好基本規範及形成期待，讓成員來到團體時，就已經知道團體是一個安全的環境。在團體中，沒有任何人的經驗比其他人的經驗更重要、更珍貴，或比較不重要、不珍貴；每個人都有時間分享他們所願分享的；也不會有人告誡他們應該如何感覺，或提供不需要的忠告。

決定領導模式

推動團體的第五個因素是有效的領導，而領導模式有多種可供選擇。有些團體是由有喪慟經驗的個人來推動，如在「溫馨友誼社」，就是由失喪子女的父母帶領團體去幫助其他有相同經驗的父母；有些團體則由心理衛生專業人員來帶領。第三種團體模式是由非專業人士主導，但有專業人員的後勤支援。若產生個人或團體互動問題，專業支援可提供非專業領導人諮商協助。在帕薩達那安寧服務團體中，則由有專業訓練的心理衛生人員協同相關專業的學生共同帶領團體。

各種不同領導模式的效果好壞，全依團體目的而定。有些領導人較活躍，有些則較被動。我認為，領導情緒支持性的喪慟團體最有效的方法，乃是在團體初期採取主動，直到團體形成且出現實質領導人後，法定領導人可以隱退而變為較不主動。被動的領導可能會引發團體成員的焦慮感，尤其在團體初期的時候。當然，領導模式依團體目的而定。如果是教育性團體，指定領導人較多成為演講者或資訊提供者；如團體目的是情緒支持，領導人的角色則是確保

成員分享經驗，並彼此支持和鼓勵，以促進團體發展；若團體成立的目的為人際互動，則又需要不同種類的領導模式。

在討論領導模式時，協同領導是很重要的問題。單一領導者好呢？還是多位領導者好？在大團體中，協同領導是必要的。如果採取協同領導模式，領導者彼此之間保持清楚而開放的溝通是很重要的。我建議，領導者在每次團體結束後立即會商並簡報。領導者之間可能產生緊張狀態，有些隱微的緊張會對團體造成干擾；有時也會發生在協同領導者之間。溝通可以預防這些破壞發生。

在團體中，領導者應避免偏愛某些成員。團體會複製家庭動力，成員將自己與父母和兄弟姊妹的經驗帶進團體，這些感覺和經驗會出現在團體生命中。經常會有成員想要成為領導者生命中的特殊人物，領導者若允許這種現象發生，可能會對團體造成困擾。領導者必須覺察這種情況，並且回絕團體中個別成員所提出的特別邀請或好處。領導者也必須察覺，自己可能因個人議題，而做出個人偏好的特別處理。若領導者和個別成員有私下會面，在下次團體聚會中必須要公開提出討論。

了解人際動力

不管是喪慟團體、政治團體或是治療性團體，人在任何團體裡，想要的是什麼？如同 Schutz（1967），我相信當人們參與團體時，在他們心中多少自覺到有三種需要。

1. **被接納**：大部分新加入團體的人都會環顧四周並自問：「我合適嗎？」「這些人是我的同類嗎？」除非他們有確定答案，否則下次便不會再來了；即便再來，在任何團體經驗中，這類關切仍會出現在團體的早期聚會中。

2. **控制**：第二個關心的問題和控制有關。「我重要嗎？」「團體這些人在乎我嗎？」「我所說的能改變什麼嗎？」「我能對團體發揮多少影響力？」「其他成員對我有多少影響？」覺得自己能夠融入團體情境和覺得自己對其他成員有某種程度的影響力同樣重要，如果沒有這些感覺，就不太可能完成團體輔導過程。
3. **情感**：第三個參與團體的需要是情感，我意指廣義的情感。「有人關心我嗎？」「有人真的在乎我所經歷的嗎？」唯有當團體發展出認同感和凝聚力時，情感需求才會被滿足；關心的程度則各有不同。有些團體會在不同的成員間發展出強烈的情感，成員很在意團體也覺得自己有被照顧到。有些團體則不會發展出這麼強烈的情感。

簡言之，人們需要安全感和被重視。若有具破壞性的問題行為產生，一定要問：「這個人是否感到不安？這個人是否感到沒有被重視？」提出這些問題可能對減輕問題行為有所幫助。

有效地處理破壞性行為

有許多行為對團體具有破壞力，會給領導者帶來難題。我想在此做一簡述，並提供處理這些問題的建議。

「我的失落比你的失落嚴重」

這種態度常在喪慟團體中發生。我曾帶領的一個團體中，有兩位女士同樣失去了剛成年的女兒，其中之一仍有丈夫，另一位沒有。沒有丈夫的女士告訴團體，她的失落比另一位女士大，因為另一個女士有丈夫，她則沒有。領導者處理這情況的一種方法是跟團體說：「在這個團體中，每個人的失落都是重要的。」「我們在此並非來比較失落的大小。」

提供忠告者

Lehman、Ellard 和 Wortman（1986）曾面談一些喪慟者，想了解在他們的失喪經驗裡，什麼是有幫助的和什麼並沒有幫助。這些人說，最沒有幫助的是忠告。處理這個問題相當簡單，只要在團體基本規範中說明：「除非有人要求，否則不要對任何人提出忠告。」

道德家

另一種麻煩人物是道德家。這種人常在給予道德忠告時，提出*必須*、*應該*和*一定*等暗示。在我們的喪慟團體中，曾有一位成員秉持「十二步驟」的傳統，雖然一片好心，卻太說教了，引起許多成員的反感。領導者鼓勵他用「這是我會做的」，代替「這是你應該做的」說法來表達他的意見。

不參與的成員

另一困難是不參與的成員。有些人很少或完全不參與團體，會被其他團體成員誤認為他在批判。避免這個問題最容易的方式，是由領導者在第一次聚會時，協助每個成員分享一些自己的失落。若允許成員從一開始就保持沉默，只會鼓勵這個人在以後團體聚會中繼續沉默下去。

在團體將結束時提出重大事件者

在團體結束前兩分鐘，這人會說：「順便提一下，上星期我兒子發生了一個意外。」領導者應鼓勵這位成員保留到下次團體開始時談這件事，不要讓團體超過時間以及為各種控制問題纏鬥下去。

在團體結束後才對治療師分享的人

這類人不與團體成員分享，卻在團體後和領導者分享一些重要的事。領導者只要對這人說：「我認為讓其他人知道這件事很重要，我們在下次聚會時再談，好嗎？」

打岔者

在團體中，常會有某個成員打斷另一成員的事發生。一位強有力的領導者能擋開打岔者，然後在適當時刻，讓打岔者談自己心裡的問題。

顯露不恰當情感的成員

例如，當其他成員感到悲傷時，這個人卻在笑。適當的處遇是由領導者說：「我想知道當團體發生這些事時，你的體驗是什麼？我看見你在笑，很想知道你心裡的感覺。」人們往往會藉著笑來表達焦慮的感覺。

談論不相干的事

如果發生這種事，領導者可詢問：「我不了解你所說的和我們正在討論的事有何關係，你能不能告訴我？」

分享太多的成員

有時，某些團體成員會在團體初期分享過多，稍後卻退回不再分享或不來團體。領導者有時會預見這種情況，要溫和地提醒這位成員，不要過早分享太多。

向領導者挑戰或批評領導者的成員

這類成員或許是領導者的問題而非團體的問題，但亦可能造成其他成員的不安。在我們的一次聚會中，有位成員指控我的同事是「恐同者」，這位被挑戰的領導者並不防衛，但問：「是否你看到我做了什麼，使你認為我可能是恐同者？」這種方法澄清了討論，遠勝於貿然防衛，使問題惡化。

雖然喪慟團體是悲傷輔導中一個很重要的方法，但有些人會選擇不參加團體；也有些人是在某些時候不願意參加團體，但稍後會願意參加。我認識一位女士，在她的 19 歲兒子突然過世後，溫馨友誼社有一位成員曾接觸過她，她參加一次團體後，表示再也不想參加了。然而一年之後，她重新考慮並告訴我，她已準備好加入團體，並期待從團體經驗中得到助益。

許多心理治療團體要求團體成員不得在團體外私下見面。依我之見，這個規定在喪慟團體中是不必要的。我們期待成員之間發展他們的友誼，甚至持續到團體結束之後。哀悼的任務之一是，能夠讓新的人進入自己的生命中，也允許自己形成新的關係。在喪慟支持性團體成員間形成的友誼，能持續超越團體生命繼續存在，是整個治癒過程中雖小但很重要的步驟，也是我們希望透過輔導的努力能夠達到的一步。在 Hoy（2016）的著作中可以找到更多有關悲傷團體的資料。

 經由葬禮儀式協助宣洩悲傷

葬儀服務一直受到許多批評，尤其在聯邦貿易委員會（Federal Trade Commission）1984 年報告出版之後更是如此。不過，處理得當的葬禮服務，還是一個可以提供協助和鼓勵健全悲傷的重要管道。Hoy（2013）在他的《葬禮重要嗎？》（*Do Funerals Matter?*）一書中肯定了這種說法。下列各項是葬禮所能發揮的影響。

葬禮能夠**增強失落的真實性**。目睹逝者遺體有助於認知到死亡的真實性和終結性。雖然不同的地區、種族、宗教對守夜與否、打開或封閉棺木的看法有所不同（Parkes, Laungani, & Young, 2015），但無論在葬儀社或醫院，能瞻仰遺容對家屬而言都有極大好處。即使使用火葬（火葬的方式似乎愈來愈普遍），遺體仍可能在葬禮時呈現，然後再予火葬。因此，葬禮是協助生者推動第一項悲傷任務極有價值的方式。

葬禮提供**表達對逝者想法和感受的機會**。我們已了解說出對逝者看法和感受的重要性。在傳統裡，葬禮提供了一個最好的機會。不過，一般葬禮常會過分理想化和頌讚逝者。最好的情況是允許生者同時表達出他們對逝者的懷念和不懷念之處，雖然有人可能會認為這樣做不太恰當。藉由在葬禮上追思逝者，可以促進悲傷過程。

葬禮有助於在喪親發生不久後召集對喪家的**社會支持網絡**，對於促進悲傷的宣洩很有幫助。葬禮還能**對逝者的生命做一個回顧**。可將與逝者有關的事物貫穿於葬禮中，呈現出逝者生命中的重點。如在一位牧師的葬禮中，參加追思者從會場的不同角落站起來，朗

誦牧師生前著作的片段。

若葬禮太快舉行，反而會沖淡其效果，因家屬仍在一種茫然或麻木狀態中，葬禮無法提供正向的心理衝擊。

過去三十五年來，葬禮有幾個改變，比較全面了解到儀式對社群的重要性，同時也更聚焦於逝者的人生（Lewis & Hoy, 2011）。當代的葬禮通常強調儀式中被追悼的人。正如同我們使用恰當的死亡這個概念（Weisman, 1988），來幫助瀕死的人以與他的目標、價值和生活風格相輔相成的方式死去。我們也可以透過葬禮來反映出逝者其人以及對其重要的事物。這些變化反映出：（1）理解面對死亡的重要性；（2）對哀悼更好的了解；（3）更多元的社會（Irion, 1991）。

葬禮執事在悲傷輔導中亦有其角色。除了提供意見和協助家屬處理死亡發生後所做的必要安排外，事後持續的接觸也與悲傷輔導的某些目標雷同。雖然有些家屬可能對執事在葬禮後仍與其接觸產生反感，也有些家屬並不覺得不好，反而感激其持續的關心。有些大型的禮儀公司聘有諮商人員；有些則轉介給社區中的諮商人員。

葬禮執事也會考慮開辦「喪偶者團體」或其他社區支持團體（Steele, 1975）[1]。有些地區已開始提供這種服務。對執事而言，這是一個參與悲傷輔導重要層面的最佳機會。葬禮執事可以藉著發起社區內的教育性方案，提供有關悲傷和健全悲傷過程的教育性服務。在 Galen Goben 的領導之下，南加州的森林草坪紀念園地和靈園（Forest Lawn Memorial Parks & Mortuaries）在這方面就有不錯的表現。

1 註：請連繫 Grief and Loss Program of the AARP, 601 E Street, NW, Washington, DC 20049 查詢美加地區喪偶者服務資訊。

悲傷輔導有用嗎？

這些年來一直都有關於悲傷輔導是否有效的激烈討論。有人認為不見得比什麼都不做更有效，甚至對有些人來說反而有害。John Jordan 和 Robert Neimeyer（2003）領導這些討論，其他許多人也加入（Allumbaugh & Hoyt, 1999; Bonanno, 2001; Katoa & Mann, 1999; Larson & Hoyt, 2007; Schut, Stroebe, & van den Bout, 2001），他們的結論奠基於以統合分析（meta-analytic analysis）的方式分析研究結果找出有效性。有效性不高的研究結果引發對悲傷輔導是否有效的質疑。事實上，他們所參考的研究大部分都有方法學上的缺失，如：沒有控制組、研究對象是招募來的而非自願的參與者、沒有篩選、不適當的或者是太簡化的結果評量、樣本太少、初期參與的成員大量流失、單項結果評量、治療計畫模糊不清、未計量失喪後的時間長短等等。

Currier、Holland 和 Neimeyer（2007）以及 Jordan 和 Neimeyer（2003）對悲傷輔導負面效果之研究受到 Larson 和 Hoyt（2007）的挑戰（如，處遇引發的惡化情形），後者認為他們的研究因為不正確的統計分析而無效。

雖然大部分的喪慟沒有經過正式的處遇也能自我調節，然而最能從諮商處遇得到助益的對象是年紀輕、女性，以及失喪後經歷時間推移、遭逢突發的以及暴力的死亡，或者悲傷已經有慢性化跡象的這些人。篩選出的高危險群、失功能有可能升高的類群（老年喪偶者、失去子女的父母），以及因自覺有喪慟相關的痛苦而尋求協助者，也比較會覺得輔導有效（Schut, 2010）。

以下針對臨床工作者提出一些建議，也許可以幫助他們的處遇

更有效果：

1. 不要假設所有的哀悼者都需要悲傷輔導。Parkes（1998）也認同此點，他說：「沒有證據顯示所有的喪慟者都能從輔導中獲益，研究顯示單只因為喪慟，而沒有其他原因就照一般程序轉介的當事人無法從諮商中獲益。」（p. 18）
2. 單一種悲傷輔導形式並不適合所有的喪親者。悲傷對每一個人來說都是獨特的（Caserta, Lund, Ulz, & Tabler, 2016; Neimeyer, 2000）。
3. 依據調節悲傷過程的七個要素（第 3 章），來規劃因應個別哀悼者需要之處遇。
4. 悲傷輔導要有理論依據，如哀悼的任務。
5. 進行處遇前要有詳盡的接案初談。我們在接受當事人做心理治療前都做接案初談。做悲傷輔導時，不論是個別、家庭或者團體也都要這樣做。
6. 有顧客服務的觀點。詢問當事人的需要是什麼，處遇過程中持續評估他們的需要是否得到滿足，如果沒有，那麼能做些什麼去回應需要。
7. 如果有的話，運用篩選工具，如我們在哈佛兒童喪親研究中用來指認較可能因失去父母而產生不良調適的高危險兒童，並據此提供早期處遇，以排除兩年後的負面結果（Worden, 1996）。
8. 如果沒有適合的篩選工具，在工作對象群中找出高危險群，以他們為目標規劃處遇。這些高危險群中應該有高齡獨居的喪偶者；失去孩子的母親；猝死以及暴力死亡（包括凶殺）的遺族；有虐待創傷史、高度依賴逝者，以及不良因應型態、低自我效能和低自尊者（Jordan & Neimeyer, 2003）。

若哀悼者表現出強烈的沮喪、憤怒、反覆思索或者焦慮，就要考量複雜性的悲傷以及提供悲傷輔導（見第 6 章）。

Parkes 整理了諸多相關研究，嘗試去回答悲傷輔導有效性的問題。他研究提供喪慟者支持的專業性服務及義務性的自助支持團體，檢視了這些研究後，得到的結論（Parkes, 1980）是：

> 證據顯示，專業服務、義務性的專業支持和自助服務，均能減低因喪慟而產生的精神症狀和身心失調的危險性。而缺乏家庭支持或具特定高危險特質者獲得的幫助最大。（p. 6）

W. Stroebe 和 Stroebe（1987）以及 Raphael 和 Nunn（1988）證實 Parkes 的觀察。他們都認為，處遇可以減輕遭逢喪慟之後心理及生理上的痛苦；他們也同意，高危險群最能由處遇得到助益。我本身的臨床經驗也證實這項結論的真實性。

反思與討論

- 根據你現在的知識、訓練和經驗程度，你認為悲傷輔導的十個原則中哪一項最適合你？在目前這個發展階段，哪一項你最沒有信心？在未來的訓練和督導中，你想要如何增強缺乏信心的部分？
- 悲傷輔導的原則二中標註了幾種常見的喪慟情緒。你最常見到和最不常見到的分別是哪些？這項清單有沒有你想要補充的部分？
- 你對作者關於喪慟支持團體的想法有什麼印象？哪些部分你同

意或是不同意？

- 作者似乎很看重葬禮，認為它可以成為悲傷輔導的一種很好的工具。根據你的經驗，在哪些方面可以呼應或挑戰作者的看法？葬禮活動中還能做些什麼以增加對喪慟的個人、家庭和社群產生支持的效能？
- 本章清楚表明了一種觀點：並不是所有人都需要悲傷輔導類型的處遇（包括支持團體），或者能從中獲益。這和你所學到或觀察到的喪慟個人的情況一致嗎？你會不會認為這是過度誇大的說法？為什麼這麼認為？或者你不這麼認為的原因為何？

參考文獻

Allumbaugh, D. L., & Hoyt, W. (1999). Effectiveness of grief therapy: A meta-analysis. *Journal of Counseling Psychology*, *46*, 370–380. doi:10.1037/0022-0167.46.3.370

Beckwith, B. E., Beckwith, S. K., Gray, T., Micsko, M. M., Holm, J. E., Plummer, V. H., & Flaa, S. L. (1990). Identification of spouses at high risk during bereavement: A preliminary assessment of Parkes and Weiss' Risk Index. *Hospice Journal*, *6*, 35–46. doi:10.1080/0742-969X.1990.11882676

Beresford, L. (1993). *The hospice handbook*. Boston, MA: Little Brown.

Bonanno, G. A. (2001). Introduction: New directions in bereavement research and theory. *American Behavioral Scientist*, *44*, 718–725. doi:10.1177/0002764201044005002

Brown, J. C. (1990). Loss and grief: An overview and guided imagery intervention model. *Journal of Mental Health Counseling*, *12*, 434–445.

Caserta, M. S., Lund, D. A., Ulz, R. L., & Tabler, J. L. (2016). "One size doesn't fit all"—Partners in hospice care, an individualized approach to bereavement intervention. *OMEGA–Journal of Death and Dying*, *73*, 107–125. doi:10.1177/0030222815575895

Castle, J., & Phillips, W. L. (2003). Grief rituals: Aspects that facilitate adjustment to bereavement. *Journal of Loss and Trauma*, *8*, 41–71. doi:10.1080/15325020305876

Cerney, M. S., & Buskirk, J. R. (1991). Anger: The hidden part of grief. *Bulletin of the Menninger Clinic*, *55*, 228–237.

Chow, A. (2010). Anticipatory anniversary effects and bereavement: Development of an integrated explanatory model. *Journal of Loss and*

Trauma, 15, 54–68. doi:10.1080/15325020902925969
Connor, S. (2017). *Hospice and palliative care: The essential guide* (3rd ed.). New York, NY: Routledge.
Currier, J., Holland, J., & Neimeyer, R. (2007). The effectiveness of bereavement interventions with children: A meta-analytic review of controlled outcome research. *Journal of Clinical Child & Adolescent Psychology, 36*, 253–259. doi:10.1080/15374410701279669
Davis, C., Harasymchuk, C., & Wohl, M. (2012). Finding meaning in traumatic loss: A families approach. *Journal of Traumatic Stress, 25*, 142–149. doi:10.1002/jts.21675
Field, N., & Horowitz, M. (1998). Applying an empty-chair monologue paradigm to examine unresolved grief. *Psychiatry Interpersonal and Biological Processes, 61*, 279–287. doi:10.1080/00332747.1998.11024840
Freud, S. (1957). Mourning and melancholia. In J. Strachey (Ed. and Trans.), *Standard edition of the complete works of Sigmund Freud* (Vol. 14, pp. 237–260). New York, NY: Basic Books. (Original work published 1917)
Gamino, L. A., & Sewell, K. W. (2004). Meaning constructs as predictors of bereavement adjustment: A report from the Scott & White grief study. *Death Studies, 28*, 397–421. doi:10.1080/07481180490437536
Greenberger, D., & Padesky, C. A. (1995). *Mind over mood: Change how you feel by changing the way you think*. New York, NY: Guilford Press.
Hackett, T. P. (1974). Recognizing and treating abnormal grief. *Hospital Physician, 10*, 49–50, 56.
Hoy, W. (2013). *Do funerals matter?: The purposes and practices of death rituals in global perspective*. New York, NY: Routledge.
Hoy, W. (2016). *Bereavement groups and the role of social support: Integrating theory, research, and practice*. New York, NY: Routledge.
Hustins, K. (2001). Gender differences related to sexuality in widowhood: Is it a problem? In D. A. Lund (Ed.), *Men coping with grief* (pp. 207–213). Amityville, NY: Baywood Publishing.
Ihrmark, C., Hansen, E. M., Eklunk, J., & Stodberg, R. (2011) "You are weeping for that which has been your delight": To experience and recover from grief. *OMEGA–Journal of Death and Dying, 64*, 223–239. doi:10.2190/OM.64.3.c
Irion, P. E. (1991). Changing patterns of ritual response to death. *OMEGA–Journal of Death and Dying, 22*, 159–172. doi:10.2190/1MY9-7P2B-GWF2-A53X
Irwin, H. J. (1991). The depiction of loss: Uses of clients' drawings in bereavement counseling. *Death Studies, 15*, 481–497. doi:10.1080/07481189108252774
Johnsen, I., Dyregrov, A., & Dyregrov, K. (2012). Participants with prolonged grief—How do they benefit from grief group participation? *OMEGA–Journal of Death and Dying, 65*, 87–105. doi:10.2190/OM.65.2.a
Jordan, J. R., & Neimeyer, R. (2003). Does grief counseling work? *Death Studies,*

27, 765–786. doi:10.1080/713842360

Joyce, A., Ogrodniczuk, J., Pipr, W., & Sheptycki, A. (2010). Interpersonal predictors of outcome following short-term group therapy for complicated grief: A replication. *Clinical Psychology and Psychotherapy, 17*, 122–135. doi:10.1002/cpp.686

Katoa, P., & Mann, T. (1999). A synthesis of psychological interventions for the bereaved. *Clinical Psychology Review, 19*, 275–296. doi:10.1016/S0272-7358(98)00064-6

Kissane, D. W., & Bloch, S. (2002). *Family focused grief therapy*. Birmingham, UK: Open University Press.

Kissane, D. W., & Lichtenthal, W. (2008). Family focused grief therapy: From palliative care into bereavement. In M. S. Stroebe, R. O. Hansson, H. Schut, & W. Stroebe (Eds.), *Handbook of bereavement research and practice: Advances in theory and intervention* (pp. 485–510). Washington, DC: American Psychological Association.

Kissane, D. W., McKenzie, M., Bloch, S., Moskowitz, C., McKenzie, D. P., & O'Neill, I. (2006). Family focused grief therapy: A randomized, controlled trial in palliative care and bereavement. *American Journal of Psychiatry, 16*, 1208–1218. doi:10.1176/appi.ajp.163.7.1208

Larson, D., & Hoyt, W. (2007). What has become of grief counseling: An evaluation of the empirical foundations of the new pessimism. *Professional Psychology: Research and Practice, 38*, 347–355. doi:10.1037/0735-7028.38.4.347

Lattanzi, M., & Hale, M. E. (1984). Giving grief words: Writing during bereavement. *OMEGA–Journal of Death and Dying, 15* 45–52. doi:10.2190/TT15-WAPL-LLMT-X2WD

Lehman, D. R., Ellard, J. H., & Wortman, C. B. (1986). Social support for the bereaved: Recipients' and providers' perspectives on what Is helpful. *Journal of Consulting and Clinical Psychology, 54*, 438-446. doi:10.1037/0022-006X.54.4.438

Lewis, L., & Hoy, W. (2011). Bereavement rituals and the creation of legacy. In R. W. Neimeyer, D. L. Harris, H. R. Winokuer, & G. F. Thornton (Eds.), *Grief and bereavement in contemporary society: Bridging research and practice* (pp. 315–323). New York, NY: Routledge.

Lister, S., Pushkar, D., & Connolly, K. (2008). Current bereavement theory: Implications for art therapy practice. *The Arts in Psychotherapy, 35*, 245–250. doi:10.1016/j.aip.2008.06.006

Malkinson, R. (2007). *Cognitive grief therapy: Constructing a rational meaning to life following loss*. New York, NY: W. W. Norton.

Neimeyer, R. (2000). Searching for the meaning of meaning: Grief therapy and the process of reconstruction. *Death Studies, 24*, 541–558. doi:10.1080/07481180050121480

Neimeyer, R. (2003). *Lessons of loss: A guide to coping*. New York, NY: Routledge.

Neimeyer, R., Klass, D., & Dennis, M. (2014). A social constructionist account of grief: Loss and the narration of meaning. *Death Studies*, *38*, 485–498. doi:10.1080/07481187.2014.913454

O'Connor, M., Nikoletti, S., Kristjanson, L. J., Loh, R., & Willcock, B. (2003). Writing therapy for the bereaved: Evaluation of an intervention. *Journal of Palliative Medicine*, *6*, 195–204. doi:10.1089/109662103764978443

Onrust, S., Cuijpers, P., Smit, F., & Bohlmeijer, E. (2007). Predictors of psychological adjustment after bereavement. *International Psychogeriatrics*, *19*, 921–934. doi:10.1017/S1041610206004248

Parkes, C. M. (1980). Bereavement counselling: Does it work? *British Medical Journal*, *281*, 3–6.

Parkes, C. M. (1998). Editorial. *Bereavement Care*, *17*, 18. doi:10.1080/026826298 08657431

Parkes, C. M. (2001). A historical overview of the scientific study of bereavement. In M. S. Stroebe, R. O. Hansson, W. Stroebe, & H. Schut (Eds.), *Handbook of bereavement research: Consequences, coping, and care* (pp. 25–45). Washington, DC: American Psychological Association.

Parkes, C. M., Laungani, P., & Young, B. (2015). *Death and bereavement across cultures* (2nd ed.). London, UK: Routledge.

Parkes, C. M., & Weiss, R. S. (1983). *Recovery from bereavement*. New York, NY: Basic Books.

Piper, W. E., Ogrodniczuk, J. S., Joyce, A. S., & Weideman, R. (2009). Follow-up outcome in short-term group therapy for complicated grief. *Group Dynamics: Theory, Research, and Practice*, *13*, 46–58. doi:10.1037/a0013830

Prigerson, H. G., Frank, E., Kasl, S. V., Reynolds, C. F., Anderson, B., Zubenko, G. S., . . . Kupfer, D. J. (1995). Complicated grief and bereavement-related depression as distinct disorders: Preliminary empirical validation in elderly bereaved spouses. *American Journal of Psychiatry*, *152*, 22–30. doi:10.1176/ajp.152.1.22

Prigerson, H. G. & Jacobs, S. C. (2001). Traumatic grief as a distinct disorder: A rationale, consensus criteria, and a preliminary empirical test. In M. S. Stroebe, R.. O. Hansson, W. Stroebe, & H. Schut, (Eds.), *Handbook of bereavement research and practice: Consequences, coping, and care* (pp. 613–645). Washington, DC: American Psychological Association. doi:10.1037/10436-026

Raphael, B. (1977). Preventive intervention with the recently bereaved. *Archives of General Psychiatry*, *34*, 1450–1454. doi:10.1001/archpsyc.1977.01770240076006

Raphael, B., Minkov, C., & Dobson, M. (2001). Psychotherapeutic and pharmacological intervention for bereaved persons. In M. S Stroebe, R. O. Hansson, W. Stroebe, & H. Schut (Eds.), *Handbook of bereavement research: Consequences, coping, and care* (pp. 587–612). Washington, DC: American Psychological Association. doi:10.1037/10436-025

Raphael, B., & Nunn, K. (1988). Counseling the bereaved. *Journal of Social Issues*, *44*, 191–206. doi:10.1111/j.1540-4560.1988.tb02085.x

Schut, H. (2010). Grief counselling efficacy: Have we learned enough? *Bereavement Care, 29*, 8–9. doi:10.1080/02682620903560817

Schut, H., de Keijser, J., van den Bout, J., & Stroebe, M. (1996). Cross-modality group therapy: Description and assessment of a new program. *Journal of Clinical Psychology, 52*, 357–365. doi:10.1002/(SICI)1097-4679(199605)52:3<357::AID-JCLP14>3.0.CO;2-H

Schut, H., Stroebe, M. S., & van den Bout, J. (2001). The efficacy of bereavement interventions: Determining who benefits. In M. S. Stroebe, R. O. Hansson, W. Stroebe, & H. Schut (Eds.), *Handbook of bereavement research: Consequences, coping and care* (pp. 705–737). Washington, DC: American Psychological Association.

Schutz, W. (1967). *Joy: Expanding human awareness*. New York, NY: Grove.

Schwartzberg, S., & Halgin, R. P. (1991). Treating grieving clients: The importance of cognitive change. *Professional Psychology Research and Practice, 22*, 240–246. doi:10.1037/0735-7028.22.3.240

Schwartz-Borden, G. (1986). Grief work: Prevention and intervention. *Social Casework, 67*(8) 499–505.

Schwartz-Borden, G. (1992). Metaphor: Visual aid in grief work. *OMEGA–Journal of Death and Dying, 25*, 239–248. doi:10.2190/1QY6-38U7-XRHV-JE9X

Shear, M., & Skritskaya, N. (2012). Bereavement and anxiety. *Current Psychiatry Reports, 14*, 169–175. doi:10.1007/s11920-012-0270-2

Sheldon, A. R., Cochrane, J., Vachon, M. L., Lyall, W. A., Rogers, J., & Freeman, S. J. (1981). A psychosocial analysis of risk of psychological impairment following bereavement. *Journal of Nervous and Mental Disease, 169*, 253–255.

Shuchter, S., & Zisook, S. (1987). The therapeutic tasks of grief. In S. Zisook (Ed.), *Biopsychosocial aspects of bereavement*. Washington, DC: American Psychiatric Association.

Silverman, P. R. (1986). *Widow to widow*. New York, NY: Springer Publishing.

Silverman, P. R. (2004). *Widow to widow: How the bereaved help one another* (2nd ed.). New York, NY: Brunner-Routledge.

Simos, B. G. (1979). *A time to grieve*. New York, NY: Family Service Association.

Stahl, S., & Schulz, R. (2014). Changes in routine health behaviors following late-life bereavement: A systematic review. *Journal of Behavioral Medicine, 37*, 736–755. doi:10.1007/s10865-013-9524-7

Steele, D. W. (1975). *The funeral director's guide to designing and implementing programs for the widowed*. Milwaukee, WI: National Funeral Directors Association.

Stroebe, M., & Schut, H. (1999). The dual process model of coping with bereavement: Rationale and description. *Death Studies, 23*, 197–224. doi:10.1080/074811899201046

Stroebe, M., & Schut, H. (2010). The dual process model of coping with bereavement: A decade on. *OMEGA–Journal of Death and Dying, 61*,

273–289. doi:10.2190/OM.61.4.b

Stroebe, M., Schut, H., & Stroebe, W. (2005). Attachment in coping with bereavement: A theoretical integration. *Review of General Psychology, 9*, 48–66. doi:10.1037/1089-2680.9.1.48

Stroebe, M., Stroebe, W., van de Schoot, R., Schut, H., Abakoumkin, G., & Li, J. (2014). Guilt in bereavement: The role of self-blame and regret in coping with loss. *PLOS ONE*, *9*, 1–9. doi:10.1371/journal.pone.0096606

Stroebe, W., & Stroebe, M. S. (1987). *Bereavement and health: The psychological and physical consequences of partner loss*. Cambridge, UK: Cambridge University Press.

Turetsky, C. J. (2003). Development of an art psychotherapy model for the prevention and treatment of unresolved grief during midlife. *Art Therapy*, *20*, 248–256. doi:10.1080/07421656.2003.10129577

van der Hart, O. (1988). An imaginary leave-taking ritual in mourning therapy: A brief communication. *International Journal of Clinical Experimental Hypnosis*, *36*, 63–69. doi:10.1080/00207148808409329

Vlasto, C. (2010). Therapists' views of the relative benefits and pitfalls of group work and one-to-one counselling for bereavement. *Counselling and Psychotherapy Research*, *10*, 60–66. doi:10.1080/14733140903171220

Weisman, A. D. (1988). Appropriate death and the hospice program. *Hospice Journal*, *4*, 65–77.

Worden, J. W. (1976). *Personal death awareness*. Englewood Cliffs, NJ: Prentice-Hall.

Worden, J. W. (1996). *Children and grief: When a parent dies*. New York, NY: Guilford Press.

Worden, J. W. (2002). *Grief counseling & grief therapy: A handbook for the mental health practitioner* (3rd ed.). New York, NY: Springer Publishing.

Wortman, C. B., & Silver, R. C. (1989). The myths of coping with loss. *Journal of Consulting & Clinical Psychology*, *57*, 349–357. Retrieved from https://pdfs.semanticscholar.org/05b9/ed5c4a826771b8fd73700536646e8c658f02.pdf

Yopp, J., & Rosenstein, D. (2013). A support group for fathers whose partners died from cancer. *Clinical Journal of Oncology Nursing*, *17*, 169–173. doi:10.1188/13.CJON.169-173

/第5章/

不正常的悲傷反應：複雜性哀悼

在了解什麼樣的不正常悲傷反應需要悲傷治療之前，很重要的是要先了解為什麼有人無法悲傷。接下來，我們要看看不正常的悲傷反應有哪些形式，以及臨床工作者如何做診斷。

人們為何無法悲傷？

第2章和第3章談到哀悼過程時，我們指出了七個影響悲傷反應的形式、強度和持續時間長度的要素，這些都是造成人們無法悲傷的重要原因。

關係因素

喪慟者與逝者的關係是個重要因素。最常見的阻礙悲傷的關係是高度的愛恨交織，而且隱含了未表達的敵意關係。由於不能去面對並處理強烈的愛恨衝突，因而阻礙了悲傷。加上過多的憤怒和愧疚，使得哀悼的進行益加困難。另一種引起困難的關係是高度自戀的關係。在這樣的關係裡，逝者是喪慟者自我的延伸。承認失去了逝者，等於是要去面對一部分自我的失落，所以喪慟者會去否認失落。

有時死亡會重新撕開舊的傷痛。曾經對哀悼者施以辱罵、性虐待或身體虐待的父母、繼父母或其他關係的施虐者的死亡，會重新喚醒哀悼者對被虐情境殘存的情緒。對虐待的研究發現，受害人往往有低自尊及自責的歸因型態。死亡事件可能會促發自責，而使哀悼者陷入更複雜的悲傷形式。如果有關虐待事件的感受在死亡發生前已經處理成功的話，這種情形就比較不會發生。然而，儘管有關虐待的感受已經被「處理」過了，死亡還是會引發一些源自與施虐者間複雜且衝突的關係之想法及感受。

在某些關係裡，我們悲傷的是想得到卻從不曾得到，或者永遠也得不到的東西。我最近和一位女士會談，她的母親得了阿茲海默症（失智症），需要住安養院。眼看著母親逐漸惡化，她察覺到她失去了這位之前虐待自己的母親來愛自己及照顧自己的機會了。母親死後，她因為陷入沮喪而來尋求治療。悲傷工作幫助她去哀悼她的母親，也哀悼她破碎的夢——她渴望獲得母親的愛與接納的夢想。

高度依賴的關係也使喪慟者難以哀悼。加州大學舊金山醫學院的 Horowitz、Wilner、Marmar 和 Krupnick（1980）認為，依賴和口欲的需求是引發病態哀悼反應的重要因素。失去高度依賴關係中的依賴來源，使個人經歷到自我形象的改變：從被一個強者支持的強而有力的自己，一變而為脆弱無助的飄遊者，徒然無力地乞求一個已經失去的、或者是拋棄了自己的人來拯救自己。

大多數失去重要親人的人，多少都會感到無助，但是並不像全然依賴的人般感到絕望；健康的人即使感到無助，也不會排除其他正向的自我形象。一個正常健康的人可以在正向及負面的自我形象間求得平衡，但是，失去過度依賴關係的人所感到的無助，卻會掩蓋其他的感受，並淹沒任何可以調整負面自我概念的能力。

Myron Hofer（1984）以一句話總結了關係中介因素（relational mediators）的重要性：「當自己所愛的人過世時，我們失落的究竟是什麼？」

情境因素

失落發生的情境，對悲傷反應的強度及結果有重要的決定性。某些特殊的情況會阻礙悲傷的宣洩，使哀悼者的悲傷很難有一個滿意的結果，最常見的是不確定的失落（Boss, 2000）。例如，軍人在戰場上失蹤，生死未卜，使家人不能完成適度的悲傷過程。越戰過後，有些軍人的妻子終於相信失蹤的先生應已死亡，經歷了悲傷，處理了失落之後，被俘的先生卻回來了。這聽起來像好萊塢浪漫電影的情節，但在現實生活裡，卻是很難去面對的一件事；有些夫妻最終以離婚收場。

相反的情況也會造成悲傷不能結束。有些婦女一直相信先生還活在戰場某地，因此她的悲傷遲遲不能結束，除非她們能夠真正確定先生的死亡。有位婦女的兒子乘坐的返航軍機在北大西洋墜毀失蹤，多年來她都堅信她的兒子被俄國人擄獲並且留置在俄羅斯。其他家人則認為他應該已經死亡，也哀悼了失落。當俄羅斯開放後，這位婦女馬上辦好簽證進入俄羅斯去尋找兒子。直到沒有找到兒子，她才開始進入悲傷。

多重失落是另一個困難的情境，如地震、火災、飛機失事或意外事件，奪走家中多條生命；例如，許多人在2001年的911悲劇事件中失去朋友和家人。另一個多重失落的事件是蓋亞那瓊斯鎮（Jonestown, Guyana）的集體自殺事件，有幾百個人死亡。這樣的事件及失落的程度，使很多家庭難以適切地經歷悲傷——要為這麼多的失落來悲傷是一個沉重的負荷，這時似乎徹底不去哀悼還容易些。Kastenbaum（1969）稱此為喪慟過載。有些多重失落並沒有這麼戲劇化。我曾治療過一位女士，她在三年內失去四個親密的家人。這個經驗太沉重了，她沒有辦法直接去悲傷，她體驗到的悲傷是無能為力的焦慮，也就是她來接受治療的症狀。

歷史因素

曾經有過複雜性悲傷反應的人，在面對新的失落時，較可能會出現相同的悲傷反應。「過去的失落與分離會影響到現在的失落、分離及依附關係，後者又會影響到對未來的失落及分離的恐懼，以及未來的依附能力」（Simos, 1979, p. 27）。罹患過憂鬱症的人也較可能發展出複雜性悲傷反應（Parkes, 1972）。

早年喪親會如何影響後來面對其他失落時的複雜性悲傷反應，是令人感興趣的研究領域。有關早年喪親的研究有很多，因為早年喪親常與日後其他心理問題的發展相關；但是，這兩者間的關係在研究上迄今仍無定論。早年喪親的影響力雖然很大，但幼年時的親職教育也一樣重要。Vaillant（1985）在他的長期性研究中發現，造成悲傷困難的口欲及依賴，源自於與不一致、不成熟及不合適的父母居住的經驗，多過於因為失去了好的父母。有些證據顯示，有複雜性悲傷反應的人，童年都有不安全的依附，對第一個愛的對象——母親，有愛恨衝突的矛盾關係（Pincus, 1974）。

人格因素

人格因素是指個人的性格特質，以及這些特質如何影響了克服情緒壓力的能力。人在不能忍受巨大情緒壓力的時候，便會退縮，以保護自己去對抗強烈的感覺。因為沒有能力忍受情緒壓力，便會減縮悲傷的過程，並經常發展出複雜性悲傷反應。

人格特質為不能忍受依賴感覺的人，會產生有困難的悲傷：

> 面對存在的失落，經驗過人類共通的無助感，才能走過悲傷。如果主要的心理防衛都在迴避無助的感受，可能產生失功能的悲傷反應。因此，一些表面上功能正常、有能力的人，很可能會被一個重大的失落嚴重地打擊到他的核心防衛系統。（Simos, 1979, p. 170）

自我概念也是可能阻礙悲傷的一個人格層面的因素。每個人對於「我是誰」都有一些想法，也盡量生活在自我的定義之內。譬如說，一個人如果認為自己該做家中的強者，那麼即使這個角色可能對他自身具有傷害性，他還是需要去扮演這個角色。而通常作為強者的想法會受到社會的增強，結果他往往不能允許自己去經驗那些解決失落應有的感受（Lazare, 1979, 1989）。

瓊是個中年婦女，幼年喪父，母親扮演了家中強者的角色。在不得已的情況下，母親將她送去一個只說法文的教會孤兒院。雖然瓊很不適應，但她認同了母親的能力，也扮演了強者的角色，生存了下來。多年後，瓊的先生去世，留下她和幼小的孩子，她也必須為了孩子扮演強者角色。但是兩年後，她發現自己還是不能克服悲傷，所以她來尋求治療。阻礙她悲傷的是她必須要堅強的想法——

雖然堅強的確曾經協助她度過了其他難關。在治療中，她做到了把堅強放在一旁，去探索她對失落更深的感覺。

社會因素

最後一個會引發複雜性悲傷反應的重要因素是*社會因素*（Wilsey & Shear, 2007）。悲傷是個社會過程，最好能在一個互相支持及增強彼此失落反應的社會情境下處理。Lazare（1979, 1989）整理出造成複雜性悲傷反應的三個社會情境。第一個是*社交上難以啟齒*的失落，如自殺。當有人自殺時，特別是在說不出死亡到底是自殺還是意外的曖昧情況下，親友通常會對死亡相關的情境保持緘默。對哀悼者來說，這種共謀的沉默會造成很大的傷害，因為他們不能和其他人互相溝通，抒發悲傷。

羅斯悌是獨子，5 歲時失去了母親。母親在車庫裡用水管接了汽車排氣管的廢氣自殺。父親深受打擊，隨即就離開了家。羅斯悌被寄養在遠方的一個親戚家裡。沒有人和他談過母親的死，對母親的自殺過程更是絕口不提。早年喪母，以及隨之而來被父親拋棄的經驗所帶來的問題，在他快 30 歲時開始浮現。他的婚姻出現問題，太太威脅要離開他。在治療過程中，羅斯悌終於允許自己去檢視童年的失落和未解決的悲傷對他成年生活的影響。

有些支持性團體是特別為自殺者的家人和朋友設立的，以打破包圍著自殺事件的緘默。這種支持性團體對那些不能公開地和親友溝通以得到安慰的人來說，非常的重要（Jordan & McIntosh, 2010）。

第二個使悲傷反應複雜化的社會因素是*社會否認*的失落，也就是說，當事人和周圍的人都表現得好像失落從來沒有發生一般；

人們對墮胎的處理方式是個很好的例子。許多未婚女子懷孕後決定墮胎，問題出在她往往因害怕而不告訴男友，家人也不知情，孤獨地做下決定。墮胎後，她就把這件事深深埋藏心底，好像從來沒有發生過似的。但是，這個失落仍然需要哀悼，否則日後可能會在其他情境浮現出來（在第 7 章會更詳細地討論墮胎的悲傷）。Doka（1989, 2002）稱這種社會否認的悲傷為被褫奪的悲傷，意指這種悲傷不被社會認可或者支持。

第三個引起複雜性悲傷的社會因素是缺乏社會支持網絡，包括缺乏認識逝者的人，以及能夠互相支持的人。現在的社會，家人朋友往往不住在一起。失去住在遠方的親人，雖然可以得到當地一些朋友的支持，可是，若朋友都不認識自己失去的這位親人時，他們的支持還是會不同於認識逝者的人的支持。除了地域原因之外，社會孤立的人，社會支持網絡也較缺乏（Breen & O'Connor, 2011）。

Parkes（1972）在倫敦對喪夫者的研究發現，喪偶後憤怒最多的人，也是經驗最多社會孤立的人。我們的哈佛喪親研究也注意到憤怒及社會孤立的關係。儘管身邊有親友，一個憤怒的喪夫者還是會有被孤立的感覺，如此一來，不但使她的悲傷更困難，也可能會增強她的憤怒。有位年輕的喪夫者有三個孩子，她得到很多朋友的支持。然而，六個月後，她很憤怒地發現不再有人來找她或打電話關心她了。我感覺，她的憤怒只會把朋友推得更遠，使自己更陷入孤立。

 困難悲傷的產生

複雜性哀悼有很多形式，也被貼上許多不同的標籤。有時被稱之為病態的悲傷、未解決的悲傷、複雜性悲傷、慢性悲傷、過長的悲傷、延宕的悲傷或誇大的悲傷。在《精神疾病診斷與統計手冊》（*DSM*）先前的版本中，不正常的悲傷被稱為複雜性喪慟。

我偏好的一個複雜性喪慟的定義如下，這個定義有助於形成當今典範的複雜性喪慟四種形態：

> 悲傷強烈到使人不勝負荷，因而產生不適應的行為，或一直陷在悲傷之中，沒有進展，不能完成哀悼的過程。……不能夠逐步地朝向同化或調適悲傷，反而刻板化地重複悲傷，阻礙癒合。（Worden, 1982, 1991, 2001, 2009）

這個定義的優點是排除了把痛苦當成一個決定因素。哀悼者可能經歷了許多痛苦，但是這不表示他／她正在經歷複雜性哀悼。

上世紀初，Freud（1917/1957）和 Abraham（1927）把正常及病態的悲傷反應區分出來。然而，他們只是描述了常見的正常悲傷反應特質，及常見的病態悲傷的一些反應特質；一般來說，他們的描述是不夠的，也不令人滿意。後世的研究指出，他們所描述的病態悲傷的特質，也在典型的正常悲傷反應中出現。例如，Freud 和 Abraham 認為，遭遇失落後疼痛發作的反應是病態反應，而現在已被認同是常見的經驗。我們現在認為，正常及不正常的悲傷反應之間是程度的問題，所謂病態是反應的強度，或持續時間長度，而不僅單純是某一行為出現與否的問題（Horowitz et al., 1980）。

複雜性悲傷的新興診斷

過去這二十年來，大家都在嘗試找出複雜性悲傷的定義，以有效地評量並且將之加入美國精神醫學會（APA）所出版的《精神疾病診斷與統計手冊》（*DSM*）中。如果複雜性悲傷反應被接受為一個確實的疾患，將為治療這些疾患的專業帶來更多研究基金以及保險給付。過去二十年來，很多的工夫都花在建議和規範此疾患的標準之定義性工作上。有兩個主要的團體率先有成果：第一個是由 Holly Prigerson 在匹茲堡（後來到耶魯，現在在哈佛）領軍的研究團體，另一個是在舊金山由 Mardi Horowitz 帶頭的團體。Prigerson 以前的一位同事 Kathryn Shear 現在在紐約哥倫比亞大學開啟了自己對複雜性悲傷的研究。

目前發展中的診斷概念是由 Prigerson 及其同仁（1994, 1995）在匹茲堡大學醞釀出來的。他們運用之前研究高齡喪慟者的資料，將悲傷和憂鬱的評量做因素分析。結果並不意外，大多數的悲傷項目都集中在一個因素，而憂鬱項目都集中在另一個因素。結論是悲傷和憂鬱有不同的本質。最大的進展是有些用來評量一般哀悼者的悲傷指標，也可以用來評量*複雜性悲傷*，而有些指標則只用來定義正常哀悼者的經驗。特定悲傷指標則因其敏感度和特殊性，被特別提出來作為不利於心理和生理健康結果的預測因素。

在他們的工作中很早就有兩個概念產生。第一個是複雜性悲傷反應有兩個因素在作用：一是*創傷性悲痛*，另一個是*分離悲痛*。雖然理論上很有意義，但是這兩種痛苦的形式往往互相重疊，且有高度相關，因而這個概念一直不受到重視。另一個概念是複雜性悲傷現象和焦慮以及憂鬱有明顯的區分。複雜性悲傷、焦慮和憂鬱是三個獨特的概念（Prigerson et al., 1996）。有些後期的研究認可這個說法（Boelen & van den Bout, 2005; Boelen, van den Bout, & de Keijser, 2003），另一些研究則對這樣的區分提出疑問（Hogan, Worden, & Schmidt, 2004, 2005）。

在此期間，診斷命名也改變過好幾次。起初的名稱為*複雜性悲傷*，然後改為*創傷性悲傷*——即使其和創傷性死亡的喪慟一點關聯也沒有（Prigerson & Jacobs, 2001）。後來又改回複雜性悲傷，而最近常用的名稱則是*過長的悲傷疾患*（PGD; Goldsmith Morrison, Vanderwerker, & Prigerson, 2008）。

1999 年有一個共識研討會召集了研究悲傷的重要研究者，精心籌劃一套較為確實的標準，直到大家對於哪些行為和症狀應該被包括進診斷有共識為止（Prigerson et al., 1999）。這些指標將依據 *DSM* 疾患的標準架構羅列，並且劃入 *DSM-IV* 正式的分類組別內（類別 A 至 D）。指標內容包括認知上、情緒上以及社會層面上無法認可的死亡，以及強調顯著持續的與症狀相關之功能障礙（Boelen, van den Hout, & van den Bout, 2006）。

*時間長短*是研究者在定義診斷時一個頭痛的問題。首先，症狀要持續多久才可以確立診斷？其次，死亡發生後多久才可以確立診斷？早期認為症狀要持續兩個月，目前的診斷標準是症狀要持續六個月。死亡發生後要過多久才能下診斷也引發爭論。主張六個月的早期診斷者認為，失喪不久就發生的困難悲傷行為是之後身心健康產生問題的警示；主張較晚確立診斷的人則認為許多類別 B 中的項目——如麻木、疏離以及無法接受死亡，都是正常哀悼的一般經驗，隨著時間過去會自然消失，不需要處遇。Horowitz 建議，應該要等到第一年忌日過後才評估是否有複雜性悲傷；我覺得很有道理。

Horowitz（2005）在他的文章〈複雜性悲傷疾患的診斷〉（Meditating on Complicated Grief Disorder as a Diagnosis）中提出一個替代性的架構。他建議將複雜性悲傷列入創傷性疾患，還建議重新整理及定義 *DSM* 指標中所有與創傷相關的指標。然而，他知道因著政治性的因素，他的想法不會實現，他就下了一個有趣的結論——訂出診斷，至少能讓需要協助改善悲傷的人，其診斷、處方以及治療能得到保險給付。重要的不是哪些特殊行為該被包括在正式的 *DSM* 診斷中，而是這些有經驗的專業人員的臨床判斷，能夠評估因應和防衛，並且指認出哪些人的悲傷順利，哪些人的悲傷受到阻礙，需要診斷和治療。Horowitz 希望一個正式的 *DSM* 診斷能夠幫助每一個人：病人得到治療，醫生得到給付，而悲傷和失喪的研究能夠繼續開展。

2013 年美國精神醫學會（APA）的《精神疾病診斷與統計手冊》第五版（*DSM-5*）終於出版了，其中有五方面的改變影響到悲傷和喪慟，以及我們對於複雜性哀悼的界定。首先，不再需要排除喪慟這個條件才能給喪慟者做憂鬱症的診斷。之前至少要待死亡發生兩個月後才能做出憂鬱症的診斷，現在可以對新近喪慟者做出憂鬱的診斷了。這種改變的主要論斷之一就是，全球普遍使用的另一本診斷手冊《國際疾病分類》（*International Classification of Diseases, ICD*），並沒有排除時間因素。

其次，*DSM-5* 不再將悲傷從適應障礙症這個類別中移除了，這讓我讚賞不已。適應障礙症的定義是：對於造成壓力的生活改變的反應，例如：離婚或死亡。這些壓力已經遠遠超出了文化期待常模的比例，而且還損傷了個人在教育、社會、職業、家庭或其他重要角色的功能。

第三種改變是將分離焦慮症應用到成人身上。以前這種診斷只用於孩童或青少年。此診斷將成人的分離焦慮症界定成一種在失喪之後，持續六個月以上，和依附對象產生特定的分離恐懼。

第四項決定就是保留對於創傷後壓力疾患（PTSD）的診斷。這可以看成是對於目睹或是知悉猝死或慘死之類的創傷事件所產生的複雜性喪慟。這樣的經驗會產生一系列的症狀，如：侵入性記憶、記憶閃現（flashbacks）或做夢，以及其他長達一個月的症狀，影響到一個人去扮演他的主要角色的能力（Doka & Tucci, 2017）。

第五項決定是最重要的，因為它對於複雜性喪慟和 *DSM* 的影響最大，這個決定是：沒有必要另列一個獨特複雜性悲傷的診斷分類。這體認到一個 *DSM* 診斷會將悲傷病理化，可能會有落入過度診斷和不必要卻用藥的危險。PDG（Prigerson et al., 2009）或複雜性悲傷障礙症（Shear, 2011）都沒有收入 *DSM* 中。然而，專家小組將持續性複雜喪慟疾患（persistent complex bereavement disorder, PCBD）納入預備的適應障礙症，放在第三篇名為「需要進一步研究」的項目中。PCBD 的準則包含了 PGD 和複雜性悲傷疾患的要素，同時也加入了病態悲傷疾患，這是早先就被合併到 PGD 定義中的（Horowitz, Bonanno, & Holen, 1993）。這項決定召喚著大家要持續研究，找出此種疾患的特徵。因此，我們還沒有想出一個新的診斷名稱來界定 *DSM* 中的複雜性悲傷。Rando（2012）對於如何界定複雜性悲傷的診斷分類，以便符合研究者和臨床工作人員的使用準則，提出了一些重要的建議。

現存的複雜性哀悼模式

儘管大家持續為找出一個能被 *DSM* 接受的診斷而努力，但還是有許多人在處理複雜性哀悼時，需要我們的協助及處遇。我偏好使用複雜性哀悼而不用不正常的悲傷。並不是人們經驗到的悲傷不正常，而是他們的經驗就是他們的經驗；我十分強調經驗悲傷之個別性的重要——「每一個人的悲傷不同於其他人的悲傷」（Allport, 1957，課堂講義）。困難在於哀悼的過程。哀悼過程受到阻礙無法朝向調適失落的方向發展（Shear, 2010）。哀悼的任務以及影響哀悼的要素可以幫助治療師和病人了解發生了什麼事，並提供一個有效介入的架構（Worden, 2017）。

複雜性哀悼反應有幾種分類法。我想建議一個我自己在臨床工作上發現的有用分類法，我想你們也會覺得有幫助。這個分類法將複雜性哀悼分為四類：（1）慢性化的悲傷反應；（2）延宕的悲傷反應；（3）誇大的悲傷反應；（4）偽裝的悲傷反應。讓我們一一來檢視如下。

慢性化的悲傷反應

慢性化的悲傷反應是指過度延長，而且永遠無法達到一個滿意結果的悲傷反應。週年忌日的悲傷反應可能會長達十年或更久，可是，單就這個指標並不足以認定是慢性化的悲傷反應。慢性化的悲傷反應相當容易被診斷出來，因為當事人往往很清楚自己還沒有走過悲傷。悲傷持續了好幾年，而當事人覺得尚未結束的時候，這種覺察會特別強烈。常見到當事人在親人過世二到五年後會說：「我還沒有回到正常的生活」、「悲傷怎麼永無止境」、「我需要協助以找回自己」。慢性化的悲傷不會因當事人能自己覺察而自行結束。但是自行轉介會使診斷容易些。

之前曾討論的複雜性悲傷之新興診斷（現在稱之為過長的悲傷）和慢性化的悲傷反應很相關。因為不論是醫師評估，或者當事人由複雜性悲傷量表 ICG 的評量，通過此診斷的指標皆可以做出早期診斷。而早期處遇可以避免悲傷發展成慢性的狀況。預防及早期療癒是哈佛預防性心理健康哲學的一部分。我也曾發展出篩選工具以及早指認高危險的癌症病人（Weisman & Worden, 1980）及高危險的喪親兒童（Worden, 1996）。

對有些人來說，治療的目的是要去面對逝者已經離去，不論怎麼期待也永遠不會再回來的事實（第一項任務）。對親人過世的不捨，是人之常情，尤其是孩子的過世。在這個情況下，治療者要探尋這個孩子對父母的特殊意義。瑞塔的 12 歲女兒過世後，她痛苦了兩年。對她來說，不只失去了女兒，也同時失去了世間唯一能夠為她按摩頸部來消除偏頭痛的人。

對另外一些人而言，治療可以協助整理和處理對逝者的困惑以及愛恨交織的感覺（第二項任務）。有位母親在兒子自殺身亡後，三年來都飽受痛苦感覺的折磨。她痛苦的不僅是孩子結束自己的生命，當年自己未成年且未婚懷了這個孩子，因而受到家人及朋友拒絕的感受也再度浮現（Cerney & Buskirk, 1991）。一些有慢性化悲傷反應的人渴求一個從來沒擁有過、但一直期盼可能會擁有的關係（Paterson, 1987）；我在一些酗酒者，以及身體虐待和性虐待的受害者身上看過這種渴望。

對一些與逝者有高度依賴關係的哀悼者來說，治療要幫助他適應失去所愛的人，並且建立獨立的生存技巧。失落也會使有高度依

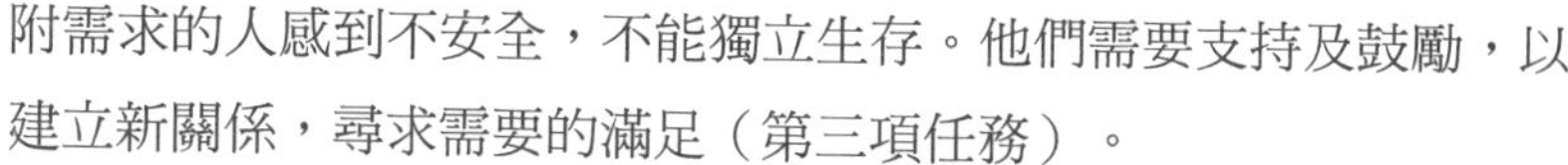

附需求的人感到不安全，不能獨立生存。他們需要支持及鼓勵，以建立新關係，尋求需要的滿足（第三項任務）。

有位年輕男性的妻子驟逝，五年後他來尋求治療，因為他雖然有過幾次約會，但一直沒辦法和異性建立新的關係。以空椅法和過世妻子互動的過程中，他聽到妻子鼓勵他繼續生活下去，找位新的伴侶，過快樂的生活。之後他去了妻子的墓園，並且回來告訴我：「當我懷念她的時候，我永遠可以去墓園看她。」他把妻子從心中移到一個可以適當紀念她的所在，也解放了自己，繼續他的人生，尋找新的伴侶。後來他做到了，也建立了一個新的家庭。其確實是有效地調適了哀悼的第四項任務。過去五年來，慢性化的悲傷阻礙他完成這項任務。

治療師和當事人必須評估在長期持續的悲傷反應中，哪一個悲傷的任務還沒達成，以及未達成的理由何在。治療目標就是要去達成這些任務。

延宕的悲傷反應

延宕的悲傷反應又稱為被禁止的、壓抑的，或延後的悲傷反應。當事人在失落發生的當時雖有情緒反應，但不足夠，在日後再度遭遇失落時，卻產生了過多過強的悲傷反應。這是因為有些悲傷——特別是和第二項悲傷任務有關的——在事發當時沒有得到適當的處理，而一直存留到再度遭遇失落時一併浮現。相對於現在所發生的失落，當事人所經驗到的悲傷反應通常令人明顯地感覺到過於誇張。遭逢失落時缺乏社會支持，往往是造成延宕悲傷反應的相關原因。

有一個延宕的悲傷反應的例子是，一位女士在意外事件中失去了幾個孩子。當時她在懷孕中，別人勸她不要太傷心以免影響胎兒。她照做了，然而多年後，當最小的孩子長大離開家時，她陷入了強烈的悲傷中（Geller, 1985）。

失落發生時，過度沉重、令人無法負荷的感覺會延宕悲傷。自殺死亡事件往往會引起這樣的反應。雖然事發當時有表達一些悲傷，但悲傷得不夠，就會延遲到日後才再度浮現。延宕的悲傷也可能被不同形式的失落所激發出來。我見過有些人早年對死亡所帶來失落的悲傷，到晚近離婚時才被挑起。自然流產的悲傷也可能延宕到多年後才浮現出來。

多重失落也可能因為失喪和喪慟過度沉重，而導致悲傷延宕（Kastenbaum, 1969）。有位當事人在越戰時因遭受埋伏，痛失袍澤。由於當時在戰爭情況下，不容許他表達悲傷。戰後他結了婚，變得對妻子暴力相向。在諮商中，他發現自己比較能接觸到憤怒，較不能碰觸最終浮現出的深層悲痛。他在會談室裡以及在華盛頓特區的越戰紀念碑前處理了悲傷，失落得到解決，他的憤怒行為便消失了。

延宕的悲傷反應不一定只在個人經驗到續發的失落時才發生，也可能在看到他人經歷悲傷時感受到，或者在看電影、電視，或其他媒體上的失落事件時重現。看悲劇作品時有悲傷的感覺是正常的。所謂延宕的悲傷反應是指悲傷的感受很強烈，並且在進一步檢視時，發覺是源自過去失落經驗中未解決的悲傷。Bowlby（1980）認為，這是由於近期的失落會觸發或者重啟對過去失落的悲傷反應。失去了目前依附的對象，會很自然地使人轉向早期依附的對象；如果早期依附的對象（如父母）已經去世，則早期失落的痛苦會被喚醒或再度被觸及。

我的同仁 George Bonanno 認為，並沒有所謂延宕的悲傷現

象（Bonanno & Field, 2001）。他從未見過這樣的案例，他的研究也不支持這樣的說法——我尊重但並不同意。我和其他同仁，例如 Therese Rando（1993）就曾經治療過許多這樣的案例。把延宕的悲傷等同 Helena Deutsch（1937）所描述的缺乏悲傷（absent grief）是一個問題。在我治療的案例中，大部分的當事人在失落當時並非沒有悲傷，但是因為某種原因（通常是缺乏社會支持），當事人未能適當地處理悲傷，日後卻在較小的失落發生時，以更深的憂愁以及過度的哭泣呈現出悲傷。認證悲傷有無延宕的現象，必須延展研究的時間，也要記得這是個發生率不高的現象。Bonanno 和 Field（2001）在兩百零五位喪偶者失去配偶後持續評估十八個月的研究中，發現 4% 的低發生率的延宕悲傷現象。我們以同樣的評量工具追蹤七十位喪偶者長達兩年，發現 8% 的延宕悲傷現象。

誇大的悲傷反應

第三類診斷是誇大的悲傷反應。當事人經驗到強烈的正常悲傷反應，覺得不勝負荷，或者產生不適應的行為。不同於偽裝的悲傷（masked grief）之當事人沒有發覺自己的反應與失落的關係，有誇大悲傷反應的人，通常都能意識到自己經驗到的症狀和行為與失落有關。由於反應過度而且影響生活，大多數當事人會尋求治療。誇大的悲傷反應包括失落後發生符合 *DSM* 診斷之重大精神疾患。

因失落而產生的臨床憂鬱現象就是個好例子。失去具有意義的重要他人後，有沮喪和無望的感覺是很常見的，通常也是個過渡現象。但是，大多數喪慟者的沮喪感與臨床上的憂鬱不同。如果喪慟者的無望感爆發成非理性的絕望，還加上憂鬱現象，就可能符合憂鬱症的臨床診斷，並需要藥物治療。瑪琳在父親過世後，陷入深度退化的憂鬱中。服用抗憂鬱劑、減緩沮喪感受後，我們才有辦法一起來探索她和父親之間的衝突。瑪琳對父親一直都很憤怒，父親在她童年時光中大多數時間是缺席的；她的憤怒更加深了沮喪。瑪琳了解這些感受後，她以「空椅法」面質父親。最後她終於去到父親墓前，唸出寫給父親的信，表達了她對父親正向及負面的感情。有意義的是，在父親過世前，瑪琳並沒有憂鬱症的病史，而之後的長期追蹤也沒有再發作。

失去重要他人後感到焦慮，也是正常的悲傷反應。但如果焦慮到有恐慌反應、畏懼行為，或發展出焦慮疾患，我則會將其歸為誇大的悲傷反應了。Jacobs 等人（1990）發現，在急性喪慟期會有焦慮疾患是常見的。在他們的喪偶研究中，有超過 40% 的喪偶者在喪親後第一年內有過一次的焦慮疾患發作。經驗到焦慮疾患發作的喪慟者中，多數人同樣也有憂鬱的症狀。

失落後產生的恐懼通常和死亡有關（Keyes et al., 2014）。一位曾患有精神疾病的病人，在失去父親三個月內產生了嚴重的死亡恐懼，因而回院治療。在這種恐懼症下是潛在的愧疚感，和「我也該死掉」的想法。通常源自當事人和逝者間的愛恨衝突的關係。

一位 29 歲的女性在母親驟然身亡之後發展出社交畏懼症。六個月之後，她覺察到自己在社交場合很焦慮——包括一些生活必要的社交場合。她和母親的關係長期以來就是愛恨衝突。母親生前有憂鬱症及精神病，認為世界是個危險之地，因而她小心翼翼地維護母親。母親過世後，她病態地認同了母親的症狀，而這些症狀也保護她自己不受內在攻擊衝動的傷害。

另一個在死亡後會產生的焦慮疾患是懼曠症，通常當事人在之前就有這樣的病史（Kristensen, Weisaeth, Hussain, & Heir, 2015; Sahakian & Charlesworth, 1994）。

失落後產生或加強的酗酒及藥物濫用，也該歸在誇大的悲傷反應項下。治療酗酒的工作人員應該將未解決的悲傷納入戒酒過程中處理。有些人的酒癮可以直接溯及悲傷經驗。一位喪妻者說：「她去世前，我只在社交場合喝酒，她去世後，我想藉喝酒遺忘痛苦，可是老是醉醺醺的，又讓我覺得很愧疚和沮喪，我就喝得更多了。」（Hughes & Fleming, 1991, p. 112）

有一些歷經災難、遭受失落的人發展出了創傷後壓力疾患（PTSD）。我曾協助過有典型創傷後壓力疾患的越戰退伍軍人及重大車禍事件生還者。有位參與二次大戰的 72 歲老兵，在當年並沒有經驗到戰爭的創傷後壓力疾患的症狀。五十年後，他的妻子去世，他的創傷後壓力症狀才第一次浮現出來（Herrmann & Eryavec, 1994）。有些退伍軍人看了電影《搶救雷恩大兵》（*Saving Private Ryan*）後，喚起一些回憶，也有類似創傷反應。處理創傷後壓力疾患需要特定的方法，不在悲傷治療討論之列。不過，因死亡而促發出的創傷後壓力疾患，也應該列入誇大的悲傷反應項內。

曾有文獻報導失落後產生的躁症（mania）現象，通常發生在有情感性疾患病史者身上；我認為這也是複雜性悲傷的一種形式（Keyes et al., 2014; Rosenman & Tayler, 1986）。

誇大的悲傷反應如憂鬱症和焦慮症，提供了一個機會，讓喪慟者可以深入且聚焦地來調節情緒（第二項任務），並且學習在親人過世之後仍能重拾生活（第三項任務；Shear, 2010）。

偽裝的悲傷反應

偽裝的悲傷反應很有趣，當事人雖然有些引起生活困難的症狀及行為，但卻不認為自己的症狀或不適應行為和失落有關。當事人發展出非情感性的症狀，或如 Parkes（1972, 2006）所稱的一些等同於悲傷情感的症狀。Helene Deutsch（1937）在她討論缺乏悲傷的經典報告中認為，失去摯愛會使人產生一些反應性的情感表達，而缺乏這些情感的表達，就像過長或過強的悲傷一樣，也是一種正常悲傷的變異。她進一步說明，如果當事人沒有開放地表達出他的悲傷，那些未被明確表達出來的感覺，最終還是會以其他方式完全地表達出來。她認為，缺乏悲傷反應是因為自我發展還不足以承受哀悼這份沉重的工作，因而運用了一些自戀式的自我保護機制去限制哀悼過程。

偽裝的或壓抑的悲傷會以兩種形式出現：一是偽裝成生理症狀；二是隱藏在某些調適不良的行為之下。不允許自己直接經驗悲傷的人，會產生類似逝者曾有的疾病症狀，或者會有其他身心症狀。例如，生理上的疼痛往往是被壓抑的悲傷的象徵；心身症的病人往往也有潛在的悲傷議題。

Zisook 和 DeVaul（1977）研究了幾個個案，這些個案經驗到與逝者臨終前疾病相似的身體症狀，他們把這種現象稱為複製疾病（facsimile illnesses）。其中一個個案是一位女士，在先生逝世週年忌日時，開始出現和死於心臟病的先生一模一樣的胸部疼痛症狀。另一位女士呈現的症狀是胃痛；她的母親於七年前去世，她也是在母親的一週年忌日時開始有胃痛現象。這兩位女士的疾病都沒有器官上的病態問題，且在治療了她們的悲傷後，症狀都緩解了。

另一方面，除了生理症狀外，無法解釋的沮喪、失控的情緒與行為，以及調適不良的行為等精神症狀，都可能是偽裝的悲傷。有些研究認為，違法行為也是偽裝的悲傷反應的一種（Shoor & Speed, 1963）。Randall（1993）提出一個案例，有位女士在兒子意外死亡後四個月發展出厭食症。她和兒子之間有過度依賴的依附

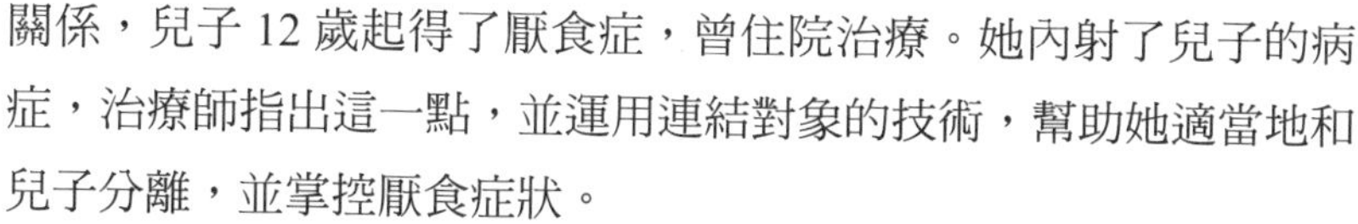

關係，兒子 12 歲起得了厭食症，曾住院治療。她內射了兒子的病症，治療師指出這一點，並運用連結對象的技術，幫助她適當地和兒子分離，並掌控厭食症狀。

誇大的悲傷和偽裝的悲傷有重要的區別。這二者都能導致正式的精神病學和／或醫學的診斷。在誇大的悲傷現象中，病人知道症狀是死亡發生後開始的，也明白症狀和失落經驗有關。症狀的嚴重程度使病人符合 *DSM* 的診斷，並據以展開治療；通常會使用藥物治療。初步治療使症狀緩解後，分離衝突才開始成為治療的焦點。而在偽裝的悲傷現象中，病人並不覺得自己的症狀和死亡相關，直到治療師幫助病人了解這個關聯性，並且幫助病人找出以及解決潛在的分離衝突後，病人的生理和心理症狀就會有突破性的進展。

 診斷複雜性哀悼的過程

治療師如何診斷有困難的悲傷反應呢？通常有兩種情形：一個是病人來就診時就已經做了自我診斷，如慢性化悲傷的案例；或者病人是為了生理上或精神上的問題來就診，並未覺察真正的病因是未解決的悲傷。在第二種情況下，需要治療師的技巧以判斷未解決的悲傷才是真正的原因；第一種情況就簡單多了。我還未曾遇過有人自我宣稱他的問題和失落有關，但結果卻是他自己判斷錯誤的。拿伊賽兒來說好了，她 50 歲出頭時，兒子飛機失事去世。有幾個因素造成她哀悼上的困難：兒子的死亡太突然；出事地點離家太遠；由於死亡情境特殊，葬禮上沒有遺體。大約兩年後，伊賽兒告訴牧師，她還未自悲傷中復原，無法回復失落發生前的生活。她很確定自己還陷在悲傷的過程中，需要幫助。這就是一個典型的自我

診斷類型。

然而，許多因生理或精神問題就醫的人，並未覺察到悲傷才是主因，這就需要醫生做診斷。一般的接案紀錄都會詳細詢問病人的歷史，但往往忽略了死亡及失落方面的資料可能和病人目前的問題有直接關聯。在接案時，詢問失落的歷史是很重要的。

未解決的悲傷反應是有跡可尋的。Lazare（1979, 1989）提出辨識未解決的悲傷的線索。只憑一個線索並不構成診斷，但是任何一個線索的出現，治療師都該慎重地考慮複雜性悲傷診斷的可能。

線索一

一談到逝者就感到無可抑制的強烈及鮮明的悲傷。一位 30 多歲的男性來談性功能失調的問題，接案會談中我詢問了有關死亡及失落的經驗，他告訴我說他父親過世了。當談到父親去世時，他顯得非常悲傷，讓我以為他的父親才剛去世；再談下去才知道，他父親已去世了十三年。接下來的治療中，我們探索了他未解決的失落，以及這失落與性功能失調的關係。所以，當一個人一談起失落便不能自已時，就可能是有未解決的悲傷。診斷時要注意的是，在失落發生多年後，是否還存在強烈且鮮明的悲傷。

線索二

看似無關之小事便引發強烈的悲傷反應。這通常是延宕的悲傷反應之線索。第 6 章中，將會談到一位年輕女子因朋友的嬰兒胎死腹中，引發了她持續的過度反應；這其實是她一直未曾哀悼自己在多年前的墮胎事件。

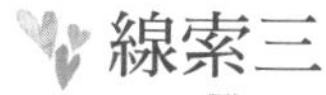

線索三

會談中出現失落的主題。在一個好的諮商或治療會談中，傾聽主題是很重要的，當主題與失落有關時，要注意是否可能有未解決的悲傷存在。

線索四

不願意搬動遺物。堅持將逝者居住環境維持原狀的人，很可能保有未解決的悲傷反應。但在做此判斷之前，要考量文化及宗教上的差異（Parkes, Laungani, & Young, 2015）。親人一過世就把他的衣物拋棄，也是哀悼出現困難的線索之一。

線索五

檢查疾病史時，發現病人曾產生類似逝者曾有的生理病症。通常症狀發生在每年的忌日或假期時，也可能在自己年齡到達逝者去世年齡時，或者是在到了與自己同性別父母去世年齡時，產生同樣的疾病。有位年輕女性在母親的忌日那天開始一段感情，她在團體中告白了這件事，卻出現心臟病發作的症狀。後來發現她的症狀和母親去世前的症狀相同。

當醫師看到病人呈現不清楚的生理症狀、很容易生病，或有慢性疾病行為出現時，要考慮是否有與悲傷相關的病因。簡單地詢問最近或過去的失落事件、對失落的感覺及調適的情形，如果病人會哭或是想哭，都是診斷是否仍有悲傷存在的重要線索。

線索六

親人死亡後，就做了重大的生活改變，或者不再和多年好友、世交來往，不再參與和逝者有關的活動；這都可能是未解決的悲傷的象徵。

線索七

長期的憂鬱，特別是持續的愧疚感及低自尊；或者相反地，在親人死後假象的愉悅，也是未解決的悲傷。

線索八

有模仿逝者的衝動，特別是這樣的模仿並非意識上的欲望，也不是競爭，而是出自想向逝者認同，以補償失落的需求。「就像一個害怕的小孩，必須在內心建立一個永恆的母親形象，一個成人的哀悼也必須內化，把他所愛的對象放入內心，才永遠不會失去他」（Pincus, 1974, p. 128）。這甚至包括模仿逝者以前一些不為自己接受的人格特質。經由模仿，生者試圖去修復被拒絕的感覺，並且得到補償。一位醫生的遺孀在她丈夫過世後不久就立即申請了醫學院。在治療中，她可以更清楚地衡量她的動機，最終放棄了申請。

線索九

自毀的衝動和行動。雖然有很多原因會引發自毀的衝動，但應該要考慮未解決的悲傷的可能性。

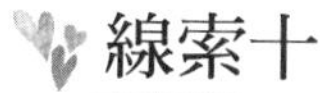

線索十

每年於固定的某段時間內有莫名的悲傷，也可能是未解決的悲傷反應。這樣的感覺可能在曾與逝者共享的時刻出現，如假期或紀念日。

線索十一

懷有對疾病及死亡的恐懼。通常與當初導致親人死亡的疾病有關。如親人死於癌症病因，而產生癌症恐懼，或者因親人死於心臟病，而過度擔心自己心臟病突發。慮病症就是其中一種類型；哀悼者相信自己持續生各種病，並且不斷去醫院報到，然而卻檢查不出這些讓他擔心的問題。

線索十二

了解死亡相關的細節，對於診斷是否有未解決的悲傷有很大的幫助。如果當事人曾遭遇重大失落，就一定要詢問他在失落事件發生當時的經驗。拒絕探訪墓地或參加葬禮及祭祀相關事宜，可能是因為有未解決的悲傷之故，也可能是當時缺乏家庭或其他社會支持等。

了解這些診斷複雜性哀悼的線索之後，我們可以來談談悲傷治療。然而，知所限制是重要的，我同意 Belitsky 和 Jacobs（1986）的提醒：

> 喪慟情況下的診斷應該要保守一點，以避免干涉正常的人性過程，及因專業處遇的介入而引發的其他副作用。（p. 280）

Jordan 和 Neimeyer（2003）在他們最近廣受討論的文獻中也再次提醒此點。

第 6 章要討論治療師可以使用哪些特定的治療技巧，以協助具複雜性哀悼的當事人解決悲傷，並完成哀悼的四項任務，進而有效地調適失落。

反思與討論

- 作者在本章中討論了他臨床經驗中許多複雜性哀悼的案例。哪些案例和你所接觸的人相似？哪些案例又和你接觸過的人差別最大？
- 在考慮不同的因素（人格、情境、歷史等等）時，是否有哪些並未發生在你的當事人身上？
- 作者指出了兩種有關於複雜性哀悼的主要對話和論戰：（1）研究的經費支持，以及（2）第三方支付治療。這種看法是否和你對複雜性哀悼的想法一致，還是挑戰了你的想法？你認為作者所描述 *DSM-5* 的五種有關於喪慟的重要變動影響了這些論戰嗎？
- 作者描述了四種臨床上對於複雜性哀悼的處理方式。你認為其中主要的差異何在？有哪些是你在臨床實務或是親朋好友身上見過的？

- 作者列出了十二項確認複雜性哀悼的線索。你在工作中見過哪幾種？你可以想到有哪些個人的未解決悲傷會有害於他所呈現的症狀？下一次你見到這個人時，你會做怎樣的介入？

參考文獻

Abraham, K. (1927). *Selected papers on psychoanalysis*. London, UK: Hogarth.

Belitsky, R., & Jacobs, S. (1986). Bereavement, attachment theory, and mental disorders. *Psychiatric Annals, 16*, 276–280. doi:10.3928/0048-5713-19860501-06

Boelen, P. A., & van den Bout, J. (2005). Complicated grief, depression and anxiety as distinct postloss syndromes. A confirmatory factor analysis study. *American Journal of Psychiatry, 162*, 2175–2177. doi:10.1176/appi.ajp.162.11.2175

Boelen, P. A., van den Bout, J., & de Keijser, J. (2003). Traumatic grief as a disorder distinct from bereavementrelated depression and anxiety. *American Journal of Psychiatry, 160*, 1339–1341. doi:10.1176/appi.ajp.160.7.1339

Boelen, P. A., van den Hout, M. A., & van den Bout, J. (2006). A cognitive-behavioral conceptualization of complicated grief. *Clinical Psychology: Science & Practice, 13*, 109–128. doi:10.1111/j.1468-2850.2006.00013.x

Bonanno, G., & Field, N. (2001). Examining the delayed grief hypothesis across 5 years of bereavement. *American Behavioral Scientist, 44*, 798–816. doi:10.1177/0002764201044005007

Boss, P. (2000). *Ambiguous loss: Learning to live with unresolved grief*. Cambridge, MA: Harvard University Press.

Bowlby, J. (1980). *Attachment and loss: Loss, sadness, and depression* (Vol. II). New York, NY: Basic Books.

Breen, L. J., & O'Connor, M. (2011). Family and social networks after bereavement: Experiences of support, change and isolation. *Journal of Family Therapy, 33*, 98–120. doi:10.1111/j.1467-6427.2010.00495.

Cerney, M. S., & Buskirk, J. R. (1991). Anger: The hidden part of grief. *Bulletin of the Menninger Clinic, 55*, 228–237.

Deutsch, H. (1937). Absence of grief. *Psychoanalytic Quarterly, 6*, 12–22.

Doka, K. (Ed.). (1989). *Disenfranchised grief: Recognizing hidden sorrow*. Lexington, MA: Lexington Books.

Doka, K. (Ed.). (2002). *Disenfranchised grief: New directions, challenges, and strategies for practice*. Champaign, IL: Research Press.

Doka, K., & Tucci, A. (Eds.). (2017). *When grief is complicated*. Washington, DC:

Hospice Foundation of America.
Freud, S. (1957). Mourning and melancholia. In J. Strachey (Ed. and Trans.), *Standard edition of the complete works of Sigmund Freud* (Vol. 14, pp. 237–260). New York, NY: Basic Books. (Original work published 1917)
Geller, J. L. (1985). The long-term outcome of unresolved grief: An example. *Psychiatric Quarterly, 57*, 142–146. doi:10.1007/BF01064333
Goldsmith, B., Morrison, R., Vanderwerker, L., & Prigerson, H. (2008). Elevated rates of prolonged grief disorder in African Americans. *Death Studies, 32*, 352–365. doi:10.1080/07481180801929012
Herrmann, N., & Eryavec, G. (1994). Delayed onset post-traumatic stress disorder in World War II veterans. *Canadian Journal of Psychiatry, 39*, 439–441. doi:10.1177/070674379403900710
Hofer, M. A. (1984). Relationships as regulators: A psychobiological perspective on bereavement. *Psychosomatic Medicine, 46*, 183–197.
Hogan, N. S., Worden, J. W., & Schmidt, L. (2004). An empirical study of the proposed Complicated Grief Disorder criteria. *OMEGA–Journal of Death and Dying, 48*, 263–277. doi:10.2190/GX7H-H05N-A4DN-RLU9
Hogan, N. S., Worden, J. W., & Schmidt, L. A. (2005). Considerations in conceptualizing complicated grief. *OMEGA–Journal of Death and Dying, 52*, 81–85. doi:10.2190/8565-3T0T-6JUD-4XKH
Horowitz, M. (2005). Meditating on complicated grief disorder as a diagnosis. *OMEGA–Journal of Death and Dying, 52*, 87–89. doi:10.2190/ALWT-JH33-6474-0DT9
Horowitz, M. J., Bonanno, G. A., & Holen, A. (1993). Pathological grief: Diagnosis and explanation. *Psychosomatic Medicine, 55*, 260–273.
Horowitz, M. J., Wilner, N., Marmar, C., & Krupnick, J. (1980). Pathological grief and the activation of latent self images. *American Journal of Psychiatry, 137*, 1157–1162.
Hughes, C., & Fleming, D. (1991). Grief casualties on skid row. *OMEGA–Journal of Death and Dying, 23*, 109–118. doi:10.2190/MME5-H8FG-1U7D-8JNY
Jacobs, S., Hansen, F., Kasl, S., Ostfeld, A., Berkman, L., & Kim, K. (1990). Anxiety disorders during acute bereavement: Risk and risk factors. *Journal of Clinical Psychiatry, 51*, 269–274.
Jordan, J., & McIntosh, J. (Eds.). (2010). *Grief after suicide: Understanding the consequences and caring for the survivors*. New York, NY: Routledge.
Jordan, J. R., & Neimeyer, R. (2003). Does grief counseling work? *Death Studies, 27*, 765–786. doi:10.1080/713842360
Kastenbaum, R. (1969). Death and bereavement in later life. In A. H. Kutscher (Ed.), *Death and bereavement* (pp. 27–54). Springfield, IL: C. C. Thomas.
Keyes, K., Pratt, C., Galea, S., Mclaughlin, K., Koenen, K., & Shear, M. (2014). The burden of loss: Unexpected death of a loved one and psychiatric disorders across the life course in a national study. *The American Journal of Psychiatry, 171*, 864–871. doi:10.1176/appi.ajp.2014.13081132
Kristensen, P., Weisaeth, L., Hussain, A., & Heir, T. (2015). Prevalence of

psychiatric disorders and functional impairment after loss of a family member: A longitudinal study after the 2004 tsunami. *Depression and Anxiety*, *32*, 49–56. doi:10.1002/da.22269

Lazare, A. (1979). *Outpatient psychiatry: Diagnosis and treatment*. Baltimore, MD: Williams & Wilkins.

Lazare, A. (1989). Bereavement and unresolved grief. In A. Lazare (Ed.), *Outpatient psychiatry: Diagnosis and treatment* (2nd ed., pp. 381–397). Baltimore, MD: Williams & Wilkins.

Parkes, C. M. (1972). *Bereavement: Studies of grief in adult life*. New York, NY: International Universities Press.

Parkes, C. M. (2006). *Love and loss: The roots of grief and its complications*. New York, NY: Routledge.

Parkes, C. M., Laungani, P., & Young, B. (2015). *Death and bereavement across cultures* (2nd ed.). London, UK: Routledge.

Paterson, G. W. (1987). Managing grief and bereavement. *Primary Care*, *14*, 403–415.

Pincus, L. (1974). *Death and the family: The importance of mourning*. New York, NY: Pantheon.

Prigerson, H. G., Bierhals, A. J., Kasi, S. V., & Reynolds, C. F., III, Shear, M. K., Newsom, J. T., & Jacobs, S. (1996). Complicated grief as a disorder distinct from bereavement-related depression and anxiety: A replication study. *American Journal of Psychiatry*, *153*, 1484–1486. doi:10.1176/ajp.153.11.1484

Prigerson, H. G., Horowitz, J. M., Jacobs, S. C., Parkes, C. M., Aslan, M., Goodkin, K., . . . Maciejewski, P. K. (2009). Prolonged grief disorder: Psychometric validation of criteria proposed for *DSM-V* and *ICD-11*. *PLoS Medicine*, *6*(8), e1000121. doi:10.137/journal.pmed.1000121

Prigerson, H. G., & Jacobs, S. C. (2001). Traumatic grief as a distinct disorder. In M. Stroebe, R. Hansson, W. Stroebe, & H. Schut (Eds.), *Handbook of bereavement research* (pp. 613–645). Washington, DC: American Psychological Association.

Prigerson, H. G., Maciejewski, P. K., Reynolds, C. F., III, Bierhals, A. J., Newsom, J. T., Fasiczka, A., . . . Miller, M. (1995). Inventory of complicated grief: A scale to measure maladaptive symptoms of loss. *Psychiatry Research*, *59*, 65–79. doi:10.1016/0165-1781(95)02757-2

Prigerson, H. G., Reynolds, C. F., III, Frank, E., Kupfer, D. J., George, C. J., & Houck, P. R. (1994). Stressful life events, social rhythms, and depressive symptoms among the elderly: An examination of hypothesized causal linkages. *Psychiatry Research*, *51*, 33–49. doi:10.1016/0165-1781(94)90045-0

Prigerson, H. G., Shear, M. K., Jacobs, S. C., Reynolds, C. F., III, Maciejewski, P. K., Davidson, J. R., . . . Zisook, S. (1999). Consensus criteria for traumatic grief: A preliminary empirical test. *British Journal of Psychiatry*, *174*, 67–73. doi:10.1192/bjp.174.1.67

Randall, L. (1993). Abnormal grief and eating disorders within a mother-son dyad. *British Journal of Medical Psychology, 66*, 89–96. doi:10.1111/j.2044-8341.1993.tb01730.

Rando, T. A. (1993). *Treatment of complicated mourning*. Champaign, IL: Research Press.

Rando, T. A., Doka, K., Fleming, S., Franco, M. H., Lobb, E. A., Parkes, C. M., & Steele, R. (2012). *OMEGA–Journal of Death and Dying, 65*, 251-255. doi:10.2190/OM.65.4.a

Rosenman, S. J., & Tayler, H. (1986). Mania following bereavement: A case report. *British Journal of Psychiatry, 148*, 468–470. doi:10.1192/bjp.148.4.468

Sahakian, B. J., & Charlesworth, G. (1994). Masked bereavement presenting as agoraphobia. *Behavioural and Cognitive Psychotherapy, 22*, 177–180. doi:10.1017/S1352465800011966

Shear, M. K. (2010). Complicated grief treatment: Theory, practice, and outcomes. *Cruise Bereavement Care, 29*, 10–14. doi:10.1080/02682621.2010.522373

Shear, M. K. (2011). Bereavement and the *DSM-V*. *OMEGA–Journal of Death and Dying, 64*(2) 101–118. doi:10.2190/OM.64.2.a

Shoor, M., & Speed, M. N. (1963). Delinquency as a manifestation of the mourning process. *Psychiatric Quarterly, 37*, 540–558. doi:10.1007/BF01617752

Simos, B. G. (1979). *A time to grieve*. New York, NY: Family Service Association.

Vaillant, G. E. (1985). Loss as a metaphor for attachment. *American Journal Psychoanalysis, 42*, 59–67. doi:10.1007/BF01262792

Weisman, A.D. & Worden, J.W. (1980). Psychological screening and intervention with cancer patients. Boston: Project Omega, Harvard Medical School, Massachusetts General Hospital.

Wilsey, S. A., & Shear, M. K. (2007). Descriptions of social support in treatment narratives of complicated grievers. *Death Studies, 31*, 801–819. doi:10.1080/07481180701537261

Worden, J. W. (1982). *Grief counseling and grief therapy: A handbook for the mental health practitioner*. New York, NY: Springer Publishing.

Worden, J. W. (1991). *Grief counseling & grief therapy: A handbook for the mental health practitioner* (2nd ed.). New York, NY: Springer Publishing.

Worden, J. W. (1996). *Children & grief: When a parent dies*. New York, NY: Guilford Press.

Worden, J. W. (2001). *Grief counseling and grief therapy: A handbook for the mental health practitioner* (3rd ed.). New York, NY: Springer Publishing.

Worden, J. W. (2009). *Grief counseling & grief therapy: A handbook for the mental health practitioner* (4th ed.), New York, NY: Springer Publishing.

Worden, J. W. (2017). Forms of complicated grief. In K. Doka & A. Tucci (Eds.), *When grief is complicated* (pp. 17–29). Washington, DC: Hospice Foundation of America.

Zisook, S., & DeVaul, R. A. (1977). Grief-related facsimile illness. *International Journal of Psychiatry Medicine, 7*, 329–336.

／第6章／

悲傷治療：解決複雜性哀悼

悲傷治療的目標稍異於悲傷輔導。後者是針對近期喪親的人，催化他們完成哀悼的任務，好對失落做出較佳的調適；前者則是針對那些悲傷反應過長、延遲、過度或轉換成身體症狀的人，來辨認與解決阻礙完成哀悼的分離衝突。

悲傷治療最適用於下述四種情境之一或合併的狀況：（1）複雜性悲傷反應呈現出過長的悲傷；（2）呈現出延宕的悲傷；（3）呈現出誇大的悲傷反應；（4）呈現出某些偽裝成身心或行為症狀的反應。茲個別簡述於後。

慢性化的悲傷可定義為脫離了該文化對悲傷症狀所規範的長度及強度（Stroebe, Hansson, & Stroebe, 2001; Stroebe, Schut, & van den Bout, 2013）。當事人意識到此困難，因他們的悲傷在數月或數年後仍未獲得適當解決。通常這類反應的背後都有一個分離衝突，導致哀悼任務無法完成。這種情況下，求助者常自覺問題的存在而主動求助。治療主要部分包括確定哪一項悲傷任務尚須完成，並探討阻力為何，再進一步去處理。了解第3章列出的影響哀悼的要素，有助於我們找出阻力所在。

延宕的悲傷並非意味缺乏悲傷。當事人可能在事發之初有過情緒反應，但針對失落的強度反應不足。有時是因為缺乏社會支持、社會認可，或必須為其他人表現堅強，或被眾多失落擊潰，方寸大亂。比如一位當事人在 10 歲時目睹全家被敵軍槍殺，因為失落的巨大和情境的恐怖，他當時的悲傷反應甚微，直到多年後，當他 54 歲時，一個新近事件才引發他壓抑多年的痛苦。治療的安全環境容許他再去探索早年的失落，並逐步調節內心之慟。

誇大的悲傷是一種因摯愛死亡所引發的特殊心理或精神疾患。雖然喪慟者所經驗的情感是失落後所常見的，但其程度強到失去功能且須治療。比如失落後的低沉沮喪是正常的，但若演變成重鬱就符合誇大的悲傷。同樣地，親友喪亡之後感到焦慮也屬正常，但若演變成焦慮疾患，如恐慌症、恐懼症、廣泛焦慮症等，也是屬於誇大悲傷之例。此類的案例呈現過度憂鬱、過度焦慮，或其他正常悲傷行為的誇大，以致當事人失去功能或表現符合精神異常的診斷。一旦症狀（如臨床憂鬱）經藥物或臨床處遇改善後，即可開始處理悲傷治療中分離衝突的課題。

其悲傷偽裝成身心或行為症狀的這類當事人，通常並未察覺其症狀背後的導因正是未解決的悲傷。然而，如第 5 章所述，一個外圍枝節的診斷，反映出早期失落所帶來未解決的悲傷，往往才是真正的罪魁禍首。這種複雜性悲傷反應通常因為事發當時，當事人缺乏悲傷或悲傷的表達被禁止，導致這從未完成的悲傷日後藉身心或行為症狀浮現。

 悲傷治療的目標與方式

悲傷治療的目標是解決分離衝突，並加強對死亡的調適。要解決分離衝突，當事人必須先經驗他一直逃避的念頭和感受。治療師須提供所需的社會支持，此乃成功完成悲傷工作所必需的。尤其

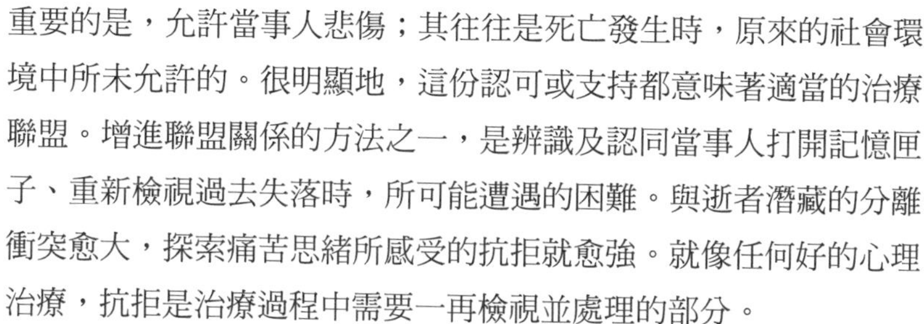

重要的是，允許當事人悲傷；其往往是死亡發生時，原來的社會環境中所未允許的。很明顯地，這份認可或支持都意味著適當的治療聯盟。增進聯盟關係的方法之一，是辨識及認同當事人打開記憶匣子、重新檢視過去失落時，所可能遭遇的困難。與逝者潛藏的分離衝突愈大，探索痛苦思緒所感受的抗拒就愈強。就像任何好的心理治療，抗拒是治療過程中需要一再檢視並處理的部分。

悲傷治療通常以一對一的方式在會談室內進行，然而這並不表示悲傷治療不能以其他形式進行，如團體治療，特別是當事人在進行團體治療的過程中若出現未解決的悲傷主題，即可及時處理。針對複雜性悲傷，Wagner、Knaevelsrud 和 Maercker（2005）在德國已發展出一套透過網路治療的方式。他們在一篇有趣的論文中提出案例，並且列出網路治療的技巧和限制。

悲傷治療的第一步是和當事人在一個有時限的基礎上建立契約。治療師通常設定八至十次會談，來和當事人共同探討失落的意義，以及其與目前痛苦、困擾的關係。就我的經驗，如果未解決的悲傷反應是聚焦的，且沒有不尋常的併發問題，通常八至十次會談即可獲得解決。一般是一週一次會談，但更密集的會談有時更有效。Shear 及 Gribbin-Bloom（2016）為經驗了複雜性喪慟的人，發展出一個十六次會談的療程。

偶爾，在約定的悲傷治療系列會談當中，有些更嚴重的潛在病態問題會浮現，其重要性需要延長悲傷治療的時間來處理。Simos（1979, p. 178）指出：「對於神經質的依賴性人格類型個案，專家的心理治療除了需要處理悲傷反應，也要處理潛在的人格疾患。」最好在首次會談中過濾共病症，以辨識出任何阻礙短期悲傷治療的潛在病態部分，如嚴重的憂鬱、焦慮疾患、創傷，或人格疾患。治療者也可能在例行的心理治療過程中，發現未解決的悲傷議題。在這種情況下，悲傷治療可能在更長的心理治療脈絡下進行。

很重要的是，悲傷治療如同其他的短期心理治療，治療者必須有足夠的知識基礎，好讓會談充分聚焦。當事人表達抗拒的方法之一是脫離重點，而漫談一些與悲傷無關的話題。治療者須提醒當事人當前的任務，並探討對方逃避、抗拒的是什麼。一位女性在兒子突然過世兩年後來尋求治療。她同意為期八週的短期悲傷治療，而在第三次會談後，她開始抱怨先生對待她的方式。我提醒她這八週將聚焦在兒子的死亡，待完成後也樂於為他們夫妻進行婚姻諮商。最終我們並沒有做婚姻諮商，因為她只是用婚姻中的不快樂來迴避自己逐漸意識到的對兒子的憤怒。

悲傷治療的程序

好的治療就像藝術，無法量化。但如能將治療程序一一條列，應有助於治療者遵循。這些程序可依治療者個人的理論架構及專業能力而自行運用。

排除生理上的疾病

如果當事人有生理症狀，首先應排除該症狀是否為疾病肇因。雖然有些症狀看似等同悲傷反應，但並非所有症狀皆然。如果悲傷治療開始的主要問題是身體症狀，必須先確定並排除身體上的疾病才可進行。在悲傷輔導中，對當事人身體症狀的主訴亦不能掉以輕心。

設立合約與建立同盟關係

當事人須同意探索他在先前失落中與其他人的關係。治療者要強化當事人的信念，也就是說，這種探索是值得的、有益的。對有些當事人我們需要提供更多有關於悲傷以及悲傷治療工作的教育。要牢記悲傷治療是短期治療且有特定焦點。除非直接影響目前的喪慟反應，才有探索過去關係的必要。

翻新對逝者的記憶

讓當事人談逝者——他是個怎麼樣的人、當事人對他的回憶、他們在一起享受過的美好時光等等，一開始，以一些正向的回憶為基礎十分重要，因為如此可以幫助當事人日後也去經驗那些不見得是正向的回憶。有了平衡，才能讓當事人接觸這些負面的部分。因此，早期會談中有很多時間用來談逝者，特別是他的優點和正向特質、彼此擁有的愉快回憶等，逐漸再進入關係中較矛盾的部分。第4章論及的技術可以在此運用——「你最懷念他的是什麼？」「你最不懷念他的是什麼？」「他如何讓你失望？」最後，引導當事人去討論傷害、憤怒及失望的回憶。如果當事人來治療時是從負面感受開始，上述的過程可以顛倒，正向的回憶和情感即使很少，也需要被喚醒。

如果有多重失落，需要個別逐一處理。一般而言，最好從較不複雜的開始。例如，一個20多歲的女性因兩個兄弟自殺而尋求治療。當探討這兩個失落時，她發現第一個自殺的兄弟是她依附最深、關係中也有最多未竟之事的人。雖然我們逐一處理兩個兄弟的自殺事件，她事後回饋說，能處理第一個失落中的憤怒和內疚，帶給她最大的釋放感。

評估哀悼任務中，哪一項是當事人當前的困難

如果困難的是第一項任務（接受失落的事實），且當事人常試著自我安慰：「我不會讓你死的」或「你沒死，只是暫時離開」，在這種情況下，治療重點在協助當事人接受逝者已死的事實，而非緊抱著逝者不放。很重要的是須深究在失落的哪個層面發生困難，使得當事人無法相信逝者永不再返；這通常會在與逝者依附關係的本質中找到解答。

如果問題出在第二項任務（處理悲傷的痛苦），也就是當事人雖接受死亡的事實，卻無法在情感上表達。此時治療應協助對方安全地感受對逝者同時擁有的正向及負面情緒，並且能達到一個平衡。完成第二項任務的主要工作是為當事人和逝者的關係重新定位，如「他是愛我的，只是因為上一代的教養方式讓他無法表達」。

當第三項任務出現困難（外在調適）時，悲傷治療的主力放在問題解決上——藉由角色扮演，教導當事人嘗試新的技巧，發展新的角色，以克服他的無助感，鼓勵其重拾生活。如一位新寡的少婦瑪格麗特在丈夫生前常同去一家酒館，坐在鋼琴台附近應和著唱歌，這是兩人享受的時光。但丈夫去世後三年，她還是鼓不起勇氣再去這家酒館。倒不是害怕觸景傷情，而是她自覺社交技巧不足以單槍匹馬地去應付酒館的場合。治療中有一部分是協助當事人重新學習這些社交技巧，由角色扮演開始，然後面質她所恐懼的活動。我猶記得事後當她告知在多次失敗後，終於成功地「一人行」時，她的快樂溢於言表。

若當事人企圖在失落中尋求意義（第三項任務的最後兩部分：內在與心靈），治療師可在尋求的過程中協助當事人。同樣地，也可協助病人探討失落如何影響他的自我。對想要把失落的意義整合到當下生活的當事人，Robert Neimeyer 的《走在失落的幽谷：悲傷因應指引手冊》（*Lessons of Loss: A Guide to Coping*）（2003）一書是個好資源，值得參考。

最後，如果第四項任務有困難，治療師可協助當事人和逝者找到某種持續的連結，然後能自由地重新開拓新生活，耕耘新的關係。這包括允許當事人停止悲傷、認可新建立的關係，以及協助當事人了解開展新生活並不會冒犯對逝者的回憶。

處理因回憶引發的情感或缺乏情感

經常當事人在悲傷治療的過程中開始談及逝者時，描述會言過其實，如「世上最好的先生」等等。在剛開始時，治療師須容許當事人做類似的陳述，但這種描述出現時，背後常有許多隱藏的憤怒，唯有先引導當事人面對他對逝者較矛盾的情緒，進而協助他接觸內心的憤怒，才有逐步修通憤怒的可能。一旦憤怒被指認出來，當事人也需要了解，憤怒並不抹殺他對逝者的好感，反而正代表逝者在他心中的分量。

我前面提到那位兒子在空難中喪生的母親即是如此。她先誇大其詞地介紹她兒子是頂尖的軍校生，是常春藤聯盟畢業的高材生，是天下最棒的兒子。然而，在治療中，她慢慢看到自己內心其實也有矛盾。終於她意識到並分享在兒子去世前不久，他做了一件令她極為不悅的事，而她的憤怒一直被壓抑著。治療的功能之一，就是讓她再經驗心中的憤怒，同時接受對逝者的正、負向情感可以並存且不須互斥，治療也幫助她向兒子表達這兩種情感。

另一位年近 30、尋求心理治療的女性個案羅拉，情況亦雷同；在治療的過程中顯示似乎她和父親有未竟事宜。她的父親在她 12 歲時去世。同樣地，她也將父親描述得十全十美——世上最好的；正因為她無法面對潛藏的強烈憤怒，才需要極力強調對父親的推崇及愛戴。治療期間，她曾回中西部老家看看。有一次的會談正好在她父親的忌日，她的憤恨與怒氣傾巢而出。她說他的死毀了她一生，她從可愛的鄉下搬到城裡，還得和兄弟共一寢室。她對父親的憤怒不自覺地被壓抑了多年，卻是引導她進入治療的潛在因素；雖然當初求助的原因是失功能的行為。須提醒的是，處理憤怒後，不要忘了讓當事人整合並平衡正負向極端的情緒。

當死亡伴隨暴力時，當事人或許只關注死亡痛苦的部分，且經驗到的多為負面和困擾的感受（Rynearson, 2001, 2006; Rynearson, Schut, & Stroebe, 2013）。此刻的目標是協助當事人找到對逝者較正向和安慰的記憶。或許得從當事人在事件中最困難的影像開始，透過影像暴露及修復式的再敘述，配合系統減敏感法來化解這些影像所帶來的痛苦。另一種有效的方法是透過 EMDR（eye movement desensitization and reprocessing，眼動減敏歷程更新）的技術，來消減負面影像，並注入正向影響。受此模式訓練的人，可運用該方法化解與死亡相關的創傷記憶，減少該記憶所引發的情感強度（Solomon & Rando, 2007; Sprang, 2001）。

我曾和一位父親工作，他 16 歲的兒子開槍自戕了。他在車庫中發現死去的兒子。他對兒子的記憶纏繞在發現死亡的場景。他再也無法回復對兒子的正向記憶。做了幾次眼動減敏歷程更新（EMDR）之後，他能夠回想起對兒子的正向記憶，有些還讓他笑開懷，他已經有好一段時間沒有經驗這樣的情感了。

另一種常因回憶逝者而引發的情緒是愧疚（此處所指的回憶是對去世多年的親人的記憶；記住我們現在談的是悲傷治療，而非悲傷輔導）。當事人談到逝者，他逐漸意識到原本關係中的愧疚感。一經指認，下一步應協助對方用現實感來檢視其愧疚。急發性悲傷亦然，愧疚感常常都是非理性且禁不起現實檢驗或認知評估的。

有些愧疚卻是真實的。一個年輕母親凱倫的6歲兒子死於一種長期且複雜的疾病，她一直為自己沒能在最後一次住院期間，在醫生和兒子間好好抉擇而深感自責。這份愧疚感持續了七年。治療有一部分就是幫她認清自己的愧疚感是否真實，然後藉由心理劇，求得兒子的寬恕並諒解她有無能為力的地方。在催化上述過程時，可運用某些角色扮演和想像的技巧，如利用兩把椅子，讓當事人從雙方角度出發，和逝者來回完成對話。

雖然多數哀悼者會表達情感，但並非人人都做得到。新近出現關於缺乏表達情感是否健康的討論。該爭論受到某些研究發現的影響——即早期表現出強烈感情的人，往往到喪慟後期亦如此（Bonanno, 2009; Wortman & Silver, 2001）。我須再次強調，悲傷是一多面向的現象，且個別差異很重要。情緒少可能是和逝者依附薄弱，也可能是逃避情感，拒絕面對死亡對個人的衝擊。逃避情感可能有助於處理死亡的創傷成分，特別在暴力死亡的情境之下。也有些人不表露悲傷是因為以往受傷時，周遭的人向來不聞不問。無論哀悼者經驗到的情感為何，治療師要能協助他們找到一種表達方式，避免導致他們在日常生活中明顯及持續的失功能（Prigerson & Maciejewski, 2006）。調節（dosing）情感是很有幫助的概念（Stroebe & Schut, 1999）。

探索並化解連結物

在悲傷治療中，有時當事人的連結物正說明了哀悼的未獲解決。所謂「連結物」是一些象徵性的外在物件，讓生者藉以維繫和逝者的關係；這是精神科醫師 Vamik Volkan（1972）首先提出來的，他發表過不少病態悲傷方面的文章。

關注並了解上述現象很重要，因為這些物件可能阻礙悲傷過程的完成。在死亡發生後，哀悼者可能把情緒投注在某些無生命但具象徵性的物件，藉之繼續和逝者連結。大部分的當事人或多或少也對連結物的象徵意義有所了解——雖然未必理解這完全是象徵。一般來說，連結物選自下列四類：（1）逝者穿戴的所有物，如一隻錶、一件首飾；（2）逝者用來延伸他感官知覺的物件，如照相機——代表視覺的延伸；（3）能代表逝者的物件，如相片；（4）當獲知噩耗（見到逝者遺體或聽聞死訊）時手邊的一件東西（Volkan, 1972）。

比如一位年輕女性唐娜，在母親因癌症病逝前，她一直隨侍在側。就在母親嚥氣的當下，她開始強迫性地在母親的珠寶箱中搜索，尋找她想要保存的遺物。當母親去世後，她始終戴著同一件首飾，取下即感到不安。後來當她逐漸走過悲傷，也就愈來愈不需要佩戴那些母親的首飾了。Volkan（1972）認為，這些連結物是用來消除分離焦慮的，也似乎代表戰勝失落。他認為，連結物標示出逝者和哀悼者之間彼此心靈界限模糊之處，彷彿二者的某部分藉使用外在有形的連結物永久地合而為一。

對生者而言，他隨時隨地需要知道連結物的所在。有一位當事人隨身攜帶一個小布偶，他和去世的太太曾為這個小布偶命名，且出外旅行時一定隨身帶著。有次當他出差回家的路上，突然發現小

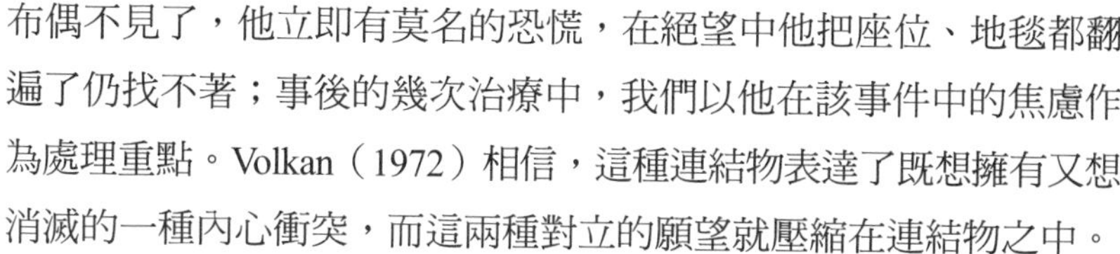

布偶不見了，他立即有莫名的恐慌，在絕望中他把座位、地毯都翻遍了仍找不著；事後的幾次治療中，我們以他在該事件中的焦慮作為處理重點。Volkan（1972）相信，這種連結物表達了既想擁有又想消滅的一種內心衝突，而這兩種對立的願望就壓縮在連結物之中。

連結物類似兒童在離開父母時所需要的暫時轉換物，比如當他們漸漸長大，會緊抓著一條毯子、一個小布偶，或其他東西作為安全感的來源，這正代表他們從依賴父母提供安全到脫離父母自立的一個過渡期；大多數的孩子長大後就不再需要過渡期的轉換物了。然而，對那些尚未脫離轉換物的人而言，一旦失去，所引發的內心焦慮和騷動是難以言喻的。

一位當事人在丈夫過世後將他所有的衣物送走，只留了兩、三件當初她親自挑選後送他的，這些衣服代表了兩人共度的美好時光。藉由保留這些衣物，她也可以逃避去觸碰兩人在一起時的痛苦歲月。治療中，她體認到這些連結物的功能之一正是如此。

有時，連結物有別於紀念品。大多數人都保有逝者的某件東西作為紀念，而連結物所具有的意義遠超過此。如前所述，一旦遺失連結物，引起的焦慮是極強烈的。Volkan（1972）曾提到，他的一位個案在一次車禍中倖存，卻千方百計回到現場，只為找尋車禍當時他所隨身攜帶的連結物。最後，在那次嚴重車禍的殘骸中唯一尋回的就是他的連結物。

治療者可以問當事人保存了逝者的哪些東西，如果發現有使用連結物的傾向，在治療中討論這一點很重要。如同 Volkan 一樣，我會鼓勵當事人在治療會談時將這些東西帶來，如此有助於催化哀悼的過程，並指出讓他們卡在悲傷歷程的主要衝突。有趣的是，當他們完成治療後，常不需外人建議，便自動將那些早先投注無限意義的連結物放在一旁，甚或送人。有一個當事人每次離家時，都須攜帶丈夫生前寫給她的信。在治療進行中，她主動停止了這種做法。Field、Nichols、Holen 和 Horowitz（1999）認為，這樣的改變是從對逝者所有物的依附，轉為透過美好記憶的依附，來維繫一種比較健康形式的連結。

臨床上，我偶爾會看到當事人保留逝者出事時的衣物，表現出另一種轉換客體的行為，特別是意外亡故的情況。一位婦人在先生意外去世後，一直保存他當時穿的夾克，直到她能修通內心的悲傷後才放手。在哈佛兒童喪親研究中，一個 9 歲的男孩在父親過世後的一年內，無時無刻不戴著父親的棒球帽，連睡覺都不脫下。一年後，他較少戴著帽子，但仍將帽子掛在床邊。第二年後，他將帽子放進衣櫥不再戴著。

另一對夫婦膝下無子女，視一個玩具蝦為至寵，並為之取名，其成為他們的寵物。後來這位先生自殺身亡，太太每晚必將玩具蝦放在枕下才能安眠。經過一段悲傷治療後，她逐漸可將玩具蝦放在抽屜中。玩具蝦代表了他們共度的快樂時光，但她已不需靠它提供安慰。其實這位婦人和先生的關係充滿矛盾，而治療很重要的一部分是協助她更了解這種矛盾，以便善加處理。

承認失落的終結性

雖然多數人能夠在幾個月內就接受逝者永不復返的事實，但有不少人始終拒絕接受事實，而幻想逝者仍有重返的一天。Volkan（1972）稱之為重逢的長久盼望。治療者須協助當事人評估為何他們拒絕接受永恆失落的理由。

一位年輕女性來自一個非常清教徒式的嚴格家庭，父親過世時她已成年。父親去世五年後，她仍不願面對與父親天人永隔的事實；因為父親的離去，她必須開始自己做決定，並面對自己的衝動、需要，這令她害怕。她逃避做選擇，在某個層面上幻想父親仍在身旁，為她操盤並從外約束監控她的行為。透過使用空椅法，她可以與往生的父親交談，我們提高了她對這種衝突的覺知。漸漸地，她可以放手，為了自己的選擇承擔責任。在治療結束時，她寫了一封信給父親，在墓地讀給他聽，然後把信留在那裡。

協助當事人規劃一個沒有逝者的新生活

謹守第三項任務（適應一個沒有逝者的世界）以及雙重歷程模式中的復原取向可協助當事人聚焦於個人目標。Shear（2017）提出一個我認為有用的技術：治療師讓當事人想像，一旦他們的悲傷被神奇地移走，他們會想為自己要些什麼，然後找出沒有逝者也能完成的新生活目標。我曾經詢問一位年輕新寡的婦女這個問題——她的丈夫死於漫長且失能的疾病，兩人關係親密。對於她的悲傷，我們努力了一年，協助她調適成為兩個青少年兒子的單親媽媽。當兒子離家上大學時，她更形孤單，也讓悲傷加重。最後，她終於看到一個願景——早年從商的心願因早婚而無法實現。她的躍躍欲試是可以理解的，因為這是喪夫後她第一次能看到新生活的框架。

評估並協助當事人改善社會關係

另一個復原焦點和第三項哀悼任務的目標是協助當事人強化與改善社會關係。許多喪慟者會遠離友人，因他們感到不被了解，同時被催促儘快地收起他們的悲傷。有時友人也對哀悼者的悲傷感到不安，他們因不知所措以致不再連繫或逐漸疏遠。有些喪夫者以前和先生參加社交活動，如今落單而無法自在地出席。喪慟者經常覺得被烙印或自我烙印。治療中探索當事人對朋友的失望，並藉由角色扮演和一些小步驟鼓勵他們開始和友人接觸，且坦誠地表達他們的失望，以及他們對彼此關係發展的新希望。有時他們會找到有類似失落經驗的人而結交新朋友。Shear（2017）稱之為*重建連結*（rebuilding connection）。一些喪慟的個人和配偶，與經歷過類似失落的他人建立了新友誼。

協助當事人處理結束悲傷的幻想

治療中有幫助的一個步驟是讓當事人想像一旦走過悲傷後，他們會是如何或是有何盼望。他們若是放棄悲傷會失去什麼？這樣簡單的問題卻常能帶出有意義的發現。有些人害怕如果放棄悲傷就會遺忘了逝者（Powers & Wampold, 1994）。他們必須找到和逝者持續保有連結以及適當紀念逝者的方法；發展出與失去的摯愛持久的連結。也有人是害怕撤回悲傷會引人非議，認為他們不夠在乎死者。這種想法需要接受現實檢驗。

悲傷治療的特殊考量

有幾項特殊議題是進行悲傷治療時必須注意的。第一，*悲傷工作完成後*，重要的是當事人的狀況應較治療前為佳。如果未解決的悲傷下存在的問題是未表達的憤怒情緒，那關鍵點是當事人不致因指認出並感受到憤怒而內疚。如果治療者只是挖掘、引發情緒，而未能妥善處理，則對當事人反而有害，甚至經驗到由追溯憤怒所帶

出的憂鬱。

第二，限制過度的情緒發洩出來的議題。Parkes（2001）提及，悲傷治療可能打開當事人的情感柵欄，而釋放過分激烈的情緒；但在我的臨床經驗卻不常發生這種問題。雖然，在治療中，當事人可能經驗深層與強烈的悲傷及憤怒，但多數當事人可以為這些情緒找到必要的界限，並在可接受的限制內，做適度的宣洩。然而，這部分的狀況仍需持續關注。我用主觀困擾單位量表（Subjective Units of Distress Scale, SUDS）來觀測情緒的強度和解決狀態。SUDS 是針對當事人提出的某項特定情緒的主觀報告，強度從 0（無）到 10（個人想像某特定情緒的最高分）的量表。我也發現「調節感受」（“dosing” feelings）的概念——或鼓勵當事人每一次只處理當下所能負荷的，然後跳開，等稍後再處理——對有些當事人有效，其讓當事人感受到對情緒的掌控而非被其威脅淹沒。悲傷治療中的雙重歷程模式取向，會鼓勵當事人在悲傷的深層感受移動（第二項任務），和重新聚焦於重建自我世界必須完成的事件（第三項任務；Stroebe & Schut, 1999, 2010）。這和治療師忍受悲傷強烈反應的能力有關，而此能力事關治療的成敗。

第三，協助處理悲傷治療中常有的尷尬。如果當事人在治療中首次接觸多年從未好好處理的失落，他們所感受的悲傷則彷彿是初次且強烈的——在社交關係中，這常讓他們覺得難堪。有一個當事人是位年輕女性，在大學任講師，雖然她父親死了八年，但她的悲傷一直未妥善處理。治療中，她感受到前所未有的哀痛。在學校工作時，同事都關心地問她：「怎麼了？妳看來這麼難過，像是有親人去世一般。」而當她回答父親已經去世多年時，覺得自己十分愚蠢與難為情。所以，最好能事先提醒當事人，在他／她的社交關係中，或許也會遇到類似的尷尬，但他們可以應付得了。有時徵得當事人的同意，我會通知同住的家屬，告知當事人在接受悲傷治療，可能有新近的悲痛反應。如此亦可提醒家屬了解可能的行為改變，並避免一些不必要的誤會。

大部分悲傷治療是在個別會談中進行，但有經驗的合格治療師也有以團體治療的方式為之。McCallum、Piper、Azim 和 Lakoff（1991）以心理動力模式針對複雜性悲傷提供短期喪慟團體治療。在荷蘭，Schut、de Keijser、van den Bout 和 Stroebe（1996）對住院病人提供的團體悲傷治療計畫也有好的效果。關於喪慟團體更多的訊息，見本書第 5 章；也可參考 Hoy（2016）。

技巧和時機

對我而言，悲傷治療中一項非常有用的技巧，是完形治療中常用的*空椅法*（Barbato & Irwin, 1992）。除了讓當事人和我談逝者以外，我發現，能讓他們直接以現在式和逝者對話十分重要；*對逝者說話*比和我*談及逝者*更有影響力（Polster & Polster, 1973）。我在辦公室準備了一張空椅子，並且讓當事人想像逝者就坐在那，然後，請當事人直接把對死亡及他們之間關係的想法、感受都告訴對方。只要把過程介紹解釋清楚，從來沒有一位當事人拒絕嘗試。即使是最猶疑的當事人，稍經鼓勵也會同意。這是一個很有力的技巧，可以用來完成未竟事宜，或處理愧疚和遺憾。如果讓當事人換椅子*為逝者說話*或*代逝者回話*，則可增加該技巧的力道。但如同其他心理治療的技巧，治療師必須有足夠的訓練才去嘗試。不過，這對思覺失調、邊緣性人格的個案是明顯不適用的。

另外一個由 Melges 和 DeMaso（1980）介紹的技巧也有相似之

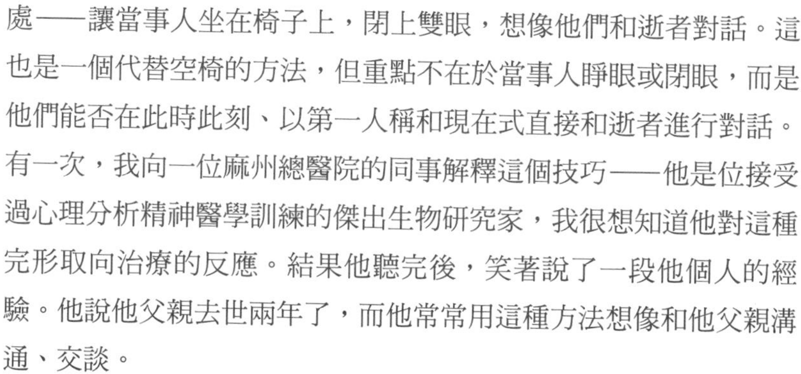

處——讓當事人坐在椅子上，閉上雙眼，想像他們和逝者對話。這也是一個代替空椅的方法，但重點不在於當事人睜眼或閉眼，而是他們能否在此時此刻、以第一人稱和現在式直接和逝者進行對話。有一次，我向一位麻州總醫院的同事解釋這個技巧——他是位接受過心理分析精神醫學訓練的傑出生物研究家，我很想知道他對這種完形取向治療的反應。結果他聽完後，笑著說了一段他個人的經驗。他說他父親去世兩年了，而他常常用這種方法想像和他父親溝通、交談。

另一種技巧是運用心理劇的角色扮演。有時，我讓當事人扮演他們自己以及去世的人，相互對話，一直到某件衝突獲得解決。運用逝者的照片也可幫助催化治療的目標。當事人可將他最喜愛的照片帶來，然後藉著照片觸發回憶與情感；偶爾也可用照片為焦點，以現在的語氣和逝者交談。

家庭作業在悲傷治療中也是有用的。出家庭作業的做法在其他治療中也常使用到，特別是完形治療及認知治療。家庭作業讓當事人將治療的受益處延伸到治療間隔的期間，治療可因此更有效而縮短，較短期的治療特別如此。家庭作業並無限制，通常是監測情緒以及關注引發情緒的認知想法。寫給逝者的信可在家完成，然後帶到會談中分享。惟須注意兩點：一是要鼓勵做家庭作業，讓當事人知道為何你要他們在家完成此特定任務；二是要追蹤作業的完成情形，若沒有後續詢問，當事人會認為不重要而不去完成。

不論哪一種技巧，時機都很重要，治療師需要充分掌握處理的時機；如果當事人心理尚未準備好，鼓勵他表達情緒將徒勞無功，時機未成熟時做的解析也是無效的。訓練心理治療師如何算準治療介入時機，永遠是件難事。在悲傷治療中，因為處理內容的敏感性以及合約具有時限性，我只能再三強調時機的無比重要性。

 悲傷輔導與治療中有關夢的處理

喪慟者的夢通常和哀悼過程同步，也常反映出當事人卡住的哀悼任務。輔導中的策略之一是將夢和這些任務做連結，夢見逝者栩栩如生，醒來才驚覺故人永不再返，這樣的夢多半是第一項哀悼任務不全的表徵。夢也可以重新定義與逝者的關係（Belicki, Gulko, Ruzycki, & Aristotle, 2003）。

夢的研究顯示，夢可以協助哀悼者整合混亂的情感，即第二項任務——處理悲傷的感受。內疚、憤怒、焦慮情緒都是失落後常見的經驗，太過強烈的感受可能造成喪慟者個人的功能障礙。

一位女士在母親去世後經歷了嚴重的內疚感。雖然她每天都去醫院，但有一次她離開床邊去吃點東西，她的母親就去世了。她為了母親的死責備自己。在夢中，她嘗試用身體支撐她母親站立，但她無能為力，母親還是倒下了。這個夢讓她意識到她當時的絕境，無法讓她母親起死回生，而這是她那段時間以來一直在逃避的事實。

創傷性死亡會引發記憶閃現和過度警覺行為，夢在這方面的整合作用有時是個人在清醒狀態下無法完成的。

適應一個沒有逝者的環境（第三項任務）可能讓哀悼者苦於面對許多待解決的問題。常有人夢見逝者回來，針對生活難題提出忠告。這可以協助遺族降低焦慮，看到可能的解決之道。創造意義也是第三項任務的重要部分，夢可提供管道，讓喪慟者了解失落的意義。

在失去逝者後，許多困在第四項任務的哀悼者不知如何繼續往後的生活。一位年輕的先生在太太猝死後，無法和女性建立關係，

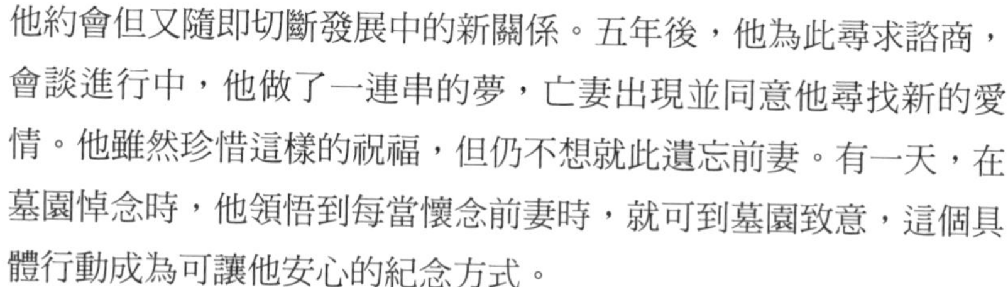

他約會但又隨即切斷發展中的新關係。五年後，他為此尋求諮商，會談進行中，他做了一連串的夢，亡妻出現並同意他尋找新的愛情。他雖然珍惜這樣的祝福，但仍不想就此遺忘前妻。有一天，在墓園悼念時，他領悟到每當懷念前妻時，就可到墓園致意，這個具體行動成為可讓他安心的紀念方式。

因為哀悼是一個過程，故隨處都可能卡住。夢除了反映個人的瓶頸，也可指認困境來源和何以致此。一位母親的成年女兒橫死於一場車禍，她的夢境都在找女兒，想要確定她是否安好，否則她自己的人生無以為繼。多次在夢中，她在遠處看到女兒，狀似開心，但仍難確定。諮商近尾聲時，她做了一個夢：她手抓一個金色氣球升空，到了一片雲上，見到居住於此的女兒，女兒驚訝於她的來訪，也向母親保證她過得很好，母親終於放下心中塊壘。她問女兒要如何返回地面？女兒答道：「往下踩，妳就會回到該回的處所。」這位母親接收到來自夢中的雙重訊息：不必掛心女兒，以及必須回到現實開始自己的生活。很多哀悼者都如同這位母親，渴望知道摯愛的親人安好，許多喪慟的夢也反映出這樣的渴望。

幾項考量

鼓勵當事人記下自己的夢，在諮商會談中討論時，應注意下列事項：

1. 夢境不一定要包括逝者才和哀悼過程有關。然而，如果逝者出現在夢中，逝者的外觀（栩栩如生，或者已經死亡等等）或正在進行的活動都十分重要。
2. 勿輕忽夢的片段。通常當事人不會看重這些片段，但若和諮商人員共同討論，探究當事人的哀悼，那麼，夢的片段就如同拼圖的每一片，都有助於了解全貌。

3. 讓當事人自己解釋夢（Barrett, 2002），這點和心理分析由治療師解析夢的做法不同。手抓氣球升空的母親提到氣球是金色的，當我詢問時，她說她們家每逢生日、紀念日都會送金製的禮物；金色在這個家庭有其特殊意義。她認為在夢中女兒給她的禮物，是要她好好為自己活。
4. 當事人有一連串夢時，尋找其中的共通主題，可以將這些夢連繫在一起。雖然夢中的象徵、隱喻或意象會改變，但主題常有相通性（Belicki, Gulko, Ruzycki, & Aristotle, 2003）。
5. 忌日前後夢見逝者是常有的事，即使平日很少夢到逝者的亦然。忌日以外的生日、婚禮或其他生命轉換的日子都可能引發夢，鼓勵當事人留意自己的夢，並從中了解他們的悲傷進度。
6. 依附有各種不同的面向，有時夢也可以反映出依附微妙的一面。一位母親的成年愛女突然過世，哀痛多年，其他經歷了悲傷的家人都不解何以母親遲遲走不出來。一連串的夢境讓她看到她的長女對她其實提供了有如母親般的照顧，是她早年未能從自己母親那得到的。她對母女關係有了重要的體認——即放掉對女兒的依附，無疑等於放掉這份希望受到母親般的愛顧。

評估結果

通常有三種改變有助於我們評估悲傷治療的效果：（1）主觀經驗；（2）行為改變；（3）症狀緩解。

主觀經驗

當事人結束悲傷治療後，主觀報告自己的不同，包括自尊的提升及愧疚感的減低，如：「原來感受的椎心痛苦已經雲消霧散」、「我覺得現在才真正將逝去的母親埋葬」、「我在談到父親時，不再潤濕了眼睛、哽咽不成聲」。

另外一種當事人報告的主觀經驗是對逝者的好感增加，想到逝者時，他們能將好的感受和好的經驗連結（Lazare, 1979, 1989）。一位難以面對母親去世的女士，在治療結束後說：

> 我現在只是想念她，以前卻是充滿煎熬。我想，媽媽會很高興看到我的進步。她的去世勾起我很多童年挫折和無助的感受。我不再怒氣沖天了，有些時候我甚至不再想她，而這令我驚訝。

行為改變

許多當事人無需治療師建議就有明顯的行為改變：不再尋尋覓覓、重新回到社交關係、建立新的關係等。以前迴避宗教活動的人也改變態度了，不敢去墓地的人也主動去了。一個婦人一直把兒子的房間維持原樣，在最後一次悲傷治療會談中，她說：「我要重整他的房間，做成一間書房，把他的東西搬到地下室。我想，這麼做其實不會毀損我對他的記憶。」我從未建議她這麼做，但對那些經過治療、已超越悲傷的人來說，行為改變是常見的。一個喪夫者決定摘下結婚戒指，她說：「我再也不是個已婚婦人了。」另一個女士原先拒絕升起曾覆蓋她兒子棺木的國旗，後來在國慶假日也能將那面國旗升起了。

症狀緩解

當完成系列的悲傷治療後，症狀緩解也有可測量的標準，如原先令他們來接受治療的某種身體疼痛有減少或緩和的情形。一位當事人的症狀是作嘔、反胃令她不適，結果這些症狀和她 5 歲時目睹父親去世前兩天的情況類似。她在治療中處理了和父親的未竟之事後，症狀自然就緩解了。

有不少臨床工具可用來協助病人評估悲傷的症狀，除了使用如 SUDS 來測量相對的困難外，治療師也可用貝克憂鬱量表（Beck Depression Inventory）或 CES-D（Center for Epidemiologic Studies-Depression）來測量憂鬱。症狀檢核表—90—修訂版（Symptom Checklist-90-Revised, SCL-90-R）可測量憂鬱、焦慮和一般幸福感。悲傷可以透過像德州悲傷量表修訂版（TRIG）和荷根悲傷反應檢核表等進行評估。當然，還有最新版本的複雜性悲傷量表。

我想說明的是：悲傷治療確實有效。不像有些心理治療，治療師對其效果總是存疑，悲傷治療效果顯著。從當事人主觀自訴及可觀察的行為改變都可證明，悲傷治療這樣目標導向的治療介入是有價值的。

反思與討論

- 作者認為悲傷治療不同於悲傷輔導。悲傷治療旨在幫助喪慟者指認並解決分離的衝突，排除哀悼任務解決的障礙。在陪同你工作的對象時，你如何看到這些差別？你又如何在你自己的家庭親友圈中看到這些差別？
- 本章明確區分連結物、轉換物和紀念品。你怎麼理解這些差異？你在工作或個人生活何時看過各別的例子？
- 心理劇和家庭作業是本章中討論過的兩種技巧。本章列出的哪些技術是你在工作中使用過的？效果如何？你想嘗試哪些？為什麼？
- 夢經常在悲傷歷程中扮演重要角色。本章討論悲傷治療中有關夢的運用，有讓你獲得新的觀點嗎？在你自己的悲傷經驗中，你的夢如何發揮作用？
- 本書的觀點是悲傷輔導和悲傷治療可以非常有效地幫助喪慟者。在與你一起工作的喪慟者身上，你以什麼方式看到症狀緩解、行為改變和主觀幸福感恢復？你認為是什麼因素導致成功的呢？

參考文獻

Barbato, A., & Irwin, H. J. (1992). Major therapeutic systems and the bereaved client. *Australian Psychologist, 27*, 22–27. doi:10.1080/00050069208257571

Barrett, D. (2002). The "royal road" becomes a shrewd shortcut: The use of dreams in focused treatment. *Journal of Cognitive Psychotherapy, 16*, 55–64. doi:10.1891/jcop.16.1.55.63701

Belicki, K., Gulko, N., Ruzycki, K., & Aristotle, J. (2003). Sixteen years of dreams following spousal bereavement. *OMEGA–Journal of Death and Dying*, *47*, 93–106. doi:10.2190/D78C-BCFE-NQNY-EMGV

Bonanno, G. (2009). *The other side of sadness*. New York, NY: Basic Books.

Field, N., Nichols, C., Holen, A., & Horowitz, M. (1999). The relation of continuing attachment to adjustment in conjugal bereavement. *Journal of Consulting & Clinical Psychology*, *67*, 212–218.

Hoy, W. (2016). *Bereavement groups and the role of social support: Integrating theory, research, and practice*. New York, NY: Routledge.

Lazare, A. (1979). *Outpatient psychiatry: Diagnosis and treatment*. Baltimore, MD: Williams & Wilkins.

Lazare, A. (1989). Bereavement and unresolved grief. In A. Lazare (Ed.), *Outpatient psychiatry: Diagnosis and treatment* (2nd ed., pp. 381–397). Baltimore, MD: Williams & Wilkins.

McCallum, M., Piper, W. E., Azim, H. F., & Lakoff, R. S. (1991). The Edmonton model of short-term group therapy for loss: An integration of theory, practice and research. *Group Analysis*, *24*, 375–388. doi:10.1177/0533316491244003

Melges, F. T., & DeMaso, D. R. (1980). Grief-resolution therapy: Reliving, revising, and revisiting. *American Journal of Psychotherapy*, *34*, 51–61.

Neimeyer, R. (2003). *Lessons of loss: A guide to coping*. New York, NY: Routledge.

Parkes, C. M. (2001). A historical overview of the scientific study of bereavement. In M. S. Stroebe, R. O. Hansson, W. Stroebe, & H. Schut (Eds.), *Handbook of bereavement research: Consequences, coping, and care* (pp. 25–45). Washington, DC: American Psychological Association.

Polster, E., & Polster, M. (1973). *Gestalt therapy integrated*. New York, NY: Brunner/Mazel.

Powers, L. E., & Wampold, B. E. (1994). Cognitive-behavioral factors in adjustment to adult bereavement. *Death Studies*, *18*, 1–24. doi:10.1080/07481189408252640

Prigerson, H., & Maciejewski, P. (2006). A call for sound empirical testing and evaluation of criteria for complicated grief proposed for *DSM-V*. *OMEGA–Journal of Death and Dying*, *52*, 9–19. doi:10.2190/ANKH-BB2H-D52N-X99Y

Rynearson, E. (2001). *Retelling violent death: Resilience and intervention beyond the crisis*. Philadelphia, PA: Taylor & Francis.

Rynearson, E. (2006). *Violent death*. New York, NY: Routledge.

Rynearson, E., Schut, H., & Stroebe, M. (2013). Complicated grief after violent death: Identification and intervention. In M. Stroebe, H. Schut, & J. van den Bout (Eds.), *Complicated grief: Scientific foundations for health care professionals* (pp. 278–292). New York, NY: Routledge.

Schut, H., de Keijser, J., van den Bout, J., & Stroebe, M. (1996). Cross-modality group therapy: Description and assessment of a new program. *Journal of Clinical Psychology*, *52*, 357–365. doi:10.1002/(SICI)1097-4679(199605)52:3<357::AID-JCLP14>3.0.CO;2-H

Shear, M.K. (2017). Recognizing and treating complicated grief. In K. Doka & A. Tucci (Eds), When grief is complicated (pp. 127–148). Washington, DC: Hospice Foundation of America (pp. 127–148).

Shear, M. K., & Gribbin Bloom, C. (2016). Complicated grief treatment: An evidence-based approach to grief therapy. *Journal of Rational-Emotive & Cognitive-Behavior Therapy*, *35*, 6–25. doi:10.1007/s10942-016-0242-2

Simos, B. G. (1979). *A time to grieve*. New York, NY: Family Service Association.

Solomon, R., & Rando, T. (2007). Utilization of EMDR in the treatment of grief and mourning. *Journal of EMDR Practice & Research*, *1*, 109–117. doi:10.1891/1933-3196.1.2.109

Sprang, G. (2001). The use of eye movement desensitization and reprocessing (EMDR) in the treatment of traumatic stress and complicated mourning: Psychological and behavioral outcomes. *Research on Social Work Practice*, *11*, 300–320. doi:10.1177/104973150101100302

Stroebe, M. S., Hansson, R. O., & Stroebe, W. (2001). Introduction: Concepts and issues in contemporary research on bereavement. In M. S. Stroebe, R. O. Hansson, W. Stroebe, & H. Schut (Eds.), *Handbook of bereavement research: Consequences, coping, and care* (pp. 3–22). Washington, DC: American Psychological Association.

Stroebe, M. S., & Schut, H. (1999). The dual process model of coping with bereavement: Rationale and description. *Death Studies*, *23*, 197–224. doi:10.1080/074811899201046

Stroebe, M. S., & Schut, H. (2010). The dual process model of coping with bereavement: A decade on. *OMEGA–Journal of Death and Dying*, *61*, 273–289. doi:10.2190/OM.61.4.a

Stroebe, M. S., Schut, H., & van den Bout, J. (Eds.). (2013). *Complicated grief: Scientific foundations for health care professionals*. New York, NY: Routledge.

Volkan, V. (1972). The linking objects of pathological mourners. *Archives of General Psychiatry*, *27*, 215–221. doi:10.1001/archpsyc.1972.01750260061009

Wagner, B., Knaevelsrud, C., & Maercker, A. (2005). Internet-based treatment for complicated grief: Concepts and case study. *Journal of Loss and Trauma*, *10*, 409–432. doi:10.1080/15325020590956828

Wortman, C. B., & Silver, R. C. (2001). The myths of coping with loss revisited. In M. S. Stroebe, R. O. Hansson, W. Stroebe, & H. Schut (Eds.), *Handbook of bereavement research: Consequences, coping, and care* (pp. 405–429). Washington, DC: American Psychological Association.

/ 第7章 /

特殊失落形成的悲傷

某些特殊死亡狀況及方式，除了前面章節所述之外，還需要額外的理解及處遇上的修正，如自殺、猝死、嬰兒猝死、流產和死產、墮胎、預期的死亡、後天性免疫功能缺乏症候群（AIDS）等造成的失落，均會為遺族帶來不同的困擾。諮商人員應了解這些情況的特性及問題所在，並提出諮商處遇的建議。

自殺

美國每年有將近七十五萬人，為了家人或愛人的自殺而傷痛，而他們所感受的不只是失落，還有羞恥感、恐懼、排斥、憤怒與愧疚。美國預防自殺運動之父 Edwin Shneidman 曾說：

> 我相信，自殺的人把他的心理殘骸存放在遺族情感的衣櫥中。他判決了遺族要承擔種種揮之不去的負面情緒，更深深為他們是否導致了自殺或未能預防自殺而耿耿於懷。這是一個沉重的包袱。（Cain, 1972, p. x）

Richard McGee 是佛羅里達一家大型自殺防治中心的主任，

他認為：「對任何家庭而言，自殺是最難去面對並有效解決的喪慟危機。」（Cain, 1972, p. 11）我自己的臨床經驗也支持上述的說法。悲傷輔導員必須了解自殺後遺症的特點，才能因應個別狀況，提升處遇的效果。有些學者提出，自殺引發的悲傷在強度、時間長度上，都較其他形式的失落更為嚴重（Farberow, Gallagher-Thompson, Gilewski, & Thompson, 1992）；但也有學者認為並無不同（Cleiren & Diekstra, 1995）；另外有些學者則認為，自殺喪慟是悲傷和創傷後壓力的結合（Callahan, 2000）。儘管意見分歧，但大家都同意：自殺喪慟具有三項其他死亡的失落所沒有的特點：為何他們要自殺？為何我不能預防？他怎能這樣對我？（Jordan, 2001, 2010）

遺族的種種反應中，最主要的感受是羞恥感。在我們的社會中，自殺依然是個烙印（Houck, 2007; Peters, Cunningham, Murphy, & Jackson, 2016）。在親人結束自己的生命後，家屬卻仍須承受這個羞恥之苦。外界的反應對家人影響甚巨，一位兒子自殺的母親說：「沒有人想理我」、「大家都裝得若無其事」。這份情緒壓力不只會影響生者與社會的互動，也會強烈改變家庭內的關係（Kaslow & Aronson, 2004）。家人常以誰知道或不知道自殺的真相，而微妙地互相調整彼此間的互動。

自殺未遂者也會面臨這種烙印（Cvinar, 2005）。一位婦人從一百五十五呎高的橋上跳下，居然意外未死，但事後周遭人對她的負面反應，讓她帶著羞辱再度自殺，她二度跳橋不幸喪命。

愧疚是另一個自殺受難遺族常見的反應，家人常因為他們未及時救援而感到該為自殺者之死負責，這讓他們飽受椎心之痛。如果逝者和生者曾有過衝突，這種愧疚更是難以消除。

如同第 1 章所述，任何形式的死亡引發愧疚感都是正常的，但

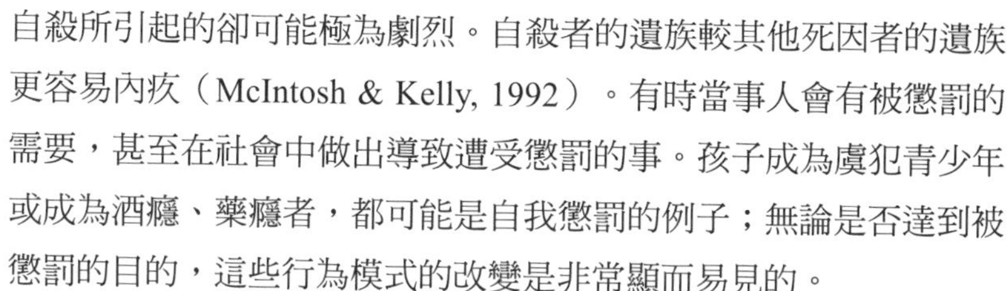

自殺所引起的卻可能極為劇烈。自殺者的遺族較其他死因者的遺族更容易內疚（McIntosh & Kelly, 1992）。有時當事人會有被懲罰的需要，甚至在社會中做出導致遭受懲罰的事。孩子成為虞犯青少年或成為酒癮、藥癮者，都可能是自我懲罰的例子；無論是否達到被懲罰的目的，這些行為模式的改變是非常顯而易見的。

有時生者為達到自我懲罰目的，不擇手段。有一個女士是用吃來懲罰自己，結果體重超過三百磅，但她仍覺不夠，竟用錘子打斷了自己的骨頭，等長好後又再次傷害自己。她的問題源自於她弟弟的自殺，她覺得自己該為他的死負責，而真正的衝擊是她的祖父母毫不留情地告訴她的確是她的責任。當時她還年輕而未能實際檢視自己的愧疚是否合理，故導致一連串怪異的自我毀滅行為。

愧疚有時會以指責的形式出現。有些人投射自己的內疚在別人身上，而怪罪於人。找出代罪者可能是企圖確認事情在掌控之下，並且為這個難以了解的情境尋找到某種意義感。

生者通常亦感受到強烈的憤怒。對他們而言，自殺意味著拒絕，當他們不斷困擾於「為什麼？為什麼？為什麼？」其實是不解為什麼逝者要如此對待他們？而憤恨之強又使他們內疚。一位中年婦人在丈夫自殺半年後，仍在房中自踱方步，吼道：「該死的！如果你沒自殺，我也會為了你帶給我的折磨把你給宰了！」她需要抒發內在的憤恨，而在最近一次兩年後的追蹤輔導中，她看來已有明顯的進步。

和憤怒並行的是低自尊。Erich Lindemann 和 May Greer（1953）如此強調：「自我了斷的死亡帶來的喪慟源自於拒絕。」（p. 10）遺族常設想他們在逝者心中根本無足輕重，否則逝者不會如此絕情而去。這種拒絕對生者的自我價值無非是沉重一擊，會引發低自尊和強烈的悲傷反應（Reed, 1993）。在這種情形下，悲傷輔導特別能有所協助。

恐懼也是自殺發生後一個常見的反應。Farberow 等人（1992）的研究中發現，自殺往生遺族的焦慮高過自然死亡的遺族。遺族主要常見的恐懼是他們內在的自我毀滅衝動，很多遺族帶著一種宿命感活著，尤其是那些自殺者的兒子：

> 基本上，他們發現生命少了一份活力，在這個原本無根的社會中，他們更覺得飄浮不定。對過去，他們絕口不提，不表好奇。對未來則麻木不前，不能確定——他們心裡面懷疑自己也會走上自我了斷的路。（Cain, 1972, p. 7）

我曾經追蹤一些父親在其青少年早期自殺身亡的年輕人，他們直到 20、30 歲，仍相信自己會走上同樣的路。如此擺脫不了自殺的陰影，其實在遺族是常見的。有些人心懷恐懼，有些人則投身擔任自殺防治團體（如 Samaritans）的志工。

家中如有不只一位自殺，家人常會焦慮是否有遺傳傾向的可能。有一位年輕的女士在婚前來尋求諮商，因為她有兩位弟弟自殺。她害怕將來自己的孩子會有自殺傾向，也害怕像自己的父母一樣，沒能成功地養育兩位弟弟，而自己將來也會是位失敗的母親。

扭曲的思考是另一種特徵。遺族常常需將自殺行為視為意外死亡，特別是孩子會這樣想，結果發展出家庭中扭曲的溝通型態。家人自創一套神話去解釋自殺事件，如有人試圖打破神話，揭露真相，將面臨來自各方的憤怒，因他們必須用意外或自然死亡來屏障。這種扭曲的思考可能暫時有益，但絕非長久之計。

自殺者的家庭中常有其他的社會問題，如酗酒或兒童虐待。在這種情況下，家人間原來就充滿矛盾，而自殺不過是讓冰山的一角浮現。為了達到悲傷輔導的效果，諮商人員必須考慮到存在於自殺背後的社會及家庭難題。

在我寫本書的早期版本時，社會上對於協助自殺的議題少有討論（Pearlman et al., 2005; Wagner, Keller, Knavelsrud, & Maercker, 2011）。有些初步研究指出，參與協助死亡對遺族其實是有正向影響的，但對於沒有加入協助自殺計畫或執行過程的親友，其反應則類似自殺遺族（Werth, 1999）。這方面顯然需要更多研究。

輔導自殺者的遺族

輔導自殺者的遺族時需要記住：自殺是社交上難以啟齒的失落，家人及周圍的人都不願意去談（Lazare, 1979, 1989）。而諮商人員或治療師正可進入且補足這些被阻斷的溝通。處遇方法可分為下述幾項。

測試愧疚感和指責是否偏離現實

這個程序在第 4 章曾提到，但對自殺者遺族或許需要更多時間去完成。其實，很多愧疚感都缺乏事實基礎而經不起測試，這會為當事人帶來些解脫感。一位年輕女性為她哥哥的死感到愧疚，但當讀出她在他自殺前寄去的信時就釋然了，因為那封信代表她試圖伸出援手。然而，有時當事人確實難辭其咎，那麼諮商人員就須面對挑戰，幫助當事人處理他真實的愧疚感。當會談中的指責是強而有力時，諮商人員也可以加強現實檢驗。若家庭中因指責而出現代罪羔羊時，則需要透過家庭會談以有效解決。有些家屬會因獲得解脫感而愧疚。逝者過去的長期問題（如行為異常或先前的自殺企圖）都因死亡而劃下句點（Hawton & Simkin, 2003）。

修正否認及扭曲的看法

遺族必須面對自殺的真相才能修通，用字上應直截了當而無須迴避，如「他自殺了」或「他上吊了」的直述有助於面對現實。目睹現場的人，有時會出現創傷後壓力疾患（PTSD）的侵入性影像或其他徵兆（Callahan, 2000）；但未親歷現場的人，有時會產生比實際更為恐怖的想像。探索圖像並不容易，但經由討論，有助於現實檢驗。通常這些影像會隨時間淡化，否則就需要特別的處遇。例如，一位父親發現他十幾歲的兒子開槍自戕。兒子遺體的侵入性影像是他接下來幾個月唯一能記得的事。經過幾次精心安排的眼動減敏歷程更新（EMDR）治療，他能夠找回與兒子共度的開心回憶，甚至在回憶其中某些事件時，能發出會心的一笑。

另一項工作是幫助當事人修正對逝者的扭曲看法，建立較貼近事實的形象。多數遺族對逝者的看法不是極好就是極壞，充滿不實的幻想。有一位年輕女孩的父親自殺，她在治療中逐漸修正父親在她心中的形象：從一個「超級父親」到一個「超級父親，但是因為重度憂鬱，在極端絕望中棄世而去」。

探索對未來的幻想

藉由現實檢驗，讓對方看看死亡事件將如何影響他們的未來；如果有些影響確實發生了，則要探討生活中因應現實的方法，如自問：「有一天當我生兒育女，我要如何告訴孩子，他們的舅舅是自

殺身亡的？」

和憤怒工作

處理這種死亡所引發的憤怒、憤恨，包含容許憤怒的表達，同時強化遺族對這些情緒擁有的控制感。一位婦人在先生自殺後接受輔導，在最後一次會談中，她說：「我已度過最難的一關，能生氣是一種解放，而你容許我發洩怒氣。雖然悲傷仍在，但我感覺無礙了。」

檢驗被棄感是否偏離現實

自殺引發的被棄情緒可能是最難受的情緒之一，自然死亡者的家屬即使明白死亡並非逝者所樂見或能控制的，還會覺得被遺棄，而自殺身亡是出於逝者的選擇，自殺者家屬的被棄感更可想見有多強烈了。雖然他們這種感受有些符合現實，但可透過輔導評估其現實感的程度。

協助他們在死亡中找到意義

任何形式的喪慟都有尋找意義的課題，此屬第三項哀悼任務，自殺遺族面對突然、非預期甚至暴力的死亡，任務格外艱巨（Range & Calhoun, 1990; Silverman, Range, & Overholser, 1994）。除了對為什麼自殺想得到解答，更特別的是想要了解親人自殺前的心智狀態。遺族通常覺得需要向他人解釋自殺這件事，卻苦於發現任何解釋都超過他們的了解（Moore & Freeman, 1995）。Clark 和

Goldney（1995）的一項研究發現，事發之初，多數遺族無法在悲劇中看到意義，但假以時日，有些人會改觀，引發其療癒感，在生活中展現能力，做出正向改變。然而，也有些人持續沉溺在痛苦中。有些人覺得心理疾病與自殺的醫學模式有助於理解自殺，特別是憂鬱症的神經傳導理論。總而言之，了解自殺是個複雜的過程，沒有簡單的答案（Begley & Quayle, 2007）。

因為想在一個完成的自殺中找尋意義，自殺遺書的議題因而浮現。這些自殺遺書很少見，在一項研究中，自殺遺書只占此類死亡的 18%。對於一些遺族來說，這些遺書內容可能是有意義的，而對某些人來說，內容可能會阻礙喪慟的歷程（Cerel Moore, Brown, Venne, & Brown, 2015）。

以下有幾點補充的處遇建議：

1. 立刻連絡其他家人，最好在扭曲的解釋定調之前行動，因為家庭神話會很快展開。使用*死於自殺*（died by suicide）而非*自殺犯行*（committed suicide）的字眼，因後者較帶有犯罪烙印的意味（Parrish & Tunkle, 2003）。
2. 留意輔導中可能失控的情境。當事人可能試圖讓諮商人員拒絕他們，以符合他們自設的負面自我形象。必須留意遺族是否有自殺及其他精神問題的風險。Jordan 和 McMenamy（2004）引述了 Shneidman 的話提醒我們：「事後防備*即是*預防」（postvention *is* prevention）。
3. 很多自殺遺族認為，若沒有相同的失落經歷，就無法了解他們（Wagner & Calhoun, 1991）。如果有不少人為此類失落悲傷所苦，不妨在社區內成立自殺者的家屬互助團體；與有類似失落經歷的人分享是有助益的。在一般喪慟團體中，若有自殺遺族，設法多邀請一位參加，以免自殺遺族會落入這樣的結論：「這裡無人了解我的失落。」Mitchell、Gale、Garand 和 Wesner（2003）在一個為期八週的自殺喪慟支持團體中，採用敘事方式，獲致良好的結果。焦點不在於自殺本身，而在於死亡事件如何劃下句點。

4. 如果可能，諮商應包含家人和更大的社會系統（Jordan & McIntosh, 2010）。但不要假設一整個家族都會崩潰，有些家庭在這種危機中反而能彼此更為親近（McNiel, Hatcher, & Reubin, 1988）。參閱 Kaslow 和 Aronson（2004）對自殺家庭的處遇建議。

雖然自殺遺族有不少共同的經驗，但諮商人員應切記悲傷經驗是多面向決定的，以及在第 3 章中提到的哀悼要素可造成很大的個別差異。

猝死及暴力致死

突然死亡由於事發無先兆，往往需要特別的了解與處理。雖然自殺也屬此類，然而，還有其他形式的猝死，如意外、心臟病發作、他殺等需要討論。有幾篇研究是針對這類的對象，於事發後追蹤數月，以評估他們喪慟解決的狀況。大部分的結論都頗類似——突然死亡與其他有警訊、知道死亡即將來臨的情況相比，前者的悲傷解決較後者困難（Parkes, 1975）。過去十年來，猝死——特別是暴力致死——明顯增加，恐怖行動、群眾槍擊、颶風、地震、空難等不一而足。

輔導猝死遺族時，有幾點特性值得考量。第一，猝死帶給遺族的是失落的不真實感（unreality）。試想當電話鈴聲響起，在毫無心理準備的情況下接到摯親已死的噩耗，家屬心中的不真實感是必然的，並可能持續很久。此種失落後感覺麻木、迷茫、如行屍走肉，都是常有的反應。雖然死亡發生當時不在現場，遺族也可能做噩夢或出現與死亡相關的侵入性影像。在拉斯維加斯的群眾槍擊事件中，電視播放了有很多人好幾天在事發現場發呆，不知道何去何從。即使遺族不在死亡現場，他們經驗到噩夢和侵入性影像干擾是很常見的（Rynearson, 2001）。適切的輔導可協助家屬面對突然死亡的事件，測試對事件的現實感，並處理創傷帶來的侵入性影像，不讓其阻礙正常悲傷的解決。

第二個特徵是愧疚感的劇增。愧疚感是一般死亡事件遺族常見的反應，但猝死遺留的愧疚更為深重，遺族總會設想各種「若是……」的可能性——「若是我沒讓他去就好了」、「若是我和他一起去就好了」。輔導處遇的重點之一是，針對這樣的罪疚心態，協助家屬就責任感的議題做現實檢驗。兒童的愧疚感往往和其敵意願望的實現有關。兒童有時希望他們的父母或兄弟姊妹死掉算了，若不幸突然死亡的人正是其敵意的對象，則兒童心中愧疚負擔的困難可想而知（Worden, 1996）。

和愧疚相關的是指責的需要。在猝死的情況下，家屬強烈需要為出事找出一個指責的對象（Kristensen, Weisæth, & Heir, 2012），也正因為如此，家中往往會有人成為代罪羔羊。很不幸地，兒童常會成為此種反應的標的。

第四個特徵是醫療或法律權威介入，特別是意外或他殺情況。若逝者在他殺案件中慘死，而法律部分懸宕不決，家屬的悲傷就很難平息。一個女孩被謀殺，六年後仍無法破案，她的父親沉痛地表示：「通常家中有人亡故，死亡和悲傷總會慢慢過去，新的生活才能開始。然而我們的哀悼無盡期，無法置之腦後」（Kerr, 1989）。有時家屬認為，應該提供協助的機構反而再次加害他們，因為猝死需要調查，且常常因涉及罪責，可能會有驗屍、審判等程序。眾所周知，司法體系的步履緩慢，費時漫長才能結案，而這種拖延可能產生以下兩種作用：它會延緩悲傷過程；家屬或許需要分心配合司法程序的種種細節，以致無力優先處理自己的悲傷。然而，有時這種干擾也有正向的功能；當案情被判決結束時，這樣的結案可幫助當事人的悲傷歷程向前推進。

第五個特徵是*無助感*。猝死嚴重破壞我們的權力感及秩序感。這種無助感常伴隨很大的憤恨，家屬也可能想要找對象發洩怒氣。有時，醫院的工作人員就成了暴力的目標，或家屬表明想要殺死某個相關人物以洩憤。此類爭訟不已的說辭在猝死者遺族反應中很常見。能表達憤恨或許更能幫助他們看到內心深層的無助感，諮商人員應留意，此時報復的心理可能是一種防衛，以免面對死亡的現實及其帶來的痛苦（Rynearson, 1994, 2001, 2006）。

遺族也可能*出現很激動的情緒*。突然死亡的壓力可能觸動個人內心「逃避或戰鬥」（flight-or-fight）的反應，因而引發一種激動的憂鬱（agitated depression）。生理上突然增加的腎上腺素，通常與這類的激動情緒有關。

*未竟之事*是另一個猝死者遺族的特別關切點。猝死使得很多沒說的話、沒做的事都空留餘恨。輔導過程中，可協助他們正視這一點，找尋方法做更好的結束。

另外一項特性是遺族更*需要了解事件發生的原因*。第2章討論到對任何死亡我們都會想探究原因，哀悼第三項任務的主要部分就是創造意義；對於遭逢猝死的情況，這種需要更為明顯。這可能和創傷性死亡後，掌控感的需要有關，也和找尋指責對象有關。有時，上帝成了唯一可以指控的目標。「我恨上帝」成了他們收拾殘局時的心聲。

暴力死亡中還特別有另外兩個特徵，就是模稜兩可的失落和多重失落的議題。*模稜兩可的失落*是必須等待死亡的確認。這對於近親來說特別有壓力，會延宕或延長悲傷的過程。在戰爭、恐怖主義行動和自然災害中，經常會找不到遺體。這可能會使哀悼者留下未解決的悲傷、無助感、憂鬱、身體化疾患和關係衝突（Boss, 2000）。

當幾個親密的朋友或家庭成員在同一事件中喪生，稱為*多重失落*。特別在自然災害和群眾槍擊事件中，同時失去幾個家庭成員是常見的。這可能讓哀悼者不堪重負而陷入悲傷無法自拔。喪慟過程被阻斷。心理學家 Robert Kastenbaum 稱之為*喪慟過載*（Kastenbaum, 1969）。處理多重失落的技術可以在本書第 6 章中找到。

現在讓我們來檢視哪些處遇在猝死後是有幫助的。這些處遇其實就是*危機調適*（crisis intervention），所以危機調適的原則均適用。最早的相關文獻是 Lindemann（1944）在椰子林夜總會火災後和遺族工作時所做的報告。

有些諮商人員身處危機現場，通常是醫院，此時提供協助必須相當直接堅定。家屬處在麻木情緒中多半無法自己求助，即使去問他是否需要協助也可能被拒，助人者不如直言：「我的工作就是協助痛失親人的人，所以我來和你談，也會繼續與你工作。我們需要通知家人、殯儀館等等」。短期內借支自我力量是有用的，但是儘快強化對方自我效能，減少退化，才是最佳的處遇方式。

協助遺族接受失落的真實感，可透過幾種方法，其中之一是讓家屬決定是否看遺體，來催化悲傷和現實感。這十分重要，往往可以是一個最後向逝者致意的經驗，而我極力主張給家屬這樣的機會；即使是車禍或意外死亡的情況，亦可在妥善安排遺體後完成。若遺體殘缺不全，也應在事前告知家屬。因為親眼所見，使他們更接近失落的真實性，也就是哀悼任務的第一項。我聽過不少意外死亡者的家屬在數年後親口告訴我，很後悔當時未親眼見到遺體。另一個方法是讓家屬專注於死亡（這件失落）上，而非意外的情境或責怪等事情上。

諮商人員可以用來幫助當事人面對現實的另一種處遇方式是使用面質性支持（Kristensen Weiæeth, & Heir, 2012）。包括諮商人員直接用「死」的字眼，如：「珍妮死了，她的死訊你想通知誰？」直接不避諱地用「死」、「自殺」等字眼，可協助對方面對死亡的現實，也開始進行所需後事的安排。

諮商人員應對醫院環境熟悉，才能照顧到家屬身體上的安適。讓他們離開吵鬧、混亂的急診室，找到安靜處彼此陪伴。照顧家屬的身體安適可說是首要之務，但重大災難發生的情況下顯然不太可能。

作為一個照顧者，應留意我們自己的無助感是否不經意地由口頭安慰的陳腔濫調流露。醫院中偶爾會聽到這些出自善意的話：「你至少還擁有你的先生」、「你至少還擁有你的孩子」。大部分的遺族認為，這類說辭毫無安慰的效果。「你會沒事的」無異是虛假的承諾，「你會撐過去的」就比較接近實際，偶爾也能給身在危機中的當事人一些心理撫慰。

最後，諮商人員、社區或宗教機構均可提供追蹤服務。例如，對於那些因暴力致死孩子的親友們，有專門的支持團體是由「被謀殺兒童的父母團體」贊助。在協助猝死者家屬、親友時，務須注意這類專門性的資源，並將轉介視為對猝死者遺族後續照顧服務之一部分。

討論暴力猝死，創傷是必須考量的議題，某些特定死亡事件，如凶殺、群眾槍擊和其他暴力死亡，可引發創傷及悲傷多種反應。創傷的特徵有三：（1）侵入性影像，猶如再經歷死亡現場；（2）逃避性思考；（3）過度警覺，例如聽見大聲聲響，卻以為是槍聲。目前的論述建議，臨床上應先處理創傷後壓力症狀，再進行悲傷工作（Parkes, 1993; Rando, 1993）。在他殺喪慟研究方面的先驅 Rynearson 和 McCreery（1993）認為：

> 創傷影像的解體影響以及逃避認知、情感、行為，阻礙了承認和調適失落所必需的內省及反思。當治療的基本主題是承認失落時，治療最初的目標包括侵入性／逃避反應的調節。（p. 260）

有些特定的處遇是針對創傷後壓力疾患（PTSD），例如 EMDR（Solomon & Rando, 2007）。然而，初期治療策略必須是支持性且以復原力的重建為主，因為多數遺族已心力交瘁，不宜把悲傷的焦點放在哀悼的調解因素，比如矛盾的關係和愧疚感上（Rynearson, 2001, 2012）。

嬰兒猝死症

在猝死的類型中，嬰兒猝死症應該獨立出來討論。美國每年大約有三千五百名嬰兒死於與睡眠有關的死亡，包括嬰兒猝死症（sudden infant death syndrome, SIDS）。SIDS 發生於 1 歲以下，多半是 2 至 6 個月大的嬰兒（男嬰居多）。雖然協助父母防範嬰兒猝死症的小兒科指引（Task Force on Sudden Infant Death Syndrome, 2016）已出版，但這種現象的肇因尚不完全清楚，且發病機制並未建立。因嬰兒猝死症導致失去孩子的父母，經常認為他們的寶寶死於窒息或嗆到，或以前未被查出的疾病。

使這類死亡的悲傷較為複雜之相關因素有：第一，死亡的發生毫無警訊，尤其嬰兒看來健康，不像孩子長期受疾病所苦導致的死亡，讓父母有機會做心理準備。第二，找不到確定的死因，使生者備受愧疚、責難之苦。親友總帶著懷疑的眼光：「嬰兒到底怎麼死的？」父母常被懷疑有疏忽之責。這些均導致父母永無止境地尋找死因。新近報導認為，懷孕期的物質使用也可能是嬰兒猝死的原因之一，這更使得父母的愧疚感雪上加霜（Gaines & Kandall, 1992）。

第三點的困難是司法體系的介入。如前所述，意外死亡必須經過調查，許多父母反映警察無情的審問令人難以忍受，有時甚至遭受監禁。因為目前對兒童疏忽、兒童虐待的意識高漲，嬰兒一旦發生猝死，父母在重重懷疑和司法調查下，無疑在原本高壓的情境下還須面對額外的壓力。

嬰兒猝死的另一個議題是對其兄姊帶來的衝擊。通常孩子對即將到來的新生兒都帶著些嫉恨，當這個小嬰兒出生後不久即原因不明地去世，會令其兄姊感到十分內疚、後悔。一項研究發現，在手足猝死兩年後，其 4 至 11 歲的兄姊出現高程度的憂鬱、攻擊、社會退縮（Hutton & Bradley, 1994）。

父母經此而分手的比例亦高。孩子死後，兩人關係日趨緊張，夫妻甚至不能行房，惟恐再懷孕而重複這樣痛苦的經驗。太太有時覺得先生根本不在乎，因為他沒有和她一樣掉淚悲傷；她忽略了先生的壓抑或許是為了怕惹她傷心，也可能是先生不習慣掉淚。這樣的誤會常讓彼此關係惡化，也顯示出這種壓力下常會發生夫妻溝通阻斷的問題（Dyregrov & Dyregrov, 1999）。除了傷心難過之外，常常還有許多憤怒。有個孩子在兩個月大時猝死，他的父親說：「他進入我的生命兩個月就離我而去。」起初他為自己的憤怒而內疚，但諮商後他能接受這些反應都是正常的。

處理這類失落有些特別要注意的事：第一是和父母在醫院中被對待的經驗有關。通常，事發後嬰兒緊急送醫，而在醫院中被宣告不治死亡。父母當時如何被告知很重要，可能有助於他們事後的調適。在醫院中，醫護同仁最好讓父母決定是否需要時間和去世的孩子獨處，這是非常重要的，因為通常父母希望再和孩子接近，抱抱他們，和他們說話。儘管醫院人員對這種安排的價值看法歧異，但我深信父母應該有權決定要不要這樣做。不少父母事後非常肯定這樣的安排，認為有助於他們度過這痛苦的經驗。第二，這類死亡得到解剖驗屍的同意也很重要，這能讓父母了解到底發生了什麼事。Morgan 和 Goering（1978）在這個主題上建議，對一般外行人而言，屍體檢驗（postmortem examination）的說法比驗屍（autopsy）較容易令人接受。有時，父母因太過內疚而拒絕驗屍，工作人員在徵求其同意時可提出幾個重要的理由，如：這是幫助了解死因、病因的最後機會；或許當我們知道死亡的不可避免會有助於接受死亡；為了解決保險賠償或司法調查，確切的死因常屬必要等。要求驗屍的人如果自己對驗屍的必要性深信不疑，比較能說服對方同意簽字。不要讓家屬有被強迫非簽不可的感覺，而應該是有技巧地鼓勵他們配合。

醫師對此類疾病提供的資訊也很重要。最好讓父母知道悲傷過程，不致擔心自己會崩潰發狂或永無解脫之日。治療師不要忽略了

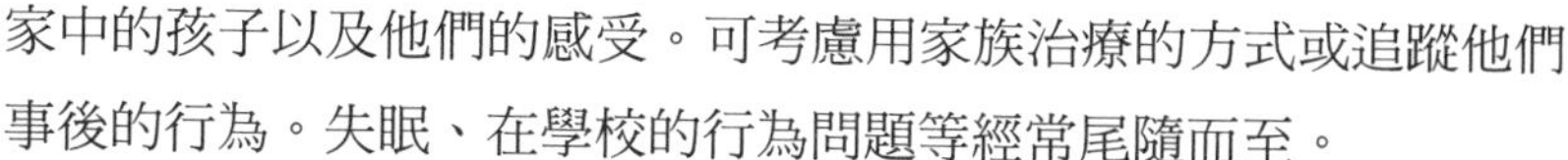

家中的孩子以及他們的感受。可考慮用家族治療的方式或追蹤他們事後的行為。失眠、在學校的行為問題等經常尾隨而至。

最後，對夫妻未來懷孕提供諮詢。常常他們因擔心猝死的可能而害怕再生孩子。諮商人員應多加關注，由於這類死亡的情境、孩子的年齡、死亡的突發等因素，會形成相當高比例的否認反應。很多父母保留嬰兒的房間，每日照放洗澡水，一切例行活動都照舊，直到他們完成悲傷的第一項任務——體認到逝者一去不返，才會停止。

輔導最好分次進行，因為要父母一次消化這麼多訊息很困難。我認為諮商很重要的一部分是鼓勵他們和其他經歷過同樣創傷的父母或家庭連繫。這類父母支持團體確實存在，分享讓他們了解孩子的死並非他們的錯，也非他們所能控制。我們常聽到有些於夜晚去世的嬰兒的父母自責道：「我真希望他死的時候，我是醒的。」轉介父母參加全國嬰兒猝死組織在各地的分會，分享支持對他們助益良多。該組織設置了一個免費諮詢服務電話專線，他們除了提供相關猝死症的諮詢，也協助各地成立父母支持團體。

流產

統計估算顯示，流產和懷孕的比例是三分之一到五分之一。經歷流產的父母未必都可從親友、家人處得到很多支持。流產被視為一項社交上難以啟齒的失落，是被褫奪的悲傷（Lang et al., 2011）。有時懷孕並不見得已告知他人，流產婦女要告訴別人流產的事實更難以啟齒。在強調母職的文化中，流產婦女可能感到孤立，使悲傷更不易解決（Brier, 2008）。這類和其他常見的經驗都

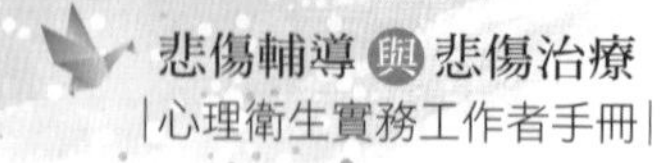

會使得悲傷歷程更困難。

通常，流產後大家關心的是這位婦女的健康，一段時間後，才開始真正意識到失落的到底是什麼。在這個時候，有幾個值得關切的事：對首次懷孕流產的婦女，她會擔心以後再懷孕生子的可能。醫師通常很擅長處理這種擔心，但會把解釋的重點放在她的健康、年齡，推算以後在統計上成功的比例。雖然醫療資訊是有幫助的，但醫生要認知到，婦女才剛經歷了流產的重大失落，最好不要用未來掩蓋或淡化眼前的失落，而很多醫生一味強調未來的成功率，只是為了掩飾他們對流產的不安。未來的懷孕肯定是婦女的關注，但許多醫生對流產有不安的感受，以至於只專注解決這個單一的問題（Markin, 2016）。

自責是經歷過流產的女性另一個重要議題。流產的婦女需要為流產找個責備的對象，而往往她自己就成了內射憤怒的標靶——是慢跑、跳舞，還是什麼體能活動造成的？當今女性多半因個人生涯目標，延緩第一次受孕，在這種情況下流產，會加深自責的程度及失落的衝擊。也有些人會責怪先生。有位當事人流產後說：「如果先生沒急匆匆地和我親熱，或許就不會發生了。」先生常成為太太憤怒的對象，因為她責怪他不像自己那麼悲傷。通常流產發生後，先生會感覺無力而偽裝堅強以支持太太，太太卻誤解而視他為無情之人。

基於這種無助感，很多先生轉向和醫生聯盟，因為對方也是男性，同時不斷強調夫婦可再孕的機會。雖然如此有助於克服他的無助感，在當時的情境中也符合現實所需，但往往卻不是太太在當下所需要的。最重要的是，如同在其他失落一樣，夫妻之間能將彼此感受公開而誠實地溝通（Huffman, Schwartz, & Swanson, 2015）。

研究顯示男女對流產都會悲傷，一般而言，孕期愈長，悲傷愈強，對身為父親者更是如此。依附議題在這類失落中是一個重要的變項（Jones, 2015; Robinson, Baker, & Nackerud, 1999）。父母失落的往往是一個未來的夢，母親和胎兒連結較深，但透過超音波影像，父親的連結也不容忽視（Beutel, Deckardt, von Rad, & Weiner, 1995）。

流產也是失落一個生命，所以悲傷工作是必需的。是否父母應看看取出的胎兒，視之為悲傷歷程的一部分頗有爭議。我曾和幾對夫婦談過，當初他們要求看取出的胎兒，事後也一致肯定這樣做有助於接受失落的真實感，以便處理情緒並向前進。一位婦人說：「看過後，能幫助我將此經驗視為死亡。」她也因此能向逝去的孩子道別，而後告訴我這有助她哀悼任務的前進。

如同其他失落，能開口和別人談十分重要，但一般家人、朋友因為原本不知懷孕之事，或因本身的不安，都不太願意談有關流產、墮胎的事，這種不安對父母悲傷的解決毫無助益（Pruitt Johnson & Langford, 2015）。

如果家中有其他孩子，如何讓他們知道呢？一般來說，對較大的孩子應該坦白告知，並讓他們說說心中對此失落的想法、問題，幫助他們為逝去的手足悲傷。

流產後有幾種儀式可讓失落具體化，並催化悲傷的表達。諮商人員可鼓勵：為胎兒命名、舉行一項紀念儀式、以點蠟燭或種樹來紀念；用文字表達對未出世孩子的希望和夢想，如寫一首詩或一封信給他（Brier, 1999, 2008）。

死產

大體而言，流產亦屬於死產。總而言之，醫療人員需讓夫妻經歷此失落經驗，理解父母承受了真正的失落、死亡。不要為了減輕其失落，樂觀地關注未來可能再次懷孕或再有孩子。有些夫妻的確也會在產後急著立即再孕，諮商要針對倉促行動做討論。其實最好是能等候，待他們為死去的孩子完成悲傷歷程後，再做懷孕的準備（Murphy, Shevlin, & Elklit, 2014）。

進行輔導時，夫妻最好共同參與。雖然很多看法不一，但父親也需要悲傷，也會悲傷。有些父親邊開車邊哭，有些會獨自去墓地。儘管社會中的父親角色漸漸變得更關懷滋養、更情感自由，但危機發生時，男性仍感到深受壓力，須表現堅強和少表現情感（O'Neill, 1998）。研究發現，夫妻若有相近的因應模式以及較開放的溝通，會對此類的失落調適最佳（Feely & Gottlieb, 1980）。和父母的工作重點在於失落的情緒，尤其是恐懼和愧疚，包含害怕再懷孕、害怕死產對婚姻造成影響，以及害怕自己是失敗的父母。愧疚將衍生成指責或自責，這些傾向對當事人自尊的影響有待探究（Avelin Radestad, Saflund,Wredling, & Erlandsson, 2013; Hutti, Armstrong, Myers, & Hall, 2015）。

與父母一同探索他們對已失去的孩子曾有的幻想，包括思索懷孕對他們的意義。比如那是計畫中且夫妻十分想要的孩子？或對懷孕是猶疑不決的？是人工受孕？等待多年方懷孕成功的孩子？若死產的嬰兒有殘缺，則父母的失落是雙重的——他們原先心中的寶寶，以及實際死產的嬰兒。

協助家人真實地體驗失落，可以鼓勵他們討論如何處理遺體；

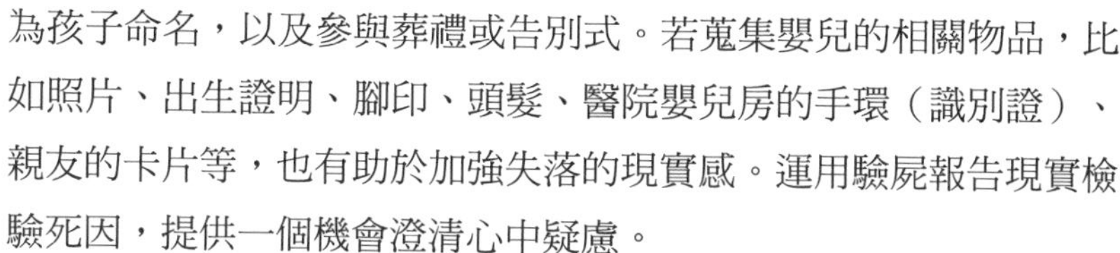

為孩子命名，以及參與葬禮或告別式。若蒐集嬰兒的相關物品，比如照片、出生證明、腳印、頭髮、醫院嬰兒房的手環（識別證）、親友的卡片等，也有助於加強失落的現實感。運用驗屍報告現實檢驗死因，提供一個機會澄清心中疑慮。

找尋意義是在死產後格外重要的哀悼任務（見第三項任務），「何以致此？」是所有喪慟父母的內心吶喊（Rosenbaum Smith, & Zollfrank, 2011）。諮商人員協助百思不解的父母找尋答案，或者面對可能永遠找不到答案的結果。

別忽略了家中的手足。對他們而言，因未見到死去的嬰兒，所以死亡是看不見的失落；這並不真實，加上若父母不承認這樣的失落，孩子的不真實感又增添了幾許。孩子對死亡的理解固然和其認知及情緒發展有關，但不適當的了解，加上他們的某些奇想，可能會導致孩子的自責，或責怪父母造成死亡；後者會增加孩子的焦慮、脆弱感，以及對自身安全、保障的存疑。對於深陷低潮的父母來說，支持其他孩子並非易事。一個 4 歲的小男孩在弟弟死產後告訴媽媽：「別傷心，我是你活著的兒子。」（Valsanen, 1998, p. 170）能辨識並承認孩子的悲傷，是支持他們最重要的方式，傾聽及坦誠回答也是重要的支持來源（Wilson, 2001; Worden, 1996）。

面對這類死亡，家庭難過的是他們本以為會擁有但卻失去的孩子。家庭應將祖父母輩納入，並關心他們的失落。同樣也應轉介到類似遭遇的父母支持團體（Homer Malata & Hoope-Bender, 2016），如附近沒有，應考慮協助設立。對夫妻、家庭成員的持續追蹤十分重要。我們在麻州總醫院發展出一個完整方案，細節可參考 Reilly-Smorawski、Armstrong 和 Catlin（2002）。

對提供產前諮商給曾經死產日後又懷孕的婦女，Peterson（1994）有很好的諮商建議可供參考。

墮胎

很多人對墮胎經驗採取輕忽甚至隨便的態度。當我在大學健康中心服務時，我輔導過許多曾墮胎的女性，通常她們不了解過往墮胎殘留的未解決悲傷，其實常常是目前問題的肇因。墮胎真的是一種帶有說不出口的失落、讓人巴不得忘記的事。表面看來，墮胎讓當事人解脫自身的困境，然而，未對此哀悼的女性還是會在後續其他失落上經驗悲傷（Curley & Johnston, 2013）。

一位 27 歲的女士在每週的團體治療中，就出現了這種被延宕的悲傷。有一天，她在團體中表現悲傷、不快，因為她的朋友懷孕六個月後嬰兒胎死腹中，她受到很大的影響。團體成員對她相當支持。下一週她又提到同樣的事件，團體也再次表達關懷。等到她繼續提了五、六週之後，我開始覺得她的關心可能超過當事人，她的行為有些過度反應。我猜測在她生命中可能有一段未哀悼的懷孕經驗，而我技巧性地詢問後果然得到證實。當她 24 歲時曾受孕並墮胎，然後很快地忘卻此事。因為她並不把和男友之間的關係當真，所以當時沒告訴他；又因為從小天主教的信仰，也未告訴父母。在沒有任何情感支持下，她以為最好的處理就是將這件事遺忘，然而，這樣她無異剝奪了自己一段必要的悲傷歷程。她並不明白悲傷的必要性，但朋友的流產觸動了她內心之痛，終於，團體治療給了她再處理那段失落經驗的機會。

處理墮胎悲傷的最好辦法，還是在墮胎前提供完整的諮商，讓當事人權衡各種矛盾的感受，討論不同的選擇，並得到情緒支持。多數女性因墮胎帶來的烙印及羞恥感，在決定時大都行事匆匆，也沒有獲得家人、友人的情緒支持（Randolph, Hruby, & Sharif,

2015）。

墮胎後的諮商也可能有效果，但多數女性不會尋求諮商。因為社會對墮胎的態度將之視為社會否定的失落。要把它看待成死亡且須適當致哀，可能勾起深層的內疚感。這類悲傷反應有時會延至婦女停經期或當事人發現不孕時再現（Joy, 1985）。這樣的悲傷外顯呈現的經常是憤怒或愧疚，並導致自我處罰式的憂鬱。墮胎後的諮商應包括墮胎的長期影響（Breen, Mourn, Bodtker, & Ekeberg, 2004; Hess, 2004）。

Speckhard 和 Rue（1993）對墮胎後諮商提出建言：

> 當婦女承認並開放討論她的墮胎經驗時，可詢問她如何受孕、如何感覺異樣（相對於醫療上的確認）、她當時對胚胎形成的想法是否有個人化的依附稱謂（如「我的寶寶」），以及她如何決定墮胎。這一系列的詢問揭露出當時對胎兒依附和否認依附並行的思考歷程。（p. 23）

儘管青少女在墮胎後得到情緒支持十分不易，但對墮胎後的諮商仍是卻步不前。通常父母對她們的行徑生氣不滿，家中手足認為她殘殺無辜嬰兒而生氣，她也常因自己如此年輕即未婚懷孕的烙印而不願找同伴談。有一份在芝加哥做的研究，Horowitz（1978）從她接觸的青少女發現，許多青少女在墮胎後不願談及墮胎的經驗或相關的感受。

有些青少女會用再一次懷孕來處理這樣的悲傷。通常再一次的懷孕可能解釋為無意識的失控行為。然而，Horowitz（1978）發現，很多女性有意以再度或三度懷孕作為處理第一次墮胎感受的方法之一。要忘掉墮胎的經驗就是對它表示毫不在乎，但我絕不認為這個方法可以淡化悲傷。適度的悲傷是絕對必要的。

預期的悲傷

預期的悲傷是指在實際失落未發生前出現的悲傷，它有別於我們前面所討論的正常的喪親者悲傷。許多死亡的發生有其前兆，也正因如此，在預期期間，親人就開始哀悼的任務，也開始經驗各種不同的悲傷反應。有時，這種情形會發生某些問題而需特別處理，當猝死太過創傷，過長的悲傷也可能造成怨恨而導致愧疚。

早年 Lindemann（1944）用預期的悲傷（anticipatory grief）一詞，來解釋當死亡發生時，遺族因已經驗了正常的悲傷階段，與逝者的感情連結也已自由釋放，因而未呈現過度的悲傷反應。這個名詞後來經精神科醫師 Knight Aldrich（1963）在〈瀕死病人的悲傷〉（The Dying Patient's Grief）一文中做了精闢的說明。

關於預期的悲傷，一般人會問：「這對死後的喪親之慟有幫助嗎？」也就是說，事前就悲傷的人是否在逝者死後能更有效、費時較少地處理他的悲傷？ Parkes（1975, 2010）的研究似乎顯示確是如此。他比較事前對死亡獲知警訊與沒有獲知的人，在喪親後十三個月的評估可看出，前者調適較佳。然而，並非所有的研究都支持這樣的結論。Nielsen 等人（2016）發現，預期的悲傷並未減少或縮短喪慟歷程，這還需要更多證據佐證。因悲傷行為如第 3 章所述，是由多項因素決定，除了是否死前預知有機會開始喪慟的過程外，還有許多變數可能具備影響力，只看此單一變數，太過於簡化這個複雜的問題。

很重要的是，實務工作者從臨床的角度出發，和病人及家屬在死亡前對預期悲傷進行了解，才有可能在疾病末期協助瀕死病人和家庭成員（Rando, 2000）。

在這類情形下，涉及已經討論過的各種哀悼任務很早就開始了。第一項任務中有關：覺知並接受這個人即將離世的事實，已及早進行。然而，覺知死亡的不可避免，往往還是會和否認死亡發生交互作用。在所有的任務中，或許第一項任務是最能經由預期悲傷催化的，特別當死亡緊隨某種使身體逐漸衰弱的疾病之後，家人目睹病人的身體每況愈下，自然會逼近現實，看到死亡的不可避免。不過，我也見過一些人罔顧眼前的事實，仍以頑強的否認機轉心懷盼望，抗拒死亡將來臨的事實。

關於第二項任務，預期失落所引發的感受很多，一般而言，和死後的喪慟反應大同小異。我們常在這階段看到焦慮增加。第 3 章我們討論過分離焦慮的來源及意義，多數人一旦在預期悲傷拖得太長或在接近死亡時，都會增加焦慮。Aldrich（1963）曾用以下類比：有如媽媽對孩子首次上學的不安心感，會隨開學日的逼近而日增，如勞動節（9 月初）時較國慶時（7 月 4 日）更為不安。

除了分離焦慮以外，在這種情況下，存在的焦慮也會因個人死亡意識提升而增加（Worden, 1976）。比如目睹某人病情逐漸惡化，很自然地會認同這個過程，而思考到自己的命運；同時，當面對自己父母的死亡時，更容易聯想到自己即將升級成為年長的一代，並在事情整體的順序中，成為下一個面對死亡的人。

關於第三項任務「適應一個沒有逝者的新環境」，有個有意思的現象。預期死亡時，遺族常會在心裡進行角色預演，思考各種議題：「只剩我一個人帶孩子我要怎麼辦？」「我要住在哪裡？」「他不在了我怎麼辦？」這是 Janis（1958）在研究手術病人時，所說的「擔憂的作用」（the work of worry）。他發現，若病人在手術前會面對擔心，手術後的反應較佳。這類角色預演是正常的，且對整體因應扮演著重要的影響（Sobel & Worden, 1982）。然而，有時旁人視其為不能被社會接受的行為；有些生者侃侃而談他們在親人死後的計畫，可能被認為太不敏感或太早而不當。諮商人員可對當事人、家人、朋友等解釋此類行為，讓他們了解。善意卻空洞的安慰（如「別擔心，總會好轉的」）只會截斷「擔心」之重要歷程。

預期悲傷的困難之一是，若時間拖得太長，生者可能在逝者去世前就過早地將情感撤退，而造成尷尬的關係。如年邁的母親病了多年，家人該做的分離準備、該說的道別都已就緒，但老母親卻仍在身體嚴重衰敗的階段苟延殘喘。一位男士在會談中說了他的內疚不安，因為他想和自己的家人去度假，卻因為老母親的狀況而不敢成行。他暗暗希望她及早解脫，但又因此覺得內疚。這種情形常常發生，特別在瀕死病榻纏綿，需要很多照顧時出現（Bouchal Rallison, Moules, & Sinclair, 2015）。Weisman 和 Hackett（1961）指出，這類家人的撤離行為（如隱蔽自己、小聲的說話、態度不自然等）均可能傳遞家人已經投降、放棄的訊息。

相反的行為也可能出現。家人非但未將情緒抽離、準備病人的逝去，反而靠得過近。他們為了消除自己的內疚和失落感，有時會試圖過分干預病人的醫療照顧。當事人若試圖處理對逝者的矛盾心情及相關的愧疚時，更容易造成這種情形。家人可能過度地照顧或尋求祕方，而造成病人乃至醫護人員的困擾。

我觀察過一位女士，她先生是醫院的自費病人。她竭盡所能地要求挽回先生的性命。表面上看來，照顧病人的醫護同仁認為，她是那麼關愛病人，費盡心力讓他免於一死，但實際上稍微地探究即可看出，她對先生的關係極為矛盾，她的過度要求介入正表達了她

內心的矛盾。

遺族如能善用死前的時間，處理生者、逝者間的未竟之事，對後續悲傷影響重大。未竟之事不止是遺囑、後事的交代，而是利用最後的機會表達彼此心中的感謝或失望，以及一切在死前須說出來的話。如果諮商人員能鼓勵雙方開始這樣的溝通，則這段時間對所有相關的人都是有益的。因為如果該談的都說了，家人在病人死後就無須再處理他們錯失機會而未表達的遺憾。所以，如能在病人死前接觸到家屬和病人，可以協助他們在面對死亡悲劇的同時，看到這是一個機會，可以處理大限來臨前未竟之事。一般人需要鼓勵或是許可方能嘗試，我認為在這種情況下，沒有照顧團隊的鼓勵，一般人是不會主動打開心扉的（Metzger & Gray, 2008; Worden, 2000）。

以上所談主要是遺族的預期悲傷，而病人本身也會經驗預期的悲傷，雖然可能與遺族的悲傷略有差異。遺族失去的是一個心愛的人，而面臨死亡的人在他生命中卻往往有很多牽掛、依附，對他來說，一時要面對失去許多重要他人，這樣的預期失落讓他不堪負荷，病人常常以退縮、心灰意冷來因應內心的衝擊。諮商人員可以提供協助，讓病人、家屬親友了解這種行為背後的含義（MacKenzie, 2011）。

另外，支持團體也值得一提。對某些人而言，預期的悲傷十分困難，需要大量的支持——如面對瀕死年幼孩子的父母（Jordan, Price, & Prior, 2015）。子女的死亡會帶來時間的錯亂感，子女不該死在父母之前——這是不合常序的。這一類的經驗，以及其他無數的經驗，通常包括病中長期治療，也都會為家人——父母和家中的其他孩子帶來巨大壓力（Davies et al., 2004）。

幫助這類父母的支持團體如「兒童癌症基金會」（Candlelighters），其協助重症瀕死孩子的父母，在團體中處理他們的預期悲傷。許多參加過團體的父母表示，能和其他有共同經歷的家長分享內心感受是很有幫助的。同時也增加他們處理婚姻壓力，及其他孩子管教問題上的能力，特別有助於處理為了照顧生病的孩子，而使其他孩子感到被疏忽的感受。

這類團體之一的代表有美國兒童癌症組織（American Childhood Cancer Organization; www.acco.org）；另外一個團體「溫馨友誼社」，則是專門幫助孩子過世後的家庭，有關這個組織和當地分會的訊息，可參見網站：www.compassionatefriends.org。

後天性免疫功能缺乏症候群（HIV/AIDS）

本書初版發行時，正是 HIV/AIDS 開始流行之時。三十五年來，罹患後天性免疫功能缺乏症候群（Acquired Immune Deficiency Syndrome）而死於 AIDS 的病人與日俱增，其中有兩項主要的改變值得關注。首先，當前 HIV 病毒感染對社會的影響更廣。在早年，AIDS 常被視為男同性戀專屬的疾病，然而，目前婦女、兒童、少數族裔的罹患或死亡人數日益增加；另一個受影響的群體則是父母罹患或死於 AIDS 的兒童（Rotheram-Borus, Weiss, Alber, & Lester, 2005）。Aronson（1995）為這類兒童提出了有效的學校本位方案。

第二項改變，是自 1990 年代以來，治療新藥和雞尾酒療法的問世，讓感染 HIV 病毒的愛滋病患得以延續生命。AIDS 變得更像是一種慢性病。自大流行初期以來，美國因愛滋病死亡的人數急遽下降，這樣的發展仍福禍難卜（Demmer, 2000）。往昔 AIDS 代表絕症，病人可預見病情逐漸惡化，然而，在目前緩解期變長的情況下，雖給病人和其至親帶來希望，但治療過程仍充滿不可知，且伴隨新的問題出現，如：「我應該回去工作，還是續領殘障津貼？」「我能熬到治癒新藥出現嗎？」對許多哀悼者而言，延長的時日固然可喜，但是當「達謨克利斯之劍」（sword of Damocles，譯按：指所面臨的迫在眉睫和永遠存在的危險）最終落下之日，仍難逃希望幻滅的痛苦。

在 2000 年時，美國估計已有五十萬人口死於 AIDS 相關的病變。逝者留下的家人親友必須面對此一特殊型態的失落及其後果。此類遺族是一群面對特定挑戰的哀悼者，該病肇因於病毒傳染、目前無法治癒、社會烙印，以及長期罹病等事實，均影響遺族的哀悼行為。茲從下列面向探討 AIDS 死亡影響悲傷歷程的特徵（Mallinson, 2013）。

傳染性

因 AIDS 是人傳人，通常經由體液傳染，哀悼者會對自身將病毒傳給逝者，或擔心感染而憂心忡忡。在任何一種情況下，除了悲傷之外，憤怒和愧疚都可能是主要的情緒特徵。諮商的重要部分在於探索這些感受。

烙印

AIDS 相關的死亡也是前述社交上難以啟齒的失落之一。由於這社會烙印往往比自殺死亡還嚴重（Houck, 2007），有些遺族害怕曝光會讓他們遭受排拒及嚴厲批判，因此對死因刻意隱瞞，比如謊稱癌症或其他。這雖可避過一時，但事後還是不免付出情緒上的代價，如怕東窗事發或對這種做法憤怒內疚（Worden, 1991）。協助遺族面對社會烙印的現實壓力，以及協助找尋適當管道分享失落的情況，可減輕焦慮和害怕。

一個經常受到愛滋病相關烙印的群體，是那些在得知孩子生病的同時，才了解他們生活方式的家庭。由於害怕烙印，這樣的家庭會嚴重疏遠罹病的家庭成員。一個中西部家庭在兒子瀕近死亡的同一時間，才得知他的生活方式和疾病。他們回到家後告訴朋友，兒子是因車禍死亡，為的是擔心別人會拒絕他們。這種掩飾持續了幾個月，直到內心的衝突讓他們決定告訴朋友關於他死亡的真相。令這對父母驚訝的是，他們不是被拒絕，而是被朋友和教會的教友所接納支持。死亡前或後，愛滋病患者的家人和朋友可以成為情感支持的極佳來源（Monahan, 1994; Sikkema, Hansen, & Ghebremichael, 2006）。

在這個時間點，看起來 HIV 病毒將繼續影響更廣泛的社會階層，特別是國際和發展中國家。儘管自病毒首次發現以來已獲得不少進展，那些處理悲傷議題的人，可以預期未來幾年將會看到更多與愛滋病相關的喪親之痛。

反思與討論

- 本章提到，司法程序既可有助於暴力致死（意外事故、自殺和殺人）的悲傷處理，亦可能有害。什麼樣的處遇可能有助於在司法程序期間尋求治療的人？
- 在一種經常使用委婉語詞來指出死亡的文化中（比如「走了」和「遠行」），你對於使用直接語詞描述失去親人（比如「珍妮死了」或「你兒子自殺了」）有什麼看法？其優缺點？
- 嬰兒猝死症（SIDS）、流產和死產，以及幼兒意外死亡，甚至可能使健康的婚姻關係變得緊張。你可以如何運用心理教育技術，幫助父母擺脫這些困難經驗？
- 關於預期的悲傷是否為一有效的概念，以及在死亡之前經歷過預期的悲傷，實際上是否可以縮短喪親之痛的長度，有許多不同的看法。思考並討論這個議題的利弊。

參考文獻

Aldrich, C. K. (1963). The dying patient's grief. *Journal of the American Medical Association, 184*, 329–331. doi:10.100/jama.1963.03700180055007

Aronson, S. (1995). Five girls in search of a group: A group experience for adolescents of parents with AIDS. *International Journal of Group Psychotherapy, 45*, 223-235. doi:10.1080/00207284.1995.11490774

Avelin, P., Radestad, I., Saflund, K., Wredling, R., & Erlandsson, K. (2013). Parental grief and relationships after the loss of a stillborn baby. *Midwifery, 29*, 668–673. doi:10.1016/j.midw.2012.06.007

Begley, M., & Quayle, E. (2007). The lived experience of adults bereaved by suicide. *The Journal of Crisis Intervention and Suicide Prevention, 28*, 26–34. doi:10.1027/0227-5910.28.1.26

Beutel, M., Deckardt, R., von Rad, M., & Weiner, H. (1995). Grief and depression after miscarriage: Their separation, antecedents, and course.

Psychosomatic Medicine, *57*, 517–526. doi:10.1097/00006842-199511000-00003

Boss, P. (2000). *Ambiguous loss: Learning to live with unresolved grief*. Cambridge, MA: Harvard University Press.

Bouchal, S., Rallison, L., Moules, N., & Sinclair, S. (2015). Holding on and letting go. *OMEGA–Journal of Death and Dying*, *72*, 42–68. doi:10.1177/0030222815574700

Breen, A. N., Mourn, T., Bodtker, A. S., & Ekeberg, O. (2004). Psychological impact on women of miscarriage versus induced abortion: A 2-year follow-up study. *Psychosomatic Medicine*, *66*, 265–271.

Brier, N. (1999). Understanding and managing the emotional reaction to a miscarriage. *Obstretics & Gynocology*, *93*, 151–155. doi:10.1016/S0029-7844(98)00294-4

Brier, N. (2008). Grief following miscarriage: A comprehensive review of the literature. *Journal of Women's Health*, *17*, 451–464. doi:10.1089/jwh.2007.0505

Cain, A. C. (Ed.). (1972). *Survivors of suicide*. Springfield, IL: C. C. Thomas.

Callahan, J. (2000). Predictors and correlates of bereavement in suicide support group participants. *Suicide and Life-Threatening Behavior*, *30*, 104–124.

Cerel, J., Moore, M., Brown, M., Venne, J., & Brown, S. (2015). Who leaves suicide notes? A six-year population-based study. *Suicide and Life-Threatening Behavior*, *45*, 326–334.

Clark, S. E., & Goldney, R. D. (1995). Grief reactions and recovery in a support group for people bereaved by suicide. *Crisis*, *16*, 27–33.

Cleiren, M., & Diekstra, R. (1995). After the loss: Bereavement after suicide and other types of death. In B. Mishara (Ed.), *The impact of suicide* (pp. 7–39). New York, NY: Springer Publishing.

Cvinar, J. G. (2005). Do suicide survivors suffer social stigma: A review of the literature. *Perspectives in Psychiatric Care*, *41*, 14–21. doi:10.1111/j.0031-5990.2005.00004.x

Davies, B., Gudmundsdottir, M., Worden, J. W., Orloff, S., Sumner, L., & Brenner, P. (2004). Living in the dragon's shadow: Fathers' experiences of a child's life-limiting illness. *Death Studies*, *28*, 111–135. doi:10.1080/07481180490254501

Demmer, C. (2000). Grief and survival in the era of HIV treatment advances. *Illness Crisis & Loss*, *8*, 5–16. doi:10.1177/105413730000800101

Dyregrov, A., & Dyregrov, K. (1999). Long-term impact of sudden infant death: A 12- to 15-year follow-up. *Death Studies*, *23*, 635–661. doi:10.1080/074811899200812

Farberow, N. L., Gallagher-Thompson, D., Gilewski, M., & Thompson, L. (1992). The role of social supports in the bereavement process of surviving spouses of suicide and natural deaths. *Suicide and Life-Threatening Behavior*, *22*, 107–124.

Feely, N., & Gottlieb, L. N. (1980) Parent's coping and communication following their infant's death. *OMEGA–Journal of Death and Dying, 19*, 51-67. doi:10.2190/2BA0-N3BC-F8P6-HY3G

Gaines, J., & Kandall, S. R. (1992). Counseling issues related to maternal substance abuse and subsequent sudden infant death syndrome in offspring. *Clinical Social Work Journal, 20*, 169–177. doi:10.1007/BF00756506

Hawton, K., & Simkin, S. (2003). Helping people bereaved by suicide. *British Medical Journal, 327*, 177–178. doi:10.1080/02682620308657582

Hess, R. F. (2004). Dimensions of women's long-term postabortion experience. *The American Journal of Maternal Child Nursing, 29*, 193–198.

Homer, C. E., Malata, A., & Hoope-Bender, P. T. (2016). Supporting women, families, and care providers after stillbirths. *The Lancet, 387*, 516–517. doi:10.1016/S0140-6736(15)01278-7

Horowitz, M. H. (1978). Adolescent mourning reactions to infant and fetal loss. *Social Casework, 59*, 551–559.

Houck, J. (2007). A comparison of grief reactions in cancer, HIV/AIDS, and suicide bereavement. *Journal of HIV/AIDS & Social Services, 6*, 97–112. doi:10.1300/J187v06n03_07

Huffman, C. S., Schwartz, T. A., & Swanson, K. M. (2015). Couples and miscarriage: The influence of gender and reproductive factors on the impact of miscarriage. *Women's Health Issues, 25*, 570–578. doi:10.1016/j.whi.2015.04.005

Hutti, M., Armstrong, D., Myers, J., & Hall, L. (2015). Grief intensity, psychological well-being, and the intimate partner relationship in the subsequent pregnancy after a perinatal loss. *Journal of Obstetric, Gynecologic, & Neonatal Nursing, 44*, 42–50. doi:10.1111/1552-6909.12539

Hutton, C. J., & Bradley, B. S. (1994). Effects of sudden infant death on bereaved siblings: A comparative study. *Journal of Child Psychology and Psychiatry and Allied Disciplines, 35*, 723–732.

Janis, I. L. (1958). *Psychological stress*. New York, NY: Wiley.

Jones, S. (2015). The psychological miscarriage: An exploration of women's experience of miscarriage in the light of Winnicott's 'primary maternal preoccupation', the process of grief according to Bowlby and Parkes, and Klein's theory of mourning. *British Journal of Psychotherapy, 31*, 433–447. doi:10.1111/bjp.12172

Jordan, J. R. (2001). Is suicide bereavement different?: A reassessment of the literature. *Suicide and LifeThreatening Behavior, 31*, 91–102. Retrieved from http://johnjordanphd.com/pdf/pub/Jordan_%20Is%20Suicide%20.pdf

Jordan, J. R., & McIntosh, J. (2010). *Grief after suicide: Understanding the consequences and caring for the survivors*. New York, NY: Routledge.

Jordan, J. R., & McMenamy, J. L. (Eds.). (2004). Interventions for suicide survivors: A review of the literature. *Suicide and Life-Threatening Behavior, 34*, 337–349. doi:10.1521/suli.34.4.337.53742

Jordan, J. R., Price, J., & Prior, L. (2015). Disorder and disconnection: Parent experiences of liminality when caring for their dying child. *Sociology of Health & Illness, 37*, 839–855. doi:10.1111/1467-9566.12235

Joy, S. S. (1985). Abortion: An issue to grieve? *Journal of Counseling and Development, 63*, 375–376. doi:10.1002/j.1556-6676.1985.tb02724.x

Kaslow, N., & Aronson, S. (2004). Recommendations for family interventions following a suicide. *Professional Psychology: Research and Practice, 35*, 240–247.

Kastenbaum, R. (1969). Death and bereavement in later life. In A. H. Kutscher (Ed.), *Death and bereavement* (pp. 27–54). Springfield, IL: C. C. Thomas.

Kerr, P. (1989, March 2). As murder case drags on, the mourning never ends. *New York Times*. Retrieved from https://www.nytimes.com/1989/03/02/nyregion/as-murder-cases-drag-on-the-mourning-never-ends.html

Kristensen, P., Weisæth, L., & Heir, T. (2012). Bereavement and mental health after sudden and violent losses: A review. *Psychiatry: Interpersonal & Biological Processes, 75*, 76–97.

Lang, A., Fleiszer, A. R., Duhamel, F., Sword, W., Gilbert, K. R., & Corsini-Munt, S. (2011). Perinatal loss and parental grief: The challenge of ambiguity and disenfranchised grief. *OMEGA–Journal of Death and Dying, 63*, 183–196. doi:10.2190/OM.63.2.e

Lazare, A. (1979). *Outpatient psychiatry: Diagnosis and treatment*. Baltimore, MD: Williams & Wilkins.

Lazare, A. (1989). Bereavement and unresolved grief. In A. Lazare (Ed.), *Outpatient psychiatry: Diagnosis and treatment* (2nd ed., pp. 381–397). Baltimore, MD: Williams & Wilkins.

Lindemann, E. (1944). Symptomatology and management of acute grief. *American Journal of Psychiatry, 101*, 141–148. doi:10.2190/IL1.2.f

Lindemann, E., & Greer, I. M. (1953). A study of grief: Emotional responses to suicide. *Pastoral Psychology, 4*, 9–13. doi:10.1007/BF01838832

MacKenzie, M. A. (2011). Preparatory grief in frail elderly individuals. *Annals of Long Term Care, 19*, 25–26.

Mallinson, R. (2013). Grief in the context of HIV: Recommendations for practice. *Journal of the Association of Nurses in AIDS Care, 24*, S61–S71. doi:10.1016/j.jana.2012.08.012

Markin, R. (2016). What clinicians miss about miscarriages: Clinical errors in the treatment of early term perinatal loss. *Psychotherapy, 53*, 347–353. doi:10.1037/pst0000062

McIntosh, J. L., & Kelly, L. D. (1992). Survivors' reactions: Suicide vs. other causes. *Crisis, 13*, 82–93.

McNiel, D. E., Hatcher, C., & Reubin, R. (1988). Family survivors of suicide and accidental death: Consequences for widows. *Suicide and Life-Threatening Behavior, 18*, 137–148. doi:10.1111/j.1943-278X.1988.tb00148.x

Metzger, P., & Gray, M. (2008). End-of-life communication and adjustment: Pre-loss communication as a predictor of bereavement-related outcomes.

Death Studies, 32, 301–325. doi:10.1080/07481180801928923
Mitchell, A. M., Gale, D. D., Garand, L., & Wesner, S. (2003). The use of narrative data to inform the psychotherapeutic group process with suicide survivors. *Issues in Mental Health Nursing, 24*, 91–106. doi:10.1080/01612840305308
Monahan, J. R. (1994). Developing and facilitating AIDS bereavement support groups. *Group, 18*(3), 177–185. doi:10.1007/BF01456588
Moore, M. M., & Freeman, S. J. (1995). Counseling survivors of suicide: Implications for group postvention. *Journal for Specialists in Group Work, 20*, 40–47. doi:10.1080/01933929508411324
Morgan, J. H., & Goering, R. (1978). Caring for parents who have lost an infant. *Journal of Religion and Health, 17*, 290–298.
Murphy, S., Shevlin, M., & Elklit, A. (2014). Psychological consequences of pregnancy loss and infant death in a sample of bereaved parents. *Journal of Loss and Trauma, 19*, 56–69. doi:10.1080/15325024.2012.735531
Nielsen, M. K., Neergaard, M. A., Jensen, A. B., Bro, F., & Guldin, M. (2016). Do we need to change our understanding of anticipatory grief in caregivers? A systematic review of caregiver studies during end-of-life caregiving and bereavement. *Clinical Psychology Review, 44*, 75–93. doi:10.1016/j.cpr.2016.01.002
O'Neill, B. (1998). A father's grief: Dealing with still birth. *Nursing Forum, 33*, 33–37. doi:10.1111/j.1744-6198.1998.tb00227.x
Parkes, C. M. (1975) Unexpected and untimely bereavement -- a statistical study of young Boston widows and widowers. In B. Schoenberg, A. H. Kutscher, & A. C. Carr Eds.), *Bereavement: Its Psychological Aspects* (119-138). New York, NY: Columbia University Press.
Parkes, C. M. (1993). Psychiatric problems following bereavement by murder or manslaughter. *British Journal of Psychiatry, 162*, 49–54. doi:10.1192/bjp.162.1.49
Parkes, C. M. & Prigerson, H. G. (Eds.). (2010). *Bereavement: Studies of grief in adult life* (4th ed.). East Sussex, UK: Routledge.
Parrish, M., & Tunkle, J. (2003). Working with families following their child's suicide. *Family Therapy, 30*, 63–76.
Pearlman, R. A., Hsu, C., Starks, H., Back, A. L., Gordon, J. R., Bharucha, A. J., . . . Battin, M. P. (2005). Motivations for physician-assisted suicide. *Journal of General Internal Medicine, 20*, 234–239. doi:10.1111/j.1525-1497.2005.40225.x
Peters, K., Cunningham, C., Murphy, G., & Jackson, D. (2016). "People look down on you when you tell them how he died": Qualitative insights into stigma as experienced by suicide survivors. *International Journal of Mental Health Nursing, 25*, 251–257. doi:10.1111/inm.12210
Peterson, G. (1994). Chains of grief: The impact of perinatal loss on subsequent pregnancy. *Journal of Prenatal and Perinatal Psychology and Health, 9*(2), 149–158.

Pruitt Johnson, O., & Langford, R. W. (2015). A randomized trial of a bereavement intervention for pregnancy loss. *Journal of Obstetric, Gynecologic & Neonatal Nursing, 44*, 492–499. doi:10.1111/1552-6909.12659

Rando, T. A. (1993). *Treatment of complicated mourning*. Champaign, IL: Research Press.

Rando, T. A. (Ed.). (2000). *Clinical dimensions of anticipatory mourning*. Champaign, IL: Research Press.

Randolph, A., Hruby, B., & Sharif, S. (2015). Counseling women who have experienced pregnancy loss: A review of the literature. *Adultspan Journal, 14*, 2–10. doi:10.1002/j.2161-0029.2015.00032.x

Range, L. M., & Calhoun, L. G. (1990). Responses following suicide and other types of death: The perspective of the bereaved. *OMEGA–Journal of Death and Dying, 21*, 311–320. doi:10.2190/LLE5-7QNT-7M59-GURY

Reed, M. D. (1993). Sudden death and bereavement outcomes: The impact of resources on grief symptomatology and detachment. *Suicide and Life-Threatening Behavior, 23*, 204–220. doi:10.1111/j.1943-278X.1993.tb00180.x

Reilly-Smorawski, B., Armstrong, A. V., & Catlin, E. A. (2002). Bereavement support for couples following death of a baby: Program development and 14-year exit analysis. *Death Studies, 26*, 21–37. doi:10.1080/07481180210145

Robinson, M., Baker, L., & Nackerud, L. (1999). The relationship of attachment theory and perinatal loss. *Death Studies, 23*, 257–270. doi:10.1080/074811899201073

Rosenbaum, J. L., Smith, J. R., & Zollfrank, R. (2011). Neonatal end-of-life spiritual support care. *Journal of Perinatal & Neonatal Nursing, 25*, 61–69. doi:10.1097/JPN.0b013e318209e1d2

Rotheram-Borus, M. J., Weiss, R., Alber, S., & Lester, P. (2005). Adolescent adjustment before and after HIV-related parental death. *Journal of Consulting and Clinical Psychology, 73*, 221–228. doi:10.1111/j.1530-0277.2011.01591.x

Rynearson, E. K. (1994). Psychotherapy of bereavement after homicide. *Journal of Psychotherapy Practice and Research, 3*, 341–347. Retrieved from https://www.ncbi.nlm.nih.gov/pmc/articles/PMC3330379

Rynearson, E. (2001). *Retelling violent death: Resilience and intervention beyond the crisis*. Philadelphia, PA: Taylor & Francis.

Rynearson, E. (2006). *Violent death*. New York, NY: Routledge.

Rynearson, E. (2012). The narrative dynamics of grief after homicide. *OMEGA–Journal of Death and Dying, 65*, 239–249. doi:10.2190/OM.65.3.f

Rynearson, E. K., & McCreery, J. M. (1993). Bereavement after homicide: A synergism of trauma and loss. *American Journal of Psychiatry, 150*, 258–261. doi:10.1176/ajp.150.2.258

Sikkema, K. J., Hansen, N. B., & Ghebremichael, M. (2006). A randomized controlled trial of a coping group intervention for aults with HIV who are AIDS bereaved: Longitudinal effects of grief. *Health Psychology, 25*,

563–570. doi:10.1037/0278-6133.25.5.563
Silverman, E., Range, L., & Overholser, J. C. (1994). Bereavement from suicide as compared to other forms of bereavement. *OMEGA–Journal of Death and Dying, 30*, 41–51. doi:10.2190/BPLN-DAG8-7F07-0BKP
Sobel, H., & Worden, J. W. (1982). *Helping cancer patients cope*. New York, NY: Guilford Press.
Solomon, R., & Rando, T. (2007). Utilization of EMDR in the treatment of grief and mourning. *Journal of EMDR Practice & Research, 1*, 109–117.
Speckhard, A., & Rue, V. (1993). Complicated mourning: Dynamics of impacted post abortion grief. *Journal of Prenatal and Perinatal Psychology and Health, 8*(1), 5–32.
Valsanen, L. (1998) Family grief and recovery process when a baby dies. *Psychiatria Fennica, 29*, 163–174.
Wagner, B., Keller, V., Knaevelsrud, C., & Maercker, A. (2012). Social acknowledgement as a predictor of post-traumatic stress and complicated grief after witnessing assisted suicide. *International Journal of Social Psychiatry, 58*, 381-385. doi:10.1177/0020764011400791
Wagner, K. G., & Calhoun, L. G. (1991). Perceptions of social support by suicide survivors and their social networks. *OMEGA–Jounal of Death and Dying, 24*, 61–73. doi:10.2190/3748-G16Y-YEBF-QD10
Weisman, A. D., & Hackett, T. P. (1961). Predilection to death. *Psychosomatic Medicine, 23*, 232–255.
Werth, J. (1999). The role of the mental health professional in helping significant others of persons who are assisted in death. *Death Studies, 23*, 239–255. doi:10.1080/074811899201064
Wilson, R. (2001). Parents' support of their other children after a miscarriage or perinatal death. *Early Human Development, 61*, 55–65. doi:10.1016/S0378-3782(00)00117-1
Worden, J. W. (1976). *Personal death awareness*. Englewood Cliffs, NJ: Prentice Hall.
Worden, J. W. (1991). Grieving a loss from AIDS. *Hospice Journal, 7*, 143–150. doi:10.1080/0742-969X.1991.11882696
Worden, J. W. (1996). Tasks and mediators of mourning: A guideline for the mental health practitioner *In Session: Psychotherapy in Practice, 2*, 73–80.
Worden, J. W. (2000). Towards an appropriate death. In T. Rando (Ed.), *Clinical dimensions of anticipatory mourning* (pp. 267–277). Champaign, IL: Research Press.

第8章

悲傷和家庭系統

到目前為止，我們的觀點都放在個人的悲傷反應，以及此悲傷反應和生者、逝者間關係的相關性。然而，許多重大失落對家庭深具意義，因此，思考死亡對整個家庭系統的衝擊是很重要的。大部分的家庭有其平衡方式，失去家中重要的一員，則失去了平衡，給家庭帶來痛苦，以致需要尋求協助。著名的家族治療師 Murray Bowen（1978, 2004）說：「要想幫助一個在死亡發生之前、進行中，及之後的家庭，必須先了解整個家庭的結構、逝者在家中位置的功能，以及生活調適的程度。」

有幾個特別因素影響著哀悼歷程及造成家庭分裂，包括：家庭生命週期的階段；逝者的角色；權力、情感和溝通模式；以及社會文化因素（Davies, Spinetta, Martinson, & Kulenkamp, 1986 ; Vess, Moreland, & Schwebel, 1986; Walsh & McGoldrick, 2004）。

本章的目的是討論家庭動力如何阻礙了適度的悲傷，並不打算討論家族治療。我先假設讀者已具有對這類治療的了解和技巧，對於不熟悉這個範疇的人，如果想有些概念的話，我推薦《臨床家族治療手冊》（*Handbook of Clinical Family Therapy*, Lebow, 2012）。而《以家庭為焦點之悲傷治療》（*Family Focused Grief Therapy*, Kissane & Bloch, 2002, 2004）一書，談的是以喪親家庭為取向的家族治療。另外，Sandler 和其同僚的《喪親家庭計畫》

（*Family Bereavement Program*, Sandler et al., 2010; Sandler, Tein, Cham, Wolchik, & Ayers, 2016）也有方案供參。

家族治療的信念認為：家庭是個互動體，所有成員都會彼此影響。因此，只看和逝者的個別關係，而不在整個家庭的運作網絡中處理喪親者的悲傷，這樣是不夠的。家庭成員的特質決定了家庭系統的特質，但家庭系統遠大於個別成員特質的總和。家庭的悲傷反應要和個別成員的悲傷反應分開來評估（Rosen, 1990）。家庭的悲傷和個人的悲傷同樣衝擊到家庭神話，就如同個人運用心理防衛機轉一般，神話賦予了家庭的定義及認同。此外，家庭成員的去世所帶來的每一個改變，都象徵了家庭本身的死亡，轉而由舊家庭建立一個新家庭的任務（Stroebe & Schut, 2015）。

每個家庭表達感受和容忍感受的能力均不相同。如果不能容忍公開地表達感受，則悲傷將會以不同型態的行為表現出來。能開放地談論逝者的家庭，才能有效地因應悲傷，而封閉式家庭不僅沒有這樣的自由，還提供家人保持緘默的藉口和解釋。有功能的家庭能夠處理對死亡的感受，包括允許和接受脆弱的感受（Henoch, Berg, & Benkel, 2016）。

以家庭系統的觀點來看，未解決的悲傷不僅是家庭不健康關係的關鍵因素，也會使不健康關係在代間傳遞下去（Gajdos, 2002; Roose & Blanford, 2011）。Walsh 和 McGoldrick（2004）提出個人原生家庭延宕的哀悼，會阻礙個人在目前的家庭中去經驗失落和分離的情緒。Reilly（1978）研究悲傷與藥物濫用的關係，他確信那些年輕藥物濫用者的父母，他們未能充分的歷經哀悼，也沒有解決他們和其父母之間的愛恨衝突。因此，他們把自己對失落和被遺棄的情緒，投射在當前的家人身上。為了評估世代間衝突的衝擊，Bowen（1978, 2004）建議在接案過程中，要詳細詢問延伸家庭的

歷史，起碼應該涵蓋至兩代。

在評估悲傷和家庭系統時，要考慮三個主要範圍。第一個要評估的範圍是逝者在家中所扮演具功能性的地位或角色。家庭成員扮演各種不同的角色，如：病人角色、價值建立者、代罪羔羊、撫育者、領導者等等。逝者的功能和地位若為具重要意義者，他的死亡會為家庭帶來功能失衡的困擾。Bowen（1978, 2004）認為，當每個家庭成員發揮合理有效的功能時，家庭會處於一個平衡穩定的狀態。但是增加或失去了一員，則會導致失衡。死亡剝奪了家中一個重要角色，另一個人會想去填補這個空缺。

孩子在家庭中也扮演著重要角色，他們的死亡攪亂了家庭的平衡。一個患有白血病的青少年，是三個孩子中的老么，需要常常住院及持續照顧。他都是由大哥送醫，當他去世後，大哥不讓父母變動他的房間，或者收拾他的東西，一旦家人提及此事，大哥就非常生氣。因為搬動東西，即表示要面對最終的失落以及對弟弟未解決的愛恨衝突。

母親也很痛苦，她和逝者非常親密。在這種反依賴中，孩子取代了先生的角色，支持了她那低落的自尊。孩子死後，先生更不關心太太，也拒絕談自己的感受，不回家的時間更長了。老二是個女孩子，住得離家很遠，看起來似乎是唯一過得較好的。對這個家庭來說，個別輔導可能會成功，但是我認為，三個或四個的個別輔導不比家族治療有效，因為各種衝突和議題可以在彼此互動之間得到處理。事實上，精神科醫師 Norman Paul（1986）相信：悲傷工作如果只局限於個人和治療師之間，會阻礙個人和家人之間關係的發展。

當孩子尚年幼時，雙親之一去世，會產生長遠的影響。Bowen（1978）認為，「這種情況不僅破壞了情緒平衡，而且奪去了這個時期最重要的經濟供應者或母親的功能」（p. 328）。另一個巨大的影響是掌有決策功能的家長的死亡。一位女士的祖父一向以鐵血手腕經管家族。祖父去世兩年後，她的父母離婚了，家族事業分裂，家人四散。而有些人在家庭裡是邊緣人，這樣的人角色較為中立，他們的死亡比較不會如上述般強烈地影響當下或未來的家庭功能。

第二是評估家庭的情緒整合情形。整合愈好的家庭，即使逝者為重要成員，當外在支持不多的時候，也能幫助家人彼此之間因應死亡。整合不好的家庭，死亡發生之際表現的悲傷反應可能較少，但於日後會出現不同的生理、情緒症狀，或某些社會性不良行為。諮商人員了解家庭的情緒整合情形是很重要的，因為只協助家人表達失落的感受，並不一定能增加他們情緒的整合（McBride & Simms, 2001; Worden, 1996）。

在哀悼過程中，情感表達非常重要，所以，第三個要評估的是家人如何催化或阻礙情緒表達。首先，要了解家人賦予情緒的價值，以及家庭的溝通型態是否允許個人表達感受。Davies 等人（1986）發現，有一些低功能的家庭把悲傷視為可笑的，他們會說：「夠了！別哭了。」他們也發現，較有功能的家庭裡，父親能夠開放地表達悲傷，而不隱藏感受，也不會對兒子在葬禮中不哭泣表示讚賞。讚賞兒子不流淚會增強僵化的性別角色，這是低功能家庭的一項特質。因為死亡會引發各種強烈的感受，所以，能夠允許一個人去經驗、指認及完成這些感受是很重要的。想要壓抑或隔離感受的家庭，會讓個人無法適當地解決悲傷（Traylor, Hayslip, Kaminski, & York, 2003）。

凱倫是五個孩子中最小的，父親是個潦倒的酗酒者，死於當地小旅館。家人長久以來以他為恥，很快地將他火化，骨灰也未經任何儀式就安置了。凱倫提出墓誌銘的建議，但人微言輕，家中無人同意。凱倫認為父親死得很不堪，她無法和父親割離。多年來，她經由一種病態的認同來和父親連結，家人常會說：「妳就像妳老爸一樣。」長大成人後，凱倫也有嚴重的酗酒問題，這其實正是她對父親病態認同的結果。經過悲傷治療，她能夠看到這個連結。她向父親做了最後的道別，也處理其他家人對父親死亡之事的看法，最後解決了自己的酗酒問題。

這個家庭可能不認為有接受家族治療的需要，他們相信或想要相信父親的死不會對他們或家庭系統造成衝擊。但從這個案例我們看到，在死亡事件之後，評估所有成員的各種幻想和感受是明智的，尤其要包括年幼的孩子。

如同在第 2 章所提到的哀悼任務，家庭調適失落時也有重要的任務：一定要了解個別家庭成員的失落和悲傷經驗為何（健康的家庭能將彼此的差異視為一種力量）；家人要能重新組織，重新派定或放棄其他成員角色，以降低混亂感；以及家庭在維繫與逝者連結的同時，還要投入新的家庭組合（McBride & Simms, 2001; Walsh & McGoldrick, 2004）。開放和坦誠的溝通加上適當的儀式，有助於完成這三項任務（Gilbert, 1996; Rotter, 2000）。

Janice Nadeau 再給家庭加上一項任務，即是為死亡賦予意義。個別家人對失落往往有各自獨特的信念與理解。彼此分享這些覺察，能幫助整個家庭發展出對失落的理解。家庭如何理解一位成員的殞逝，對於他們的悲傷有很大的影響。認為死亡是由長期的痛苦中得到解脫，或者認為死亡本是可以避免的，在這兩種情況下，家庭悲傷的方式就有不同（Nadeau, 1998, 2001, 2008）。

研究顯示，調適最好的喪親家庭，其凝聚力較強、更能忍受家人的個別差異、能更開放的溝通，包括開放地分享情緒、更多發掘家中或外界的支持、更主動地因應問題（Greeff & Human, 2004; Worden, 1996）。家庭處遇不見得會引出前述之特點，但多半可以達到。Kissane 和同僚們（2006）提出有效的家庭喪慟處遇，可經由篩選找出一些家庭的類型。

Sandler 和其同僚在亞利桑那州立大學發展的家庭喪慟計畫及研究，此喪慟服務計畫結果對父母和孩子都有長達六年的成效。他們也找出計畫中哪些是對父母死亡最有效的改變和調適的元素（Sandler et al., 2010, 2016）。

孩子的死亡

孩子的死亡是一種嚴重的失落，對家庭的平衡造成重大的衝擊，甚至導致複雜性悲傷反應。活著的手足往往成了父母潛意識裡用來減輕愧疚感的焦點，並且想透過他們掌控命運。手足最困難的處境是，他們成了替代品（Buckle & Flemming, 2011; Rossetto, 2015）。父母有時會把逝者的人格特質加在他們身上，甚至有的還取類似或完全相同的名字。Davies（1999）發現：健康的家庭能夠接受孩子的死亡，不會期待其他的孩子來填補空位。父母幫助手足和整個家庭溝通的能力及直接表達情緒的機會，有助於健康地達成悲傷任務（Schumacher, 1984）。

有的家庭藉著掩蓋有關喪子的事實來處理情緒，之後出生的孩子可能對去世的手足一無所知，有些甚至不知有去世兄姊的存在。茱蒂就是個例子。父母的第一個孩子是男孩，在襁褓時即去世，有了她和第三個孩子以後，茱蒂遂取代了死去的哥哥。父母雖然從不明說，但是多年來，即使父母未曾談及死去的哥哥，她仍然感覺得到他如影隨形，下意識裡，她會想去完成所有哥哥可能做的事，包括很多男性化的興趣、活動和嗜好。

多年後，在母親癌症臨終時，茱蒂堅持要父母談逝去的哥哥，談談他們對他的失望和對她的期待，這雖然不是件容易的事，但是由於她的堅持，父母終於能夠清楚地承認他們對失去兒子的失望和對她的期待。即使費了很大的勁，也遭到相當的抗拒，茱蒂覺得在母親去世前釐清這些事，對她來說很重要。很幸運地，她的努力成功了，終於可以超脫父母加諸於她的期待，開始做自己了。

通常，在一個孩子去世後，父母很容易會忽略了其他的孩子（Worden, Davies, & McCown, 2000）。有時是因為父母會假設孩子太小，無法體會失落，或者認為需要保護孩子，不讓他們接觸所謂的「不祥」。更常見的是，主要照顧者本身正處在創痛狀態，無法對其他孩子提供協助，孩子們也就得不到需要的關注。因此此時很需要支持網絡，以幫助孩子緩解失去手足時的反應和感受（Worden, Davies, & McCown, 2000）。

孩子會有一段艱困的時光；他們得要弄清楚該怎麼告訴朋友，以及該怎麼處理因死亡帶給其他人的不舒服。孩子經常因著這些痛苦感受，不敢玩耍和歡樂，因為他們不要別人認為他們對手足的去世不在乎（Schumacher, 1984）。

如果不做開放和坦誠的溝通，孩子就會自己去為那些超過他們理解能力的問題找到答案。父母要驅除孩子對有關死亡的靈異和錯誤的想法，才能夠建立孩子和父母以及其他手足間的情緒連結。這是個影響孩子人格發展及未來建立和維繫人際關係能力的重要時刻（Schumacher, 1984）。

喪慟父母的經驗，對於孩子的失落以及失落對家庭所造成的衝擊，十分重要。不論孩子是幾歲時去世，都是個人生命的重大失落，會造成長期的影響；Sanders（1979）在其經典的研究中曾經指出此點，澳洲的 Middleton、Raphael、Burnett 和 Martinek（1998）也重述她的研究發現。親子間有很強的連結；其反映出父母的人格以及歷史和社會因素。Klass 和 Marwit（1989）寫道：

> 孩子代表著父母自我中最好和最壞的一面。父母生命的困境和矛盾都會反映在親子關係裡。孩子誕生即處在一個希望和期待的世界，一個複雜心理連結的世界，一個已經有歷史的世界。親子連結也是父母和他們的父母之間連結的重塑。因此，孩子會被父母親當作是自身的讚美或批判。從孩子出生的那一天起，這些希望、期待、連結及歷史，都已經交織在親子關係中了。（p. 33）

親友們可能不知道如何反應或給予支持，尤其是在失落發生一段時間之後。我曾協助幾位喪子的母親，她們的朋友都會認為已經過了一年，她們應可漸漸地度過喪子的失落。

第 3 章討論過的影響悲傷的要素，一樣會影響到這一類失落的經驗。子女死亡通常是突然、早夭、意外的，父母總認為自己不該活得比孩子久。許多孩子意外喪生，對父母的能力是一大挑戰。父母的角色之一就是維護孩子的安全，所以會引發父母強烈的愧疚感（Davies et al., 2004）。

愧疚感有各種來源。Miles 和 Demi（1983-1984）指出喪子父母會有的五種愧疚感：第一是*文化性愧疚感*。社會期待父母要保護和照顧孩子。孩子去世違背了社會期待，引發了愧疚感。第二是*因果性愧疚感*。如果父母因實際上，或者被認為的疏忽行為導致孩子的死亡，會引發因果性愧疚感。孩子死於遺傳性疾病，也是造成因果性愧疚感的部分原因。第三是道德性愧疚感。來自父母覺得孩子是因父母早期或當前生活違反道德而致死。有各種行為會被認定為違反道德，常見的一種會殘存愧疚的行為是墮胎——「因我之前墮過胎，所以如今要承受失去孩子的懲罰。」第四是倖存者愧疚感。比如在同一場意外中，孩子死去，而父母存活下來。第五是復原後愧疚感。當父母由悲傷歷程走過，且想要好好展開生活時，會覺得這個復原有辱對逝者的回憶，也會受到社會批判。有一位家長曾說：「除去愧疚感表示放棄和孩子的連結。」（Brice, 1991, p. 6）

父母喪子，常想要把孩子的死亡怪罪連帶責任的人，並尋求報復，尤其是為人父者。在孩子死於意外、自殺或他殺時，這種需要格外強烈。即使是自然死亡，也會有憤怒。這種指責他人的需求會指向配偶、其他家人，使家庭系統中的人有壓力。有時家中的孩子會成為代罪羔羊。諮商人員要理解此動力，且協助他們找到適當方式表達憤怒和指責（Buckle & Flemming, 2011）。

父母雙方都會覺得失落，但是，他們的悲傷經驗可能會因為各自和孩子的關係，以及個人的因應型態不同而有所差異。這個差異可能會帶來婚姻的緊張，也造成家庭成員的壓力和聯盟（Albuquerque, Pereira, & Narcisco, 2015; Robinson & Marwit, 2006）。

父母需了解自我表達悲傷的方式以及配偶悲傷的型態（Littlewood, Cramer, Hoekstra, & Humphrey, 1991）。其中一方可能會比較流暢地表達和討論情緒。開放式的表達感受可能會威脅到另一方，以致阻斷溝通，使兩人離得更遠。當諮商人員與夫妻會談時，不要表現出站在情緒坦露一方這邊，否則另一方會退卻，覺得在諮商過程中受挫。會談開始時，夫妻雙方可能透過諮商人員來互相溝通，一方可能表現出勉強或是為了要幫助對方才來的——多半會是父親這方。有些人相信提過去是沒用的，尤其是痛苦的過去，所以他們不會談悲傷經驗（Worden & Monahan, 2009）。

表達悲傷有性別差異（Polatinsky & Esprey, 2000; R. Schwab, 1996）。在我們的社會和文化中，性別角色期待是種社會化過程。研究指出，社會脈絡下，男性似乎比女性更害怕表達情緒，比女性少表露親密性訊息。對男性來說，親近的友誼是較多分享活動而非親密話題，表現忠誠較分享感受多（Doka & Martin, 2010）。喪子之父有許多雙重矛盾：第一，父親得到的社會支持少，但卻被期待他是太太、孩子及其他家庭成員的主要支持者；第二，文化意識強調處理悲傷最好的方式是表達出來，但又要他們控制住令人害怕和負荷不來的悲傷（Cook, 1988）。這種介於社會和個人期待的衝突，會讓男人在悲傷時覺得挫折、憤怒和孤單（Aho, Tarkka, Astedt-Kurki, Sorvari, & Kaunonen, 2011）。

孩子去世時，父母往往會驚覺到自己的需求和反應。嚴重的失落引發對親近和親密關係的渴望，但有些父母會在發現自己想要以性來滿足這些需求時，感到驚訝或愧疚。我們需要了解這些需求和感受是正常的生命歷程。也常有人因為過度悲傷，以致對性生活沒有興趣。這種情形可能一方有，另一方沒有，此時關係就會呈現緊張（Lang, Gottlieb, & Amsel, 1996）。

反之，有些配偶在死亡發生後不久，更渴求性生活。性親密感能為他們帶來生命的確定感，以及滿足彼此緊密和互相照顧的強烈需求（Dyregrov & Gjestgad, 2012）。Johnson（1984）的研究指出，有一些要藉由性生活才能和太太親近的男性，在失落事件後，體會到能不經由性而親近太太。這讓很多男士驚訝地了解到，何以太太喜歡且能藉由擁抱得到安慰。

離婚常被視為和喪子的悲傷相關。「溫馨友誼社」（2006）的調查發現，並無明確證據顯示，悲傷直接導致較高的離婚率。

但是，卻有許多傳聞顯示，這些群體可能有逐漸升高的離婚率。Klass（1986-1987）提出一個對喪子父母矛盾關係的極佳敘述：

> 夫妻分享失落帶來一個嶄新又深刻的連結，但在此同時，各自的失落感受又造成關係的疏離。夫妻處理這種矛盾的方式也會因失落事件之前關係的不同而有所差異。（p. 239）

Klass 結論道，離婚率是提高了些，但可能並非直接來自孩子的去世，而是之前就存在的一些因素。

已離婚的父母失去了孩子，他們的悲傷會更形複雜。這種危機時刻會把父母拉在一起，因而引起強烈的情緒和極端的行為，從同理和關懷，到權力和控制的爭奪，都有可能。但是在這種情形下，不可能得到真正渴望的主控感——也就是使一個生命死而復生。

除非修通喪子的失落，我們不鼓勵父母很快再有小孩。因為他們將不處理必要的悲傷工作，或是他們由此替代的孩子來修復悲傷工作（Reid, 1992）。有對夫婦的孩子死於嬰兒猝死症，他們想要很快地再有一個孩子，但是我告誡他們小心行事。他們未接受建議，把 4 歲的兒子交給褓姆後，前往加勒比海計劃懷孕。還好，此舉並未成功。兩年後，他們有了孩子，我認為延緩兩年幫助他們能夠讓這孩子做自己，而不是來替代逝去的姊姊。

孩子處在替代的角色時，是很不利的，會妨礙認知和情緒發展，忽視其個體化（Legg & Sherick, 1976）。「替代性」的孩子通常受到杯弓蛇影的父母過度保護，並且在去世者的形象中長大（Poznanski, 1972）。「替代性」孩子被期待要仿效逝者——被理想化的孩子，而不被允許發展自我認同（G. Schwab, 2009）。

喪子父母面臨兩個議題：第一是學習在沒有孩子的情形下生

活，這涉及學習以新的型態和社會網絡互動；第二是將孩子的形象內化以獲得安慰（Marwit & Klass, 1994）。不同的哀悼任務（如第 2 章所言）提到兩者都要修通。許多失去孩子的父母，在相信和不相信事實中掙扎（第一項任務）。一方面他們知道孩子已逝，另一方面又不願意相信。想要重獲失去的孩子的心情，反映出這種掙扎。有些父母在孩子去世多年後，仍會將孩子的房間維持原樣，好似準備讓孩子隨時可以回來。

強烈的情緒是普遍存在的，如：憤怒、愧疚和指責，這是哀悼的第二項任務的歷程。表達和處理這些感受是有性別差異的（Doka & Martin, 2010）。「溫馨友誼社」這類團體中的過來人能給予同理的傾聽，對處理這些感受很有幫助。沒有這種失落經驗的人，往往以為失去孩子的父母很不想談自己的孩子，其實恰恰相反（Wijngaards-de Meij et al., 2005）。

哀悼第三項任務的完成，對許多父母來說，在於為孩子的去世找到意義（Brice, 1991; Kim & Hicks, 2015; Wheeler, 2001）。父母可以用各種方法，如在宗教和哲理信念中找到意義。也有些父母藉由孩子的獨特性，或恰當的追憶方式來完成這項任務。有一對父母，其讀大學的兒子在一場可怕的車禍中喪生，他們成立了一個基金會來紀念兒子，每年提供一個大學獎學金，給兒子就讀高中的畢業生。很多人藉由幫助個人或參與社會的活動找到意義（Miles & Crandall, 1983）。Klass（1988）發現，在那些自助團體中，能將幫助和養育的親職角色轉移至其他孩子身上的父母，會對去世的孩子有較正向且較少壓力式的回憶。

完成第四項任務，對喪慟的父母是非常困難的。「與孩子生前關係中的愛恨交織及多重投射，在孩子去世後，仍會是尋求平衡過程的一部分」（Klass & Marwit, 1989, p. 42）。但是對有些人來說，重新定位失去孩子的痛苦掙扎，帶來了重要的自我覺察及個人成長的可能性（Klass & Marwit, 1989; Price & Jones, 2015; Riley, LaMontagene, Hepworth, & Murphy, 2007）。一位母親最後發現，為自己對亡子的思路和回憶找到一個位置，才能重新投入生活。她說：

> 最近，我才開始注意到生活中有許多事仍然是向我開放的，仍有許多事會帶給我快樂。我知道此生仍會因羅比而傷慟，也會保有這份愛的記憶。但是，不管喜不喜歡，生命繼續往前走，而我參與在其中。最近我發現自己在家生活得很好，甚至可以出外參與朋友的活動。

這位喪子的母親走出悲傷，繼續她的人生，並沒有覺得這樣做違背了對兒子的懷念。這也是所有喪慟父母至終也最富挑戰的目標。

祖父母的悲傷

祖父母的悲傷有時會被社會忽略，他們經常成了被遺忘的悲傷者，他們的悲傷不為社會所了解或支持（Gilrane-McGarry & O'Grady, 2011, 2012）。他們的悲傷和喪子女父母不同。Reed（2000）的書《祖父母的二度哭泣》（*Grandparents Cry Twice*）提到祖父母不只為孫子女的去世悲傷，也為自己的子女悲傷——喪子女的父母。

缺少社會支持，喪慟的祖父母會經驗到 Doka 所謂的被褫奪的悲傷。很少受到親人、朋友的支持，同事們也不太能了解和同理其喪慟。事實上，他人並不了解祖父母們所經歷的（Hayslip & White, 2008），這讓祖父母們對去哪裡、如何、何時及向誰表達哀傷感到困難（Nehari, Grebler, & Toren, 2007, 2008）。

缺少社會支持會產生幾個議題：（1）祖父母比父母更靠近自身的死亡；（2）祖父母有其他的失落，影響對孫子們的悲傷，包括生活面，如：退休、縮減開銷、健康問題、朋友去世、家人離婚和財務困難；（3）他們不知如何安慰孩子，而給了不適當的建議，如：「你要繼續你的人生」。祖父母的處遇要放在如何有效支持他們成年的子女及還活著的孫子們。

凡討論祖父母的議題，要涵蓋祖父母的監護（custodial grandparents）。這是指對孫子們的監護權的順位，因著他們成年子女生病、離婚或死亡，包括毒癮和死於 AIDS 等問題。Hayslip 和 White（2008）對於正視祖父母監護權的議題有不錯的討論。

失去父母的孩子

在童年或青春期時失去父母，很可能無法適度地哀悼，且在日後的生活裡，可能出現憂鬱的症狀，或在成年以後無法與人建立密切的關係。第 6 章曾提到，在這種情況下，處遇的重點在催化哀悼過程，使當事人症狀改善，並且能夠重新開始先前被阻礙了的生命任務。

多年來，對於兒童是否有哀悼的能力，一直有很多爭論，尤其是精神分析學派。Wolfenstein（1966）認為，除非孩子的自我認同已建構完整，否則孩子無法哀悼；要到青少年晚期，充分分化以後才會發生。另一說法，如 Furman（1974）等人則認為，早在孩子 3 歲時建立了客體關係之後，就有能力哀悼了。而 Bowlby（1960）則將年齡往前推到六個月大。

包括我在內，有些人採第三種看法，認為孩子會哀悼，只要找到適合的哀悼模式，而不是強迫孩子使用成人的哀悼模式。兒童悲傷的關鍵元素是對分離的情緒反應。這些反應早在發展出對於死亡的現實概念之前就存在了。雖然，幼小的孩子在依附關係破裂時，會出現類似悲傷的行為，但他們的認知還沒有發展到能夠了解死亡。孩子無法整合他們所不了解的事。要了解死亡，必須要有以下這些認知概念：終結性、轉化、不可逆轉、因果關係、不可避免、具體操作（Smilansky, 1987）。Piaget 的研究裡提到，具體操作能力是在 7 或 8 歲以後才會發展（Piaget & Inhelder, 1969）。

在哈佛兒童喪親研究中，Phyllis Silverman 博士和我追蹤來自七十個家庭、父母一方去世的一百二十五個學齡兒童達兩年時間。這些是社區中不同背景的家庭。另外，也選出在同時間中無悲傷經驗的同年齡、性別、年級、家庭信仰、社區的兒童，評估兒童、喪偶父母及整個家庭。我們想了解 6 到 17 歲喪慟的自然過程（Silverman, 2000; Worden, 1996）。以下是此研究的重要發現：

1. 多數的喪親兒童（80%）在頭兩年調適良好，但有 20% 比對照組調適不好。其中第二年比第一年不好，這些兒童有延宕的失落反應。
2. 調適好的兒童來自凝聚力強的家庭，可談論逝去的父母，日常生活少改變也少被干擾。家人主動調適以及能在困境中找到正向意義的孩子，調適得較好。
3. 調適不好的兒童來自父母年輕、沮喪、調適不良，以及在死亡事件後有很多壓力和改變的家庭。這些兒童表現出低自尊，對生活中發生的事覺得無法控制。

4. 喪偶父母的功能是預測孩子調適好壞的最有力測試器。父母功能不好，可由孩子的焦慮、沮喪、睡眠和健康問題看出。
5. 一般說來，失去母親比失去父親更糟，這在第二年尤其明顯。失去母親，表示生活改變，尤其家中少了情緒關照者。失去母親會有情緒／行為問題，包括高焦慮、外顯行為問題、低自尊、低自我效能。
6. 多數孩子可以選擇是否參加喪禮，也大都選擇參加。在參與喪禮前有做好準備者，結果顯示也較好，可以有喪禮中的回憶且可常常談論此事。將孩子包括進喪禮計畫中，能幫助他們在痛苦中覺得自己是重要和有用的。這些孩子的調適結果也較好。
7. 許多兒童藉著談論逝去的父母、覺得仍然受其看顧、想念父母、夢到父母，以及找一個特殊位置安置逝去的父母等方式，來保有和逝者的連繫。和逝去的父母有強力連結的孩子，愈能表達痛苦的情緒，能夠和他人談論死亡，也能夠接受親人和朋友的支持。
8. 失去父母的兒童需要支持、養育和持續性。對同樣身處喪慟中的父母，尤其是身為父親者，可能會很困難。能有一位成人持續的陪伴和協助，來滿足孩子的需要及幫助孩子表達失落感受，是協助兒童處理悲傷最好的辦法。
9. 青少年會因失落而自覺和同儕有別，也會認為朋友不會了解失去父母的感受，特別是母親去世、留下父親的少女。
10. 父母在喪偶第一年開始約會，尤其是父親，可能會引發孩子退縮及失控行為或身心症狀。若已經過了適當的悲傷階段才訂婚或再婚，倒是會對孩子有正向影響，會降低其焦慮、憂鬱以及

擔心父母安危的心情[1]。

由此研究，我們找出喪親兒童的需求。諮商人員需要覺察這些需求，且用些特定的處遇來處理這些需求（Boyd-Webb, 2011; Rosner, Kruse, & Hagl, 2010; Saldinger, Porterfield, & Cain, 2005; Worden, 1996）。

喪親兒童的需求

需要知道自己會受到照顧。不管是否說出口，多數孩子腦中都有個疑問：「誰會照顧我？」父母去世觸碰了原始焦慮——沒有父母就會活不了。不但對年幼的兒童如此，即使處在成年期也會有這樣的焦慮。在我的研究中，半數的兒童表示在死亡事件後的兩年內，仍關心存活父母的安危。孩子需要知道自己是安全的、會被照顧，這點很重要，即使孩子未能直接表達，大人也需要直接回應他們。有些孩子會以行為測試自己是否受到照顧，持續性的紀律有助於兒童保有安全感（Librach & O'Brien, 2011）。

需要知道他們的憤怒或缺點並非帶來死亡的原因。孩子會這麼想：「是我造成的嗎？」小時候，我們學到強烈的情緒會傷人。談論逝者時，孩子常會表達出這種自責感。4 至 5 歲的兒童尤其相信這種「魔力」，認為是因他們的魔力讓死亡事件發生。

---

1 註：有關哈佛喪親研究的其他資料，請閱讀：Worden, J. W. (1996). *Children & grief: When a parent dies*. New York, NY: Guilford; and Silverman, P. R. (2000). *Never too young to know: Death in children's lives*. New York, NY: Oxford University Press.

需要有關死亡原因和狀況的清楚訊息。孩子常想：「會不會發生在我身上？」要解釋疾病傳染途徑，如：去醫院看祖父，並不會罹癌。如果不告訴孩子正確的訊息，讓他們了解，他們會編造故事來填補疑問，故事會比實情更駭人、更詭異。要以合乎其年齡的說法來告知。一位 5 歲孩子的母親在參加喪禮前告訴孩子：「爸爸的身體放在棺材裡。」孩子驚聲尖叫地衝出房門。母親稍後才知道孩子把身體和頭分開來想像——如果「身體」在棺材裡，那麼「頭」在哪？

需要感受到自己的重要，並且需要參與。包括參與喪禮的計畫和參加喪禮。對從未參加過喪禮的孩子，事前要先教導，告知儀式中會發生什麼事。萬一喪禮還未結束，孩子有需要離開，安排一個非家族中的大人照顧孩子也有幫助。讓孩子一起為家庭的節日、年度活動和掃墓做決策，都能讓孩子覺得參與了家族紀念性的活動（Softing et al., 2016）。

需要繼續例行性活動。研究中顯示調適得愈好的，是盡可能保持生活作息正常的孩子——用餐時間、上床時間、寫功課等。有時喪親成人無法理解，何以大人們在悲傷，而孩子跑去玩。請記得，孩子是經由遊戲來調適的。

需要有人聆聽他們的問題。通常，孩子比受挫的大人更會重複地問同樣的問題，這只不過是要知道大人的回答和他們痛苦的感受是否一致。有些年幼孩子問的問題很惱人：「阿嬤在天堂也尿尿嗎？」也許會引來兄姊的嘲笑，但是，仍要以尊重的態度回答孩子的問題。

需要有追憶逝者的方法。最好的方法是做一本「回憶手冊」，放入照片、故事、圖片、追思物，以及與逝者生前分享過的東西。最好以家庭活動的方式及用簡易、便宜的繪圖本。這是我的經驗——孩子長大後重看這本圖冊時，會回憶逝者，猜想如果逝者還活著，現在會在做什麼。

心理衛生工作者在處理失去父母的孩子時，需要了解幾點：

1. 孩子確實會哀悼，但是會因其認知和情緒的發展而有差異。
2. 父母的死亡絕對是種創傷，但是不一定會阻礙兒童的發展。
3. 5 至 7 歲是特別脆弱的年齡群，認知發展足以了解死亡的事，但是應對能力不足。這是因為自我能力和社會能力的發展尚不足以保護自己，需要諮商人員給予特別的關注。
4. 影響孩子調適最重要的是尚存父母的功能，處遇時也是在增進尚存父母的功能（Howell Shapiro, Layne, & Kaplow, 2015; Werner-Lin & Blank, 2012）。
5. 很重要的是要能辨識孩子哀悼工作之結束並不會和成人相同。童年時期失落的哀悼在成年後遭遇重大生活事件時，會再度被喚醒。最常見的情形是，當孩子成長到了父母去世的年齡時，哀悼過程會重現。但這並不代表是病態反應，而是進一步的修通（Blank & Werner-Lin, 2011）。

成人的哀悼任務對兒童也適用。但是，需要依孩子的認知、人格、社會和情緒發展，去了解和修訂這些任務（Dyregrov & Dyregrov, 2013）。心理衛生工作人員為喪慟兒童發展出預防性心理衛生方案是重要的。心理衛生早期預防方案之一，是指認出調適困難的高危險群孩子，篩選工具可從 Worden 的書中（Worden, 1996）找到。

 家族處遇方法

死亡發生後，邀請生者做個別會談以及家族會談。家族會談的重點，不僅在於催化第一項和第二項哀悼任務，讓家人表達對逝者的正向和負面情緒，還要指認逝者所具有的家庭角色，以及這些角色如何被其他家人接受或拒絕——也就是第三項的任務。在一個父親去世的家庭，通常父親的角色會指派給長子，長子可能會接收父親的角色，而壓抑自己的情緒；也可能逃離這個要求，使母親或其他也如此期待的親人感到挫折。

確認家中這個新建構的角色，對家庭裡的青少年特別重要。這時，可以和青少年商討對於接收新角色的恐懼和意願。在死亡事件後，尚存的單親要靠自己的力量來討論這些事是很困難的，家庭常常會在爭吵、衝突或各種情緒化退縮反應下結束討論。幫助這樣的家庭釐清核心的議題以及次要的議題，是家族治療重要的面向（Traylor, Hayslip, Kaminski, & York, 2003）。

指派角色的過程通常是很微妙和非口語式的，但是，有時也會是直接的口頭指派。15 歲的傑瑞某天放學回家，發現家裡來了一堆鄰居和親友，圍著努力壓抑不哭的母親。叔叔告訴他，父親突然去世，同時告訴他，依猶太家庭的傳統，他將成為這個家中的男人，因為他是目前最年長的男性。由於被派定為家中的「男人」，這個負擔沉重的男孩必須做些葬禮的決定，像是葬禮中是否要打開棺蓋等事情。傑瑞雖然盡責地做了這些決定，但是，家人並不知道他對於照顧小他 4 歲的弟弟一事所感到的責任和重擔。母親在這段時間也無法提供支持，這更增強他的恐懼。直到 30 歲成年後，傑瑞才意識到，這樣的情況多年來對他和弟弟的關係造成破壞性的影

響，也才說出他所遭受重壓的程度。

傑瑞終於向母親坦承這些感受，母親告訴他，他不需要負責，才使他解除了障礙。治療一段時間後，他能看出自己對弟弟過度負責，已經影響到他對女性只能做出有限的承諾。要不是這個突破，他懷疑自己是否能享有目前美滿的親密關係。包括他在內，沒有人會責怪叔叔立意不好，但是要一個 15 歲的孩子去執行這項使命非常困難。這個例子也告訴我們，當家中有死亡事件，需要和孩子討論他們的感受和想法。

另一個與角色有關的是「聯盟」。任何一個家庭中，都有不同的二人聯盟型態。聯盟關係能夠滿足個人的權力需求和自尊的提升。從「社會計量圖」來研究家庭，就可以看出這些重要的聯盟。當一個重要的家人去世，擾亂了家庭的平衡，就需要有新的聯盟形成。新聯盟的形成過程可能會帶給家庭壓力和困擾。

Bowen（1978）認為，許多二人關係會變為三角關係，以消除兩人關係間的焦慮和壓力。家中一個成員去世後，三角關係需要轉換以獲得再平衡，各個已建立的聯盟需要改變。如果沒有找到可替代的新關係，遭受褫奪的家庭成員會藉由各種生理的或情緒的疾病尋得平衡（Kuhn, 1977; McBride & Simms, 2001）。

另一個可能引發的問題是代罪羔羊。我們一直在討論喪親者的憤怒，以及各種處理憤怒的方法，其中一個無效的處理方式就是「轉移作用」。家庭處理憤怒最無效的方式，就是找一個代罪羔羊來轉移，也就是說，家中某個成員成了接收家人對死亡的憤恨與指責的對象。這個代罪羔羊的角色往往會落在家中最年幼和弱勢者的身上。我看過一個 6 歲的女孩，因為弟弟夭折，母親責怪她，然後把她送給親戚撫養。

如同悲傷的個人，悲傷的家庭也需要找到失落的意義，這是家族性悲傷很重要的現象。找尋意義能讓家人知道如何哀悼（Sedney, Baker, & Gross, 1994）。Nadeau（1998）的書中建議，諮商人員傾聽和鼓勵家人敘說自己的故事，以了解這個悲傷的家庭；經由敘說和傾聽陪伴他們度過深刻的痛苦，幫助他們找到意義，以繼續日後的人生。

最後，家族治療可以處理未完成的哀悼對日後家庭生活和互動的影響。未完成的哀悼會成為未來面對失落和失望時的防衛，還會轉移至家中其他成員，尤其是後代子孫。精神科醫生 Norman Paul 和他的同僚發展出操作性哀悼（operational mourning），在聯合家族治療中，用來處理未完成的哀悼（Paul, 1986; Paul & Grosser, 1965）。

「操作性哀悼」是直接詢問一位家庭成員對失落的反應，以此來引出哀悼反應。然後，在觀察第一位成員的悲傷反應後，要其他在場的成員談被激發的感受。孩子們在這個過程中，通常第一次看到他們的父母表達深入的情緒。這給治療師一個機會去肯定家庭成員的感受是正常的；也給治療師一個機會去檢視影響目前家庭生活甚巨、但被父母或其他家庭成員拋棄的威脅。在這個被激發的哀悼過程中，治療師鼓勵家庭成員分享他們的情感經驗，及互相同理的表達。Paul 發現在這個過程中，家庭有很多的抗拒和否認，但是一旦克服了抗拒，這樣的處遇就非常有幫助。

悲傷及老年人

老年喪親人口的增加是影響家庭系統的一個議題。雖然人類的最高壽命並無顯著延長，但在 21 世紀，70、80 歲的人口數持續增加，產生了一大群喪偶的老人，其中有四分之三的女性喪夫（2015 年，美國有二千四百四十萬 65 歲以上的喪夫者）。雖然第 3 章有討論哀悼過程是由種種因素形成，但是老年人的悲傷，還是有幾個值得注意的特質（Moss, Moss, & Hansson, 2001）。

互相依賴

許多老年喪偶者擁有維繫多年的婚姻，其中有很深的依附和根深蒂固的家庭角色。任何婚姻均有互賴關係，經年累月的婚姻，配偶間高度互相依賴。某種程度上，喪慟者在特定角色或活動上高度依賴其配偶，這帶來失落後的調適困難，尤其是第三項任務的部分（Ott, 2007）。Parkes（1992）發現，逝者往往是生前幫助喪親者處理危機的人，於是喪親者在遭逢問題時發現自己需要求助的人已不在人世。

多重失落

隨著年齡增加，朋友和親人相繼去世，短期間內，這些突增的失落會令人難以負荷而無法悲傷。除了朋友、親人、家人的相繼離去，老年人還會經驗到的失落有：失去職業；環境變遷；失去和家族的連繫；失去生理活力，包括失去生理機能、感官退化、失去大腦功能。這些改變加上死亡所帶來的失落，都需要悲傷，但是因為短期間內許多的失落加在一起，導致悲傷的能力降低（Carr, Nesse, & Wortman, 2006）。不過，也有研究顯示出希望，指出比較對照組，原本有生理障礙的老年喪夫者，在配偶去世後，居然有神奇的復原力來處理死亡（Telonidis, Lund, Caserta, Guralnik, &

Pennington, 2005）。

個人對死亡的覺知

當前的失落經驗，如：失去配偶、朋友、手足等，會提高個人對死亡的覺知。死亡覺知的提高，會帶來存在焦慮（Worden, 1976）。諮商人員需要能夠自在地討論喪偶者對死亡的個人感受，並能敏感於這種死亡覺知為當事人帶來的困擾（Fry, 2001）。

孤單

許多老年喪偶者為獨居。Lopata（1996）的研究顯示，年輕的喪偶者在失去親人後會搬遷，而老年人則較多留在舊居。獨居導致強烈的孤單感受，尤其是獨自處在和配偶共有的居家環境中，更會強化孤單的感受。Van Baarsen、Van Duijn、Smit、Snijders 和 Knipscheer（2001）區分社會性孤獨與情感性孤獨，認為老年人多半是屬情感性孤獨。有研究提到，有過美滿婚姻者最有孤單感（Grimby, 1993）。有些老人在配偶去世後無法獨居，需要機構式照顧。一般都認為，老人在失去配偶後被強迫搬出自己的家，會有死亡的高風險（Spahni, Morselli, Perrig-Chiello, & Bennett, 2015）。

角色調適

老年喪妻者的日常生活變得一場糊塗，較之女性更受影響。許多男性要面對新的角色，尤其像做家事，需要他人協助調適；女性失去丈夫，對她的持家能力及家務上的自我照顧較不受影響。在對

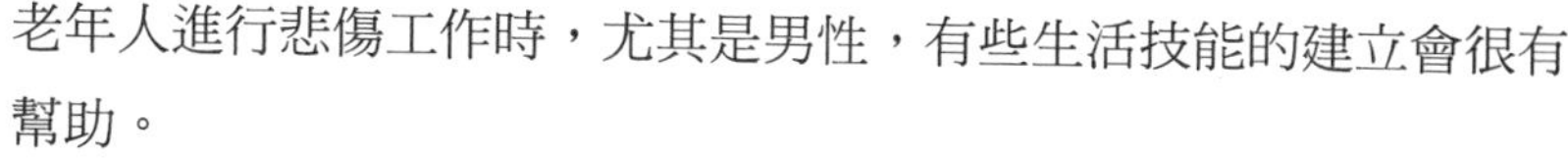

老年人進行悲傷工作時，尤其是男性，有些生活技能的建立會很有幫助。

支持團體

為喪親者所做的支持團體適用於任何年齡，但對老人尤其重要，他們常感到被孤立，支持網絡愈來愈少（Cohen, 2000; Moss et al., 2001）。支持團體對於正在經驗高度孤獨的人，提供重要的人際接觸。Lund、Dimond 和 Juretich（1985）的研究發現，老年人很有意願參加支持團體。而喪偶後自信心降低、較沮喪、生活滿意度低、覺得調適不佳者，最渴望參加；50 至 69 歲的喪偶者參加團體的意願也高於一些更年長的老人。有一點要注意的是，評估社會支持的滿意度時，當事人對於喪偶前後社會網絡支持的主觀感知，較之客觀評量的社會網絡支持更重要（Feld & George, 1994）。

碰觸

另一個有效的處遇是肢體碰觸。許多人，尤其是男性，結婚多年後失去配偶，有著強烈被碰觸的需要。失去配偶後，這項需求很難滿足。對身體碰觸感到自在的諮商人員，可以在做老人悲傷輔導時碰觸他們。然而，在做治療性的碰觸時，諮商人員要清楚當時的情境是否恰當，也要釐清當事人是否有意願或已準備好被碰觸（Hogstel, 1985）。

緬懷

另一個處遇技巧是緬懷治療，這對老人來說是最普通且具有治療性的。緬懷有時又稱作生命回顧，在一個自然的過程中，逐步引領到過往的經驗，尤其是重現未解決的衝突。對老年人來說，回憶帶來好的調適，而不是智能退化。

手足因為是老年人最長久的關係，可以提供生命回顧的主要內容。但是，年紀較大的老人，其手足尚存的也更少（Hays, Gold, & Peiper, 1997）。

回憶可以維護自我的認同。雖然失去了所愛的人，這些人所代表的心理意義仍然永存心底。經由回憶的過程，往日情懷可被賦予新意。諮商人員可以鼓勵當事人回憶，特別是在喪偶的傷痛下，回憶有珍視過去的效果。由於逝者所代表的意義被內化、珍藏，老年人會感到並未完全失去他們所愛的人（Moss et al., 2001）。近年來，我們理解到經由內化連結的重要（Klass, Silverman, & Nickman, 1996），可參閱第 2 章所提到的第四項任務。

討論是否變動居所

諮商人員能幫助老人決定是否要搬家，而這個決定當然要視老人自我照顧的能力而定。不要低估「家」的重要性，畢竟是住了很久的地方，代表所有意義的剪輯。搬家會降低對自我的感受，沖淡和死去配偶的連結。維繫原有的家，給了老人自控的感覺，也提供一個能回味甜蜜往事的地方。

建立生活技巧

有些老年喪偶者可能會變得很依賴他們的子女。雖然失去配偶，他們其實還是有能力發展新的技能，也能夠經由自主達到自尊（Caserta, Lund, & Obray, 2004）。有位老年喪夫的女士要她的孩子持續來她家修理壁爐之類的東西，甚至有時是在半夜。子女們開始時很樂意，可是後來他們明白了，母親需要學著自己叫修理工，以及處理一些以前是由另一半經手的事情。但她對孩子的建議很抗拒，並且感到子女在拒絕她。最後理性戰勝，當她學會如何處理這些日常事務時，她覺得能發展這些技能也不錯。諮商人員須記得，自主和自尊是一體的，對老年人或老年喪偶者也一樣。但是，調適是需要時間的。Parkes（1992）提醒，悲傷和再學習都需要時間，短時間的依賴可以幫助老年人度過轉換期。

討論老年人的悲傷時要記得，研究顯示，老年喪親族群在親人去世前所經驗的壓力，比親人去世後還強烈。尤其是身為病人的主要照顧者更是如此。因此，處遇要早點進行，不要等到病逝後才開始。

除了配偶的去世，老年人也會經驗到家人的去世，如手足或孫子的死亡。喪子父母的悲傷工作經常會忽略了身為祖父母的悲傷。

不是所有的老年人都需要諮商輔導。Caserta 和 Lund（1993）發現，許多喪親老人很有復原力。自信、樂觀、自我效能好、自尊高的人調適也好；我另外要補充的是，他們的健康情形也較好。Spahni、Morselli 和 Perrig-Chiello（2005）發現，復原力是老年人喪偶調適的關鍵因素，不論是老年人或其他年齡層，並無舉世皆同的悲傷經驗，也無一應俱同的處理方法（Bennett & Bennett, 2000）。謹記 Allport 的格言：「人之不同，各如其面。」

 家庭需求與個人需求孰重？

本章結束前，我要強調兩點：第一，不是家中每一個人都會同時面對同一項悲傷任務，個別的成員以自己的速度和方法完成任務。譬如說，也許老年人會花較長的時間，而其悲傷過程可能永無句點。Miller 等人（1994）的研究提出永遠的連結（timeless attachment）；有些老人，特別是老老人（85 歲以上），可能已經到了一個人生階段，對他們來說，凝聚了這些回憶並帶著它們度今世餘年，可能是最好的結局。

我們要鼓勵家人不要催促他人完成悲傷經驗。我最近和一位女士談話，她的父親在四個月前去世，母親常常痛哭許久，她覺得很困擾。我幫助她了解這是個很自然的反應，時候到了，她的母親就會減少哭泣的行為。

第二，我要強調的是，家庭中可能有一位成員不願意和全家人一起來諮商。但是即使碰到抗拒，諮商人員也要努力邀請整個家庭來參與。至少和全家人有一次會談，就可以看到家庭如何互動、彼此互相影響。諮商人員如果能夠評估所有成員的感受，悲傷輔導就更有效，家庭再度獲得平衡的機會就更大。

如果家庭成員拒絕前來，諮商人員仍可用家庭系統的取向與個人工作。Bloch（1991）提醒，重點不在來了多少人，而是能讓當事人了解家庭動力，因而學到如何在家庭系統中應用。

反思與討論

- 在你的原生家庭，如何處理（或忽視）臨終、死亡和悲傷？在此章的舉例中，你能看出家人的樣貌嗎？
- 祖父母對孫子死亡的獨特經驗為何？專業或非專業助人者可提供協助祖父母及其他家人修通失落的資源是什麼？
- 本章提到哈佛兒童喪親研究中有關學齡兒童喪親的發現，其中讓你最感驚訝的是什麼？
- 提出一些開放性問題，鼓勵家庭成員分享逝者及個人的悲傷故事，如：你最懷念他的是什麼？不想懷念的是什麼？你的家人最喜歡的假期是哪個？
- 你認為老年人悲傷最重要的議題是什麼？你所處的機構能對日增的老年人口做出什麼重要政策或調適方案？

參考文獻

Aho, A. A., Tarkka, M., Astedt-Kurki, P., Sorvari, L., & Kaunonen, M. (2011). Evaluating a bereavement follow-up intervention for grieving fathers and their experiences of support after the death of a child—A pilot study. *Death Studies*, *35*, 879–904. doi:10.1080/07481187.2011.553318

Albuquerque, S., Pereira, M., & Narcisco, I. (2015). Couple's relationship after the death of a child: A systematic review. *Journal of Child and Family Studies*, *24*, 1–24. doi:10.1007/s10826-015-0219-2

Bennett, K. M., & Bennet, G. (2000). "And there's always this great hole inside that hurts": An empirical study of bereavement in later life. *OMEGA–Journal of Death and Dying*, *42*, 237-251. doi:10.2190/C4LA-41F9-71GB-KR61

Biank, N. M., & Werner-Lin, A. (2011). Growing up with grief. Revisiting the death of a parent over the life course. *OMEGA–Journal of Death and Dying*, *63*, 271–290. doi:10.2190/OM.63.3.e

Bloch, S. (1991). A systems approach to loss. *Australian & New Zealand Journal of Psychiatry*, *25*, 471–480. doi:10.3109/00048679109064440

Bowen, M. (1978). *Family therapy in clinical practice*. New York, NY: Aronson.

Bowen, M. (2004). Family reaction to loss. In F. Walsh & M. McGoldrick (Eds.), *Living beyond loss: Death in the family* (2nd ed., pp. 47–60). New York, NY: W. W. Norton.

Bowlby, J. (1960). Grief and mourning in infancy and early childhood. *Psychoanalytic Study of the Child, 15*, 9–52. doi:10.1080/00797308.1960.11822566

Boyd-Webb, N. (2011). Play therapy for bereaved children: Adapting strategies to community, school, and home settings. *School Psychology International, 32*, 132–143. doi:10.1177/0143034311400832

Brice, C. W. (1991). Paradoxes of maternal mourning. *Psychiatry, 54*, 1–12. doi:10.1080/00332747.1991.11024526

Buckle, J., & Flemming, S. (2011). *Parenting after the death of a child: A practitioner's guide*. New York, NY: Routledge.

Carr, D., Nesse, R., & Wortman, C. (Eds.). (2006). *Spousal bereavement in late life*. New York, NY: Springer Publishing.

Caserta, M. S., & Lund, D. A. (1993). Intrapersonal resources and the effectiveness of self-help groups for bereaved older adults. *Gerontologist, 33*, 619–629. doi:10.1093/geront/33.5.619

Caserta, M. S., Lund, D. A., & Obray, S. J. (2004). Promoting self-care and daily living skills among older widows and widowers: Evidence from the *Pathfinders* demonstration project. *OMEGA–Journal of Death and Dying, 49*, 217–236. doi:10.2190/9BH0-N565-Y40G-QDN9

Cohen, M. (2000). Bereavement groups with the elderly. *Journal of Psychotherapy in Independent Practice, 1*, 33–41. doi:10.1300/J288v01n02_05

The Compassionate Friends. (2006). When a child dies: A survey of bereaved parents. Retrieved from http://compassionatefriends.net

Cook, J. A. (1988). Dad's double binds: Rethinking father's bereavement from a men's studies perspective. *Journal of Contemporary Ethnography, 17*, 285–308. doi:10.1177/089124188017003003

Davies, B. (1999). *Shadows in the sun: The experiences of sibling bereavement in childhood*. New York, NY: Taylor & Francis.

Davies, B., Gudmundsdottir, M., Worden, J. W., Orloff, S., Sumner, L., & Brenner, P. (2004). "Living in the dragon's shadow": Fathers' experiences of a child's life-limiting illness. *Death Studies, 28*, 111–135. doi:10.1080/07481180490254501

Davies, B., Spinetta, J., Martinson, I., & Kulenkamp, E. (1986). Manifestations of levels of functioning in grieving families. *Journal of Family Issues, 7*, 297–313. doi:10.1177/019251386007003005

Doka, K., & Martin, T. (2010). *Grieving beyond gender: Understanding the ways men and women mourn* (Rev. ed.). New York, NY: Routledge.

Dyregrov, A., & Dyregrov, K. (2013). Complicated grief in children—The perspectives of experienced professionals. *OMEGA–Journal of Death and Dying, 67*, 291–303. doi:10.2190/OM.67.3.c

Dyregrov, A., & Gjestad, R. (2012). Losing a child: The impact on parental sexual activity. *Bereavement Care, 31*, 18–24. doi:10.1080/02682621.2012.654689

Feld, S., & George, L. K. (1994). Moderating effects of prior social resources on the hospitalizations of elders who become widowed. *Journal of Aging and Health, 6*, 275–295. doi:10.1177/089826439400600301

Fry, P. S. (2001). The unique contribution of key existential factors to the prediction of psychological well-being of older adults following spousal loss. *Gerontologist, 41*, 69–81.

Furman, E. (1974). *A child's parent dies: Studies in childhood bereavement*. New Haven, CT: Yale.

Gajdos, K. C. (2002). The intergenerational effects of grief and trauma. *Illness Crisis & Loss, 10*, 304–317. doi:10.1177/105413702236514

Gilbert, K. R. (1996). "We've had the same loss, why don't we have the same grief?" Loss and differential grief in families. *Death Studies, 20*, 269–283. doi:10.1080/07481189608252781

Gilrane-McGarry, U., & O'Grady, T. (2011). Forgotten grievers: An exploration of the grief experiences of bereaved grandparents. *International Journal of Palliative Nursing, 17*(4), 170–176. doi:10.12968/ijpn.2011.17.4.170

Gilrane-McGarry, U., & O'Grady, T. (2012). Forgotten grievers: An exploration of the grief experiences of bereaved grandparents (part 2). *International Journal of Palliative Nursing, 18*(4), 179–187. doi:10.12968/ijpn.2012.18.4.179

Greeff, A., & Human, B. (2004). Resilience in families in which a parent has died. *American Journal of Family Therapy, 32*, 27–42. doi:10.1080/01926180490255765

Grimby, A. (1993). Bereavement among elderly people: Grief reactions, post-bereavement hallucinations and quality of life. *Acta Psychiatrica Scandinavica, 87*, 72–80. doi:10.1111/j.1600-0447.1993.tb03332.x

Hays, J. C., Gold, D. T., & Peiper, C. F. (1997). Sibling bereavement in late life. *OMEGA–Journal of Death and Dying, 35*, 25–42. doi:10.2190/YE89-2GU8-C8U3-MRNX

Hayslip, B., & White, D. (2008). The grief of grandparents. In M. S. Stroebe, R. O. Hansson, H. Schut, & W. Stroebe (Eds.), *Handbook of bereavement research and practice: Advances in theory and intervention* (pp. 441–460). Washington, DC: American Psychological Association.

Henoch, I., Berg, C., & Benkel, I. (2016). The shared experience help the bereavement to flow: A family support group evaluation. *American Journal of Hospice & Palliative Medicine, 33*, 959–965. doi:10.1177/1049909115607204

Hogstel, M. O. (1985). Older widowers: A small group with special needs. *Geriatric Nursing, 6*, 24–26.

Howell, K., Shapiro, D., Layne, C., & Kaplow, J. (2015). Individual and psychosocial mechanisms of adaptive functioning in parentally bereaved children. *Death Studies, 39*, 296–306. doi:10.1080/07481187.2014.951497

Johnson, S. (1984). Sexual intimacy and replacement children after the death of a child. *OMEGA–Journal of Death and Dying, 15*, 109–118. doi:10.2190/RXB2-9JGG-R9KC-Q1W7

Kim, J., & Hicks, J. (2015). Parental bereavement and the loss of purpose in life as a function of interdependent self-construal. *Frontiers in Psychology, 6*, 1078. doi:10.3389/fpsyg.2015.01078

Kissane, D., & Bloch, S. (2002). *Family focused grief therapy*. Birmingham, UK: Open University Press.

Kissane, D., & Bloch, S. (2004). *Family focused grief therapy: A model of family-centred care during palliative care and bereavement*. Birmingham, UK: Open University Press.

Kissane, D., & Lichtenthal, W. (2008). Family focused grief therapy: From palliative care into bereavement. In M. S. Stroebe, R. O. Hansson, H. Schut, & W. Stroebe (Eds.), *Handbook of bereavement research and practice: Advances in theory and intervention* (pp. 485–510). Washington, DC: American Psychological Association.

Kissane, D. W., McKenzie, M., & Bloch, S., Moskowitz, C., McKenzie, D. P., & O'Neill, I. (2006). Family focused grief therapy: A randomized, controlled trial in palliative care and bereavement. *American Journal of Psychiatry, 16*, 1208–1218. doi:10.1176/appi.ajp.163.7.1208

Klass, D. (1986–1987). Marriage and divorce among bereaved parents in a self-help group. *OMEGA–Journal of Death and Dying, 17*, 237–249. doi:10.2190/T8L3-UVD8-J2RD-TLLB

Klass, D. (1988). *Parental grief: Solace and resolution*. New York, NY: Springer Publishing.

Klass, D., & Marwit, S. J. (1989). Toward a model of parental grief. *OMEGA–Journal of Death and Dying, 19*, 31–50. doi:10.2190/BVUR-67KR-F52F-VW35

Klass, D., Silverman, P., & Nickman, S. (Eds.). (1996). *Continuing bonds: New understandings of grief*. New York, NY: Routledge.

Kuhn, J. S. (1977). Realignment of emotional forces following loss. *Family, 5*, 19–24.

Lang, A., Gottlieb, L. N., & Amsel, R. (1996). Predictors of husbands' and wives' grief reactions following infant death: The role of marital intimacy. *Death Studies, 20*, 33–57. doi:10.1080/07481189608253410

Lebow, J. L. (2005). *Handbook of clinical family therapy*. Hoboken, NJ: John Wiley & Sons.

Legg, C., & Sherick, I. (1976). The replacement child: A developmental tragedy. *Child Psychiatry & Human Development, 7*, 113–126. doi:10.1007/BF01464035

Librach, S. L., & O'Brien, H. (2011). Supporting children's grief within an adult and pediatric palliative care program. *Journal of Supportive Oncology, 9*, 136–140.

Littlewood, J. L., Cramer, D., Hoekstra, J., & Humphrey, G. B. (1991). Gender differences in parental coping following their child's death. *British Journal of Guidance and Counselling, 19*, 139–148. doi:10.1080/03069889108253598

Lopata, H. (1996). Widowhood and husband sanctification. In D. Klass, P. R. Silverman, & S. Nickman (Eds.), *Continuing bonds* (pp. 149–162). New York, NY: Routledge.

Lund, D. A., Dimond, M. F., & Juretich, M. (1985). Bereavement support groups for the elderly: Characteristics of potential participants. *Death Studies*, *9*, 309–321. doi:10.1080/07481188508252526

Marwit, S. J., & Klass, D. (1995). Grief and the role of the inner representation of the deceased. *OMEGA–Journal of Death and Dying*, *30*, 283–298. doi:10.2190/PEAA-P5AK-L6T8-5700

McBride, J., & Simms, S. (2001). Death in the family: Adapting a family systems framework to the grief process. *American Journal of Family Therapy*, *29*, 59–73. doi:10.1080/01926180126032

Middleton, W., Raphael, B., Burnett, P., & Martinek, N. (1998). A longitudinal study comparing bereavement phenomena in recently bereaved spouses, adult children and parents. *Australian & New Zealand Journal of Psychiatry*, *32*, 235–241. doi:10.3109/00048679809062734

Miles, M. S., & Crandall, E. K. B. (1983). The search for meaning and its potential for affecting growth in bereaved parents. *Health Values*, *7*, 19–23. doi:10.1007/978-1-4684-7021-5_17

Miles, M. S., & Demi, A. S. (1984). Toward the development of a theory of bereavement guilt: Sources of guilt in bereaved parents. *OMEGA–Journal of Death and Dying*, *14*, 299–314. doi:10.2190/F8PG-PUN4-8VW6-REWQ

Miller, M. D., Frank, E., Cornes, C., Imber, S. D., Anderson, B., Ehrenpreis, L., . . . Reynolds, C. F., III. (1994). Applying interpersonal psychotherapy to bereavement-related depression following loss of a spouse in late life. *Journal of Psychotherapy Practice and Research*, *3*, 149–162.

Moss, M. S., Moss, S. Z., & Hansson, R. O. (2001). Bereavement and old age. In M. S. Stroebe, R. O. Hanssen, W. Stroebe, & H. Schut (Eds.), *Handbook of bereavement research: Consequences, coping, and care* (pp. 241–260). Washington, DC: American Psychological Association.

Nadeau, J. W. (1998). *Families making sense of death*. Thousand Oaks, CA: Sage.

Nadeau, J. W. (2001). Meaning making in family bereavement. In M. S. Stroebe, R. O. Hansson, W. Stroebe, & H. Schut (Eds.), *Handbook of bereavement research: Consequences, coping, and care* (pp. 329–347). Washington, DC: American Psychological Association.

Nadeau, J. W. (2008). Meaning-making in bereaved families: Assessment, intervention, and future research. In M. S. Stroebe, R. O. Hansson, H. Schut, & W. Stroebe (Eds.), *Handbook of bereavement research and practice: Advances in theory and intervention* (pp. 511–530). Washington, DC: American Psychological Association.

Nehari, M., Grebler, D., & Toren, A. (2007). A voice unheard: Grandparents' grief over children who died of cancer. *Mortality*, *12*, 66–78. doi:10.1080/13576270601088475

Nehari, M., Grebler, D., & Toren A. (2008). The silent grief: Grandparents of children who died of cancer. *Bereavement Care*, *27*, 51–54.

doi:10.1080/02682620808657728

Ott, C. (2007). Spousal bereavement in older adults: Common, resilient, and chronic grief with defining characteristics. *Journal of Nervous and Mental Disease, 195*, 332–341. doi:10.1097/01.nmd.0000243890.93992.1e

Parkes, C. M. (1992). Bereavement and mental health in the elderly. *Reviews in Clinical Gerontology, 2*, 45–51. doi:10.1017/S0959259800002999

Paul, N. L. (1986). The paradoxical nature of the grief experience. *Contemporary Family Therapy, 8*, 5–19. doi:10.1007/BF00891830

Paul, N. L., & Grosser, G. H. (1965). Operational mourning and its role in conjoint family therapy. *Community Mental Health Journal, 1*, 339–345. doi:10.1007/BF01434390

Piaget J., & Inhelder, B. (1969). *The psychology of the child*. New York, NY: Basic Books.

Polatinsky, S., & Esprey, Y. (2000). An assessment of gender differences in the perception of benefit resulting from the loss of a child. *Journal of Traumatic Stress, 13*, 709–718. doi:10.1023/A:1007870419116

Poznanski, E. O. (1972). The "replacement child": A saga of unresolved parental grief. *Journal of Pediatrics, 81*, 1190–1193.

Price, J., & Jones, A. (2015). Living through the life-altering loss of a child: A narrative review. *Issues in Comprehensive Pediatric Nursing, 38*, 222–240. doi:10.3109/01460862.2015.1045102

Reed, M. L. (2000). *Grandparents cry twice*. Amityville, NY: Baywood Publishing.

Reid, M. (1992). Joshua—life after death: The replacement child. *Journal of Child Psychotherapy, 18*, 109–138. doi:10.1080/00754179208259374

Reilly, D. M. (1978). Death propensity, dying, and bereavement: A family systems perspective. *Family Therapy, 5*, 35–55.

Riley, L. P., LaMontagene, L. L., Hepworth, J. T., & Murphy, B. A. (2007). Parental grief responses and personal growth following the death of a child. *Death Studies, 31*, 277–299. doi:10.1080/07481180601152591

Robinson, T., & Marwit, S. J. (2006). An investigation of the relationship of personality, coping, and grief intensity among bereaved mothers. *Death Studies, 30*, 677–696. doi:10.1080/07481180600776093

Roose, R. E., & Blanford, C. R. (2011). Perinatal grief and support spans the generations: Parents' and grandparents' evaluations of an intergenerational perinatal bereavement program. *Journal of Perinatal & Neonatal Nursing, 25*, 77–85. doi:10.1097/JPN.0b013e318208cb74

Rosen, E. J. (1990). *Families facing death*. New York, NY: Lexington.

Rosner, R., Kruse, J., & Hagl, M. (2010). A meta-analysis of interventions for bereaved children and adolescents. *Death Studies, 34*, 99–136. doi:10.1080/07481180903492422

Rossetto, K. (2015). Bereaved parents' strategies and reactions when supporting their surviving children. *Western Journal of Communication, 79*, 533–554. doi:10.1080/10570314.2015.1079332

Rotter, J. (2000). Family grief and mourning. *Family Journal Counseling & Therapy for Couples & Families, 8*, 275–277. doi:10.1177/1066480700083010
Saldinger, A., Porterfield, K., & Cain, A. (2005). Meeting the needs of parentally bereaved children: A framework for child-centered parenting. *Psychiatry, 67*, 331–352. doi:10.1521/psyc.67.4.331.56562
Sanders, C. (1979). A comparison of adult bereavement in the death of a spouse, child, and parent. *OMEGA–Journal of Death and Dying, 10*, 303–322. doi:10.2190/X565-HW49-CHR0-FYB4
Sandler, I. N., Ma, Y., Tein, J. Y., Ayers, T. S., Wolchik, S., Kennedy, C., & Millsap, R. (2010). Long-term effects of the family bereavement program on multiple indicators of grief in parentally bereaved children and adolescents. *Journal of Consulting and Clinical Psychology, 78*, 131–143. doi:10.1037/a0018393
Sandler, I. N., Tein, J., Cham, H., Wolchik, S., & Ayers, T. (2016). Long-term effects of the family bereavement program on spousally bereaved parents: Grief, mental health problems, alcohol problems, and coping efficacy. *Development and Psychopathology, 28*, 801–818. doi:10.1017/S0954579416000328
Schumacher, J. D. (1984). Helping children cope with a sibling's death. In J. C. Hansen & T. Frantz (Eds.), *Death and grief in the family* (pp. 82–94). Rockville, MD: Aspen.
Schwab, G. (2009). Replacement children: The transgenerational transmission of traumatic loss. *American Imago, 66*, 277–310. doi:10.1057/9780230354241_2
Schwab, R. (1996). Gender differences in parental grief. *Death Studies, 20*, 103–113. doi:10.1080/07481189608252744
Sedney, M. A., Baker, J. E., & Gross, E. (1994). "The story" of a death: Therapeutic considerations with bereaved families. *Journal of Marital and Family Therapy, 20*, 287–296. doi:10.1111/j.1752-0606.1994.tb00116.x
Silverman, P. R. (2000). *Never too young to know: Death in children's lives*. New York, NY: Oxford University Press.
Smilansky, S. (1987). *On death: Helping children understand and cope*. New York, NY: Peter Lang.
Søfting, G. H., Dyregrov, A., & Dyregrov, K. (2016). Because I'm also part of the family. Children's participation in rituals after the loss of a parent or sibling: A qualitative study from the children's perspective. *OMEGA–Journal of Death and Dying, 73*, 141–158. doi:10.1177/0030222815575898
Spahni, S., Bennett, K. M., & Perrig-Chiello, P. (2016). Psychological adaptation to spousal bereavement in old age: The role of trait resilience, marital history, and context of death. *Death Studies, 40*, 182–190. doi:10.1080/07481187.2015.1109566
Spahni, S., Morselli, D., Perrig-Chiello, P., & Bennett, K. M. (2015). Patterns of psychological adaptation to spousal bereavement in old age. *Gerontology, 61*, 456–468. Retrieved from https://www.karger.com/Article/FullText/371444
Stroebe, M., & Schut, H. (2015). Family matters in bereavement: Toward

an integrative intra- interpersonal coping model. *Perspectives on Psychological Science, 10*, 873–879. doi:10.1177/1745691615598517

Telonidis, J. S., Lund, D. A., Caserta, M. S., Guralnik, J. M., & Pennington, J. L., Jr. (2005). The effects of widowhood on disabled older women. *OMEGA–Journal of Death and Dying, 50*, 217–235. doi:10.2190/HBMW-64C0-1VLW-QP40

Traylor, E., Hayslip, B., Jr., Kaminski, P., & York, C. (2003). Relationships between grief and family system characteristics: A cross lagged longitudinal analysis. *Death Studies, 27*, 575–601. doi:10.1080/07481180302897

Van Baarsen, B., Van Duijn, M., Smit, J., Snijders, T., & Knipscheer, K. (2001). Patterns of adjustment to partner loss in old age: The widowhood adaptation longitudinal study. *OMEGA–Journal of Death and Dying, 44*, 5–36. doi:10.2190/PDUX-BE94-M4EL-0PDK

Vess, J., Moreland, J., & Schwebel, A. (1986). Understanding family role reallocation following a death: A theoretical framework. *OMEGA–Journal of Death and Dying, 16*, 115–128. doi:10.2190/8DE3-UHG5-TUHV-QKK2

Walsh, F. & McGoldrick, M. (2004). *Living beyond loss: Death in the family* (2nd ed.). New York, NY: W. W. Norton.

Werner-Lin, A., & Biank, N. (2012). Holding parents so they can hold their children: Grief work with surviving spouses to support parentally bereaved children. *OMEGA–Journal of Death and Dying, 66*, 1–16. doi:10.2190/OM.66.1.a

Wheeler, I. (2001). Parental bereavement: The crisis of meaning. *Death Studies, 25*, 51–66. doi:10.1080/07481180126147

Wijngaards-de Meij, L., Stroebe, M., Schut, H., Stroebe, W., van den Bout, J., van der Heijden, P., & Dijkstra, I. (2005). Couples at risk following the death of their child: Predictors of grief versus depression. *Journal of Consulting and Clinical Psychology, 73*, 617–623. doi:10.1037/0022-006X.73.4.617

Wolfenstein, M. (1966). How is mourning possible? *Psychoanalytic Study of the Child, 21*, 93–123. doi:10.1080/00797308.1966.11823254

Worden, J. W. (1976). *Personal death awareness*. Englewood Cliffs, NJ: Prentice Hall.

Worden, J. W. (1996). Tasks and mediators of mourning: A guideline for the mental health practitioner. *In Session: Psychotherapy in Practice, 2*, 73–80. doi:10.1002/(SICI)1520-6572(199624)2:4<73::AID-SESS7>3.0.CO;2-9

Worden, J. W., Davies, B., & McCown, D. (2000). Comparing parent loss with sibling loss. *Death Studies, 23*, 1–15. doi:10.1080/074811899201163

Worden, J. W., & Monahan, J. (2009). Caring for bereaved parents. In A. Armstrong-Daily & S. Goltzer (Eds.), *Hospice care for children* (3rd ed., pp. 137–146). New York, NY: Oxford University Press.

/ 第9章 /

諮商人員自己的悲傷

對心理衛生工作者來說，悲傷輔導是一項特別的挑戰。我們選擇這個專業，為的是幫助那些前來求助的人，但是，有些悲傷的經驗會妨礙我們助人的能力。Bowlby（1980）如是說：

> 失去所愛的人，是任何人都無法忍受的痛苦經驗之一。不僅親身經驗的人痛苦，周圍的人因著自己的愛莫能助，也感到非常痛苦。（p. 7）

Parkes（1972）所言回應了這個感嘆：

> 痛苦是不可避免的，雙方都能覺察到無法滿足對方的需求；助人者無法讓死者復生，而喪慟者也無法因得到幫助而使助人者滿足。（p. 175）

助人者在面對喪慟者時，很難提出幫助，也很難感受到自己是有幫助的，因此諮商人員容易感到挫折和憤怒。此外，諮商人員也可能對眼見他人的痛苦而感到非常不舒服，因此提前結束助人的關係（Hayes, Yeh, & Eisenberg, 2007）。

他人的喪親經驗，除了會挑戰助人者的能力外，還至少會在三方面觸動到諮商人員：首先，與喪慟者工作，使我們覺察到自己的失落，也會感到痛苦難當。尤其喪慟者的失落經驗和我們生命中所面對的失落類似時，更是如此。如果諮商人員未能充分解決自己生活中的失落，那麼，這個經驗就會阻礙了有意義、有幫助的處遇。如果這個類似的失落經驗已經獲得了充分的整合，就能有效地幫助當事人。一個近期因死亡或離異而失去配偶的諮商人員，在處理遭遇類似失落的案主時，可能會覺得很困難。但是，如果諮商人員已經完成自己的喪慟，且找到了失落的因應之道，這個經驗就能夠幫助做到有效的處遇。「在處理喪慟時所需要的悲憫，來自於人類在面對失落時，對共有的脆弱的了解」（Simos, 1979, p. 177）。

第二個會影響諮商人員的是諮商人員自己所害怕的失落。我們一生中都承擔過各種不同的失落，而我們也都會擔心一些可能會面臨的失落，如失去父母、失去孩子或失去配偶。通常我們不太覺察到這些憂慮，然而，一旦當事人的失落經驗和我們最害怕的一種失落類似時，我們潛在的不安就會阻礙有效的諮商關係（Saunders & Valente, 1994）。

例如，諮商人員如果過度擔心自己的孩子可能會死亡，而這個焦慮也已轉成一個過度保護的關係時，若沒有適度地意識到自己的焦慮，且不能正視這個問題的話，這個諮商人員將會非常難以處理一個失去孩子的案主。

第三個挑戰是諮商人員的存在性焦慮和對個人死亡的覺察。我在 1976 年出版的書中曾談到這個主題，以及個人死亡的覺察如何影響到一個人有效性的功能（Worden, 1976）。當一個當事人尋求悲傷輔導時，諮商人員便接觸到死亡是不可避免的，也會觸及對生命中不可避免的死亡的不安。當悲傷中的當事人和諮商人員的年齡、性別、職業狀況相似時，都會大大地提高諮商人員的焦慮，使得情境處理困難。我們都會對自己的死亡有某種程度的焦慮，但是，好好地面對這個事實是可能的，不要把這個主題深藏內心，造成不安，並且阻礙了工作效能。

因為悲傷輔導是心理衛生工作人員的一項特殊挑戰，在訓練計畫中，我們鼓勵諮商人員探索自己的失落史。我們相信，這能讓他們更有效能。首先，這能幫助諮商人員更了解哀悼的過程、悲傷經驗如何完成，以及哀悼的調適過程。探視自己生命中有意義的失落，是了解悲傷過程真實面貌唯一的辦法，也能讓諮商人員了解因應策略，以及了解過程要多久才能達到適當的解決（Redinbaugh, Schuerger, Weiss, Brufsky, & Arnold, 2001）。

其次，藉著個人失落史的探索，諮商人員能清楚知道什麼是喪慟者的有效資源，包括何者是對遭遇失落的個人有幫助的、何者是無幫助的。這樣的探索會讓諮商人員做出更有創造性的處遇，不光是知道什麼是該說的，還知道什麼是不該說的。在檢視自己的失落時，諮商人員可以指認出自己對失落的因應型態，以及個人的因應型態如何影響自己在諮商處遇中的行為（Supiano & Vaughn-Cole, 2011）。

探索失落史，還能幫助諮商人員覺察出有哪些未解決的失落。Zeigarnik 心理原則提到：我們會記得未完成的任務，直到完成。對自己生命有所體悟的諮商人員，能夠坦誠地面對那些未能適度悲傷的失落，也明白自己還需要解決的失落。因此，指認自己當前未解決的失落很重要。同樣重要的是，確認失落所帶來的衝突警示，以及如何處理這些衝突（Muse & Chase, 1993）。

最後一點，探索個人的悲傷，有助於治療師和諮商人員了解自己在處理某些當事人或某些悲傷情境時，有些什麼限制。幾年前，Elisabeth Kübler-Ross 和我研究五千位臨終照顧的專業人員（Kübler-

Ross & Worden, 1977）。我們關心的項目之一是照顧臨終病人的困難。有 98% 的研究對象反映，至少有一個類型的臨終病人是他們覺得特別難照顧的。雖然不同專業族群之間有某些相近看法，但難照顧病人的類型仍殊異。因為不是每一個人都能夠適當地處理所有型態的臨終病人，所以，照顧者需了解自己照顧的極限，要把這類型病人轉介給其他能更有效處理的同僚。

從事悲傷輔導的諮商人員也應該要知道自己的極限、哪種悲傷型態是自己無法處理的，在面對這類型的當事人時，能予以轉介或互相支持。對心理衛生專業人員來說，有能力處理所有情境的想法頗誘惑人。事實不然，一個成熟的諮商人員會知道自己的極限，知道何時該轉介。諮商人員在面對當事人會有困難時，通常和自己未解決的衝突有關。

失落史

現在我要建議你探視自己的失落史。以下幾題未完成語句，請你花些時間在書上或幾張紙上，寫下你的回答；也花些時間，仔細思考你的答案。可能的話，和朋友或同事討論。反思自己的生命，可以幫助你日後的工作更有效能。

1. 我所記得的第一個死亡經驗是：
2. 當時我幾歲：
3. 我記得當時的感受是：
4. 我曾參加的第一個葬禮（守靈或其他儀式）是悼念誰：
5. 當時我幾歲：
6. 對這個經驗，我記得最清楚的事是：

7. 在近期內，我所遭遇因死亡而失落（人、時、情境）的是：
8. 我應對這個失落的方式是：
9. 對我而言，最困難的是誰的死亡：
10. 之所以困難，是因為：
11. 在我的生命中，目前仍活著的重要人物之中，誰一旦死亡會是我最無法面對的：
12. 之所以最困難，是因為：
13. 我對失落的原始因應方式是：
14. 什麼時候我會知道我的悲傷已經解決了：
15. 什麼時候和當事人分享自己的悲傷經驗是很適當的：

壓力和耗竭

心理衛生專業人員如何處理壓力及耗竭現象，已引起廣泛的注意。先是 Freudenberger（1974）提出專業人員耗竭的概念，接著由 Maslach（1982）研究醫療和心理衛生工作者因壓力太大無法處理時所導致逐步的專業失能。其中關注的一個焦點，是在照顧末期病人及其家屬的專業人員。最近一本書《終點前的分分秒秒》（*When Professionals Weep*）（Katz & Johnson, 2006）提到這類工作者的許多壓力與悲傷。許多照顧末期病人的喪慟輔導諮商人員，在病人去世前曾接觸過病人和家屬。Vachon（1979, 2015）比較了在安寧機構和綜合醫院重症病房工作人員的壓力。她發現兩者皆有壓力，以及結論是，如果專業人員能了解到自己也有需求，才能提供最好的服務。

我大部分的工作是在麻州總醫院以及加州幾家安寧機構做末期

病人及其家屬的喪慟輔導，對於工作人員的壓力、慈悲匱乏和自我照顧的議題也感興趣（Breiddal, 2012; Fetter, 2012; Figley, Bride, & Mazza, 1997）。對從事臨終病人輔導的諮商人員，我有以下三個建議：

1. 知道自己的極限。了解自己同時只能和多少病人做深入的接觸。一個人平常可以稱職地處理一定數量的病人，但是能夠處理多少臨終病人並且建立深度關係，一定會有極限。當然，每個諮商人員的極限不同，重要的是，諮商人員要了解個人的極限，不要過度涉入以及依附過多的臨終病人。依附關係一旦建立，諮商人員必須要哀悼隨之而來的失落。
2. 藉由主動的悲傷，避免耗竭。病人死亡時，諮商人員主動完成悲傷期是很重要的。去參加所輔導過的病人喪禮，對我個人很有幫助，我也建議工作人員這樣做。允許自己去經驗他人死後的傷心和其他感受也很重要。假如對不同病人的死亡有不同方式的悲傷，也不要覺得愧疚。
3. 諮商人員應該知道如何尋求協助，以及由何處找到支持。有時候，這對專業人員來說，是件難以做到的事。一次在中西部對一群葬儀社老闆的團體演講後，其中一位老闆的太太來找我，她很關心她的先生，因為他一直承受著一個重大的失落，而且處理得不太好。他能夠幫助別人處理悲傷，卻發現自己很難去尋求協助。這個人的經驗和許多諮商人員很類似。諮商人員都很清楚，他們在尋求幫助自己和支持系統上，是很缺乏能力的。因此，從事悲傷輔導和治療的人需要知道由何處找到情緒支持、自己的極限為何，以及當有需要時，如何尋求協助（Papadatou, 2006, 2009）。

醫院、護理之家、安寧病房等機構內的工作者，通常由其他團隊成員提供支持，團隊領導者有責任協助支持。定期的工作會議，鼓勵討論因照顧臨終病人和家屬所帶來的問題及自己的感受，有助於預防過度的壓力，又能催化失落和悲傷的感受。非屬於此小組的心理衛生專業人員，也可以在有需要時，提供團隊成員個別諮商或團隊諮商。我在麻州總醫院對婦產科同仁提供此類轉介多年。Parkes（1986）談到如何支持要面對很多病人去世的工作人員時說：「只要有適當的訓練和支持，累積的悲傷不但不會破壞我們的人性和照顧，反而使我們更加自信和敏銳地克服接續而來的失落」（p. 7）。我也如此相信。

Gamino 和 Ritter（2012）創了一個名詞「死亡能力」（death competence），即發展一種特殊技巧以容忍和處理案主對臨終、死亡和悲傷的問題。這在悲傷輔導的倫理實踐上是必要的。發展這種強健死亡能力，能幫助諮商人員避免失去同理心，並且有能力提供有效的臨床和具倫理的悲傷輔導。

Rudd 和 D'Andrea（2015）主張有效能的悲傷諮商人員要發展出一種超然的悲憫（compassionate detachment）風格，以對創傷性死亡的情緒投入和認知疏離這兩者有所平衡，尤其是在處理意外死亡的喪子父母時，這樣的平衡更為重要。

在希臘雅典小兒科工作並作護理師教學的心理師 Danai Papadatou，為她的小兒科病房同仁訂出在單位處理悲傷時的六個指導原則，我發現很有用：

規則 1：醫療人員能對重症及臨終病童投注和發展親密關係。

規則 2：醫療人員在病童死亡前、死亡之際和之後能有悲傷情緒和表達，然而，必須調節和控制悲傷的強度和表達方式。

規則 3：醫療人員的悲傷不要強烈到減損臨床判斷，或致情緒崩潰。

規則 4：醫療人員的悲傷不應超過家屬的悲傷。

規則 5：醫療人員的悲傷不應該對其他生病或臨終病童或其父母明顯地表示，要盡可能地保護他們。（作者註：對此我有不同意見。只要醫療人員的情緒不是多到反而需要家屬的安慰，有時表達情緒能讓家屬感到情緒的正常化，且是人性化的連結。）

規則 6：團隊人員要能彼此支持悲傷。可以和同事分享情緒和想法，但只限於在正式或私底下聚會時的指定時間內，且在照顧其他病童時，需要做悲傷情緒管理。（Papadatou, 2000, pp. 71-72）

加拿大心理師 Vachon（1987）提出對機構很有用的悲傷分享程序：病人去世後，護理人員以錄音方式記錄下過世時的情況，有哪些人在場、他們的反應、非正式地評估有哪些家人在失落後可能會有失落反應的風險，並同時錄下自己當時的感受。幾天之後，在病房團隊討論死亡案例會議中，大家一起聆聽和討論這個過程。這個音檔不只給死亡當時不在場者提供資料，也刺激一些有關失落的討論、分享死亡發生的感受、評估如何處理會有不同的結果或改進等等。最後，所有工作人員一起簽一張慰問卡，在病人過世一個月後寄給家屬。

討論到諮商人員的悲傷情緒時，我也想談談運用志工來做諮商人員的一些問題。個人的喪慟通常是從事志工的動力來源。三十年來美國悲傷志工方案激增，很多國內外的安寧機構以具有能力的志工來幫助末期病人和家屬；來自早期 Silverman 博士（1986, 2004）所設計的各種有效協助喪夫者（widow-to-widow）的計畫，運用喪夫者成為志工，協助那些新近遭遇喪偶之痛的人。這跟美國許多兒童與青少年悲傷支持中心所做的一樣。

志工能提供很多幫助，但是我堅信，已經修通自己的悲傷，及經驗到悲傷有某種程度的解決的喪慟者，才能來做志工。我注意到有些人來參加我在全國辦的工作坊，其實正處於急發性悲傷期，他們會有興趣來參加悲傷輔導訓練，是想要完成自己的悲傷。我不認為諮商人員藉由參加悲傷輔導，能夠幫助他們完成近期的喪慟，因為有太多盲點，會阻礙了有效的輔導。然而，已經完成了悲傷經驗，而且調適好的人，就能比那些從未經驗過失落和悲傷的人，更有潛力做到有意義的輔導（Nesbitt, Ross, Sunderland, & Shelp, 1996）。

Charles Garfield 是舊金山灣區「Shanti 計畫」（Shanti Program）的創立者。他發現，能有效能地工作的志工，是那些在人際關係上有過互相滿足的經驗，以及從事志工的動機與自己個人經驗相關的人。他們建議運用志工時，要給志工訓練、督導、支持，讓志工有機會探索個人的因應型態，以及這些型態是否有效。這個建議對從事這類工作的專業人員也同樣有效（Garfield & Jenkins, 1982）。

對於幫助助人者發展慈悲匱乏或耗竭的處遇機制，請參見 Figley（2002）；Newelll 和 Nelson-Gardell（2004）；或 Vachon（2015）。

反思與討論

1. 作者認為「複雜性哀悼」受到不斷的討論和爭議，有兩個基本理由：（1）支持研究經費；（2）由第三部門支付治療費用。這個觀點附和了還是挑戰了你對複雜性悲傷的觀點？你覺得 Worden 所述，《精神疾病診斷與統計手冊》第五版中五個影響喪慟的重大改變（*DSM-5*; American Psychiatric Association, 2013），會不會改變這些爭議？
2. 作者提到複雜性哀悼的四種臨床表現。你如何理解它們之間關鍵性的不同？你在臨床或家人及朋友間見過哪些？
3. 作者提到十二個複雜性哀悼的線索，哪些在你的工作中出現？你能否想到一個特別的人，在當前的症狀底下有著未解決的悲傷？下次見到他／她時，你會如何介入？

參考文獻

American Psychiatric Association. (2013). *Diagnostic and statistical manual of mental disorders* (5th ed.). Washington, DC: Author.

Bowlby, J. (1980). *Attachment and loss: Loss, sadness, and depression* (Vol. II). New York, NY: Basic Books.

Breiddal, S. (2012). Self-care in palliative care: A way of being. *Illness, Crisis, & Loss, 20*, 5–17. doi:10.2190/IL.20.1.b

Fetter, K. (2012). We grieve too: One inpatient oncology unit's interventions for recognizing and combating compassion fatigue. *Clinical Journal of Oncology Nursing, 16*, 559–561. doi:10.1188/12.CJON.559-561

Figley, C. (Ed.). (2002). *Treating compassion fatigue*. New York, NY: Brunner Routledge.

Figley, C., Bride, B., & Mazza, N. (Eds.). (1997). *Death and trauma: The traumatology of grieving*. Washington, DC: Taylor & Francis.

Freudenberger, H. (1974). Staff burnout. *Journal of Social Issues, 30*, 159–165. doi:10.1111/j.1540-4560.1974.tb00706.x

Gamino, L., & Ritter Jr., R. (2012). Death competence: An ethical imperative. *Death Studies, 36*, 23–40.
Garfield, C. A., & Jenkins, G. J. (1982). Stress and coping of volunteers counseling the dying and the bereaved. *OMEGA–Journal of Death and Dying, 12*, 1–13. doi:10.2190/NAAM-YEA5-TA4T-KHQU
Hayes, J. A., Yeh, Y., & Eisenberg, A. (2007). Good grief and not-so-good grief: Countertransference in bereavement therapy. *Journal of Clinical Psychology, 63*, 345–355. doi:10.1002/jclp.20353
Katz, R., & Johnson, T. (2006). *When professionals weep: Emotional and countertransference responses in end-of-life care*. New York, NY: Routledge.
Kübler-Ross, E., & Worden, J. W. (1977). Attitudes and experiences of death workshop attendees. *OMEGA–Journal of Death and Dying, 8*, 91–106. doi:10.2190/380Q-0TK5-9UPX-6L1G
Maslach, C. (1982). *Burnout: The cost of caring*. Upper Saddle River, NJ: Prentice Hall.
Muse, S., & Chase, E. (1993). Healing the wounded healers: "Soul" food for clergy. *Journal of Psychology and Christianity, 12*, 141–150.
Nesbitt, W. H., Ross, M. W., Sunderland, R. H., & Shelp, E. (1996). Prediction of grief and HIV/AIDS-related burnout in volunteers. *AIDS Care, 8*, 137–144. doi:10.1080/09540129650125821
Newell, J., & Nelson-Gardell, D. (2014). A competency based approach to teaching professional self-care. *Journal of Social Work Education, 50*, 427–439. doi:10.1080/10437797.2014.917928
Parkes, C. M. (1972). *Bereavement: Studies of grief in adult life*. New York, NY: International Universities Press.
Parkes, C. M. (1986). The caregiver's griefs. *Journal of Palliative Care, 1*, 5–7.
Papadatou, D. (2000). A proposed model of health professionals' grieving process. *OMEGA–Journal of Death and Dying, 41*, 59–77. doi:10.2190/TV6M-8YNA-5DYW-3C1E
Papadatou, D. (2006). Caregivers in death, dying, and bereavement situations. *Death Studies, 30*, 649–663. doi:10.1080/07481180600776036
Papadatou, D. (2009). *In the face of death: Professionals who care for the dying and the bereaved*. New York, NY: Springer Publishing.
Redinbaugh, E., Schuerger, J., Weiss, L., Brufsky, A., & Arnold, R. (2001). Health care professionals' grief: A model based on occupational style and coping. *Psycho-Oncology, 10*, 187–198. doi:10.1002/pon.507
Rudd, R., & D'Andrea, L. (2015). Compassionate detachment: Managing professional stress while providing quality care to bereaved parents. *Journal of Workplace Behavioral Health, 30*, 287–305. doi:10.1080/15555240.2014.999079
Saunders, J. M., & Valente, S. M. (1994). Nurses' grief. *Cancer Nursing, 17*, 318–325.
Simos, B. G. (1979). *A time to grieve*. New York, NY: Family Service Association.
Silverman, P. R. (1986). *Widow to widow*. New York, NY: Springer Publishing.
Silverman, P. R. (2004). *Widow to widow: How the bereaved help one another*. New York, NY: Brunner-Routledge.
Supiano, K. P., & Vaughn-Cole, B. (2011). The impact of personal loss on the

experience of health professions: Graduate students in end-of-life and bereavement care. *Death Studies*, *35*, 73–89. doi:10.1080/07481187.2010.507321

Vachon, M. L. S. (1979). Staff stress in the care of the terminally ill. *Quality Review Bulletin*, *251*, 13–17.

Vachon, M. L. S. (1987). *Occupational stress in the care of the critically ill, the dying, & the bereaved*. Washington, DC: Hemisphere.

Vachon, M. L. S. (2015). Care of the caregiver: Profession and family members. In J. Stillion & T. Attig (Eds.), *Death, dying and bereavement: Contemporary perspectives, institutions, and practices* (pp. 379–393). New York, NY: Springer Publishing.

Worden, J. W. (1976). *Personal death awareness*. Englewood Cliffs, NJ: Prentice Hall.

/第 10 章/

悲傷輔導的訓練

1976 年在芝加哥大學擔任繼續教育中心主任的 Mary Conrad 和我，決定為心理衛生專業人員提供一個為期兩天的悲傷輔導課程。我們曾經做過幫助專業人員處理各種末期疾病照顧的工作坊，然而，我們都認為這樣還不完整，必須再加入悲傷輔導和悲傷治療的課程。

我們認為兩天的課程才夠完整——不只是提供悲傷和失落的演講和教材，還要幫助參與者提高處理個別喪慟者的技巧。我們不僅提出哀悼的理論、說明哀悼的必要性，也要提出說明正常及病態悲傷的不同診斷，還要去探討有關悲傷的特別處遇，並提出引發悲傷的各種失落型態，例如，猝死、失業及截肢這類手術後的失落。

我們的課程獨特處，在於提供一個成功的訓練技巧。在兩天課程中的一開始，團體成員分為十人一組。首次聚會，小組成員自我介紹後，鼓勵每一位成員都分享個人的悲傷歷史。雖然表面上，他們的悲傷、失落經驗均不相同，但是，他們覺察到每一個人都經驗過失落和喪慟的痛苦。這種經驗類似的覺察，對團體動力很有助益，讓成員在短時間內就能很親近。第二天，大部分的時間都花在各種有關悲傷情境的角色扮演。為了催化角色扮演，我提供了一系列的範例，都是來自我的案例，包含了各種悲傷主題和情境。這些案例列在本章的後面，可用來作為訓練之用。角色扮演的方式類似

我們曾在哈佛醫學院用來訓練醫學生的諮商技巧，特別是在面對臨終病人和喪慟家屬時所用的方法。

過程中，需要團體成員自願扮演各種角色，或演家屬，或演親友，但同時有一位是扮演具有能力諮商人員的角色。角色認定後讀腳本，自願者彼此間不可討論他們將扮演的部分，個人只知道自己演的部分，而不是整個故事。這樣才能刺激創造力，增加活力及角色扮演情境的真實感。當自願者們到房間外等待時，領導者只讀出諮商人員的部分給房裡的成員知道。扮演者被請回房間後，即準備展開過程。

只要角色扮演的過程是有意義、豐富的，領導者就讓這過程自然進行，然後再將諮商人員的部分轉換角色，輪換給另一個團體成員。輪過幾次以後才停下來，至少讓兩至三人能夠試試他們的諮商技巧，然後再評論和評估整個過程。扮演諮商人員的人，需要被要求解釋他們所做的引導和想法。扮演喪慟者的成員要指出哪些處遇是有幫助的，哪些是無幫助的；外圍觀察的成員分享他們所觀察到的，團體領導者則可提出建議。評論之後，同一個情境可以再角色扮演一次，或是進行另一個不同的主題。可以提醒扮演諮商人員者，演練的目的不在於成為完美的諮商人員，而是幫助他們在未來增進自己的技巧發展。

雖然兩天的時間並不足以發展成為有經驗的悲傷輔導人員，但卻是個很適用的課程，我們對全國不同領域的心理衛生專業人員，反覆一再地使用這套課程。工作坊的基本假設是：參與者對心理衛生工作已有些特定的概念和技巧，來參加的目的是想獲得有關喪慟的進階資訊材料，以及諮商現場的實際操作經驗，並且在同儕團體面前接受評論。

練習用的案例多半是設定在悲傷輔導的主題上，而不在悲傷治療。悲傷治療的過程應更完整，不能以這麼簡短的方式來學習。我想再一次強調，除非有必備的教育和訓練背景，包括具有精神動力的知識，以及能評估病人補償機制不全的能力，否則不應該做悲傷治療。一個好的治療師最有價值的特質是知道自己的限制。我常對我訓練的學生說：「我能在感恩節切開火雞，但我並不能因此成為外科醫師！」他們抓到了這個重點。身為臨床工作者，需要具備某種程度的經驗和訓練。

悲傷案例 1

喪夫者：妳是位75歲的喪夫者，先生六個月前去世。妳生病又住在護理之家，在失去先生的情況下，覺得悲傷和失落。孩子們住得離妳很遠，妳實在覺得很孤單。妳強烈地想放棄求生，好能和先生在一起。妳覺得活著沒意義，一再地告訴照顧妳的工作人員：「別管我了，讓我死吧！」

社工人員：在護理之家，你被指派照顧一位先生在半年前去世的75歲喪夫女士。你的任務是幫助她的悲傷情緒，克服失落，重新回到日常生活。

資料來源：摘自《悲傷輔導與悲傷治療》第五版（*Grief Counseling and Grief Therapy*, 5th ed., by J. William Worden, PhD.）。英文版於2018年由Springer Publishing Company, LLC出版；中文版於2020年由心理出版社出版。

喪妻者：你29歲，結婚六年的妻子四個月前死於癌症，留下了3歲的兒子和5歲的女兒。你的婚姻美滿，因此傷慟逾恆。你想用些方法來解除目前的痛苦。你相信如果再婚，這一切將會過去或可拋在腦後。你約會過幾次，但是每一次都讓你比之前更沮喪。雖然如此，你仍然相信，只要你很快地再婚，孩子有了新媽媽，你會感到好過些，你的痛苦會過去。你去找安寧機構中曾照顧你太太的喪慟諮商人員談。

諮商人員：你被要求見一位29歲的男士，他癌症去世的太太曾是你安寧療護的病人，她在四個月前去世。你未曾對這個家庭做過家屬輔導，現在和先生會談是你遺族輔導追蹤的工作。

資料來源：摘自《悲傷輔導與悲傷治療》第五版（*Grief Counseling and Grief Therapy*, 5th ed., by J. William Worden, PhD.）。英文版於2018年由Springer Publishing Company, LLC出版；中文版於2020年由心理出版社出版。

悲傷案例 3

女　　士： 妳 38 歲，單身。三個月前，酗酒的繼父突然死於心臟病。自妳 3 歲起，多年以來，他對妳施予身體和性的虐待，一直到妳 17 歲離開家為止。妳很高興聽到他去世，欣見他終於走出妳的生命。有關於他的記憶全都是負面的。自他死後，妳夢過幾次他張手要抓妳，雖然不確定夢的意義，但是醒來後很沮喪，無法再入睡。睡眠障礙影響妳的工作表現，所以妳決定尋求諮商。

諮商人員： 一位 38 歲的單身女士，自她繼父心臟病突發喪生後，三個月來飽受睡眠障礙之苦。你以她近期的失落為主線去探索她的症狀，如果她的問題在於未完成悲傷的工作，你要協助她指認和催化她的悲傷。

資料來源：摘自《悲傷輔導與悲傷治療》第五版（*Grief Counseling and Grief Therapy*, 5th ed., by J. William Worden, PhD.）。英文版於 2018 年由 Springer Publishing Company, LLC 出版；中文版於 2020 年由心理出版社出版。

年輕人：你參加一場上百人的戶外音樂會。音樂會中，一名持槍者對群眾掃射，傷亡無數，死者中有一位你想救卻救不成的朋友。此突發事件後約一個月，你有睡眠困擾，且醒來後這事件揮之不去。你也發現白天會易怒與不安，常在路上檢查大樓有沒有窗戶是開著的。朋友走了你卻活了下來，你深覺愧疚。

諮商人員：一位年輕男士在一場發生群眾槍擊事件的戶外音樂會後來看你，你的任務是去評估他的創傷和悲傷，然後制定一個治療計畫來協助他所經歷的症狀和困難。

資料來源：摘自《悲傷輔導與悲傷治療》第五版（*Grief Counseling and Grief Therapy*, 5th ed., by J. William Worden, PhD.）。英文版於 2018 年由 Springer Publishing Company, LLC 出版；中文版於 2020 年由心理出版社出版。

悲傷案例 5

女　　士：妳是位 51 歲的單身女性，妳的母親去世了。妳們一直同住，有著親密而矛盾的關係。她長期臥病在床，多次進出醫院，妳一直照顧著她。母親是個難以相處的人，在她生命最後的幾年，有好幾次，妳生氣地告訴她，如果她再不改變自己，妳就送她去護理之家。雖然妳不會真的這麼做，但是現在她去世了，妳非常想念她，妳對自己曾說過這些話感到非常自責。

諮商人員：一位 51 歲的單身女性，在母親去世後感到自責而來找你協助，你的任務是幫助她做愧疚感的現實檢驗，並找出較好的因應之道。

資料來源：摘自《悲傷輔導與悲傷治療》第五版（*Grief Counseling and Grief Therapy*, 5th ed., by J. William Worden, PhD.）。英文版於 2018 年由 Springer Publishing Company, LLC 出版；中文版於 2020 年由心理出版社出版。

悲傷案例 6

女　　士：十二週前，結婚三十三年的先生開車至離家一百哩處開會，本來打算留宿一晚後次日返家，但他從此未歸。幾天後一偏遠的路上，在他的車上發現了屍體，他顯然死於心臟病發作。因為天熱，遺體腐爛得很快，有人建議妳不要看遺體。妳只參加了喪禮，將他葬在遠方的老家，離妳的住處很遙遠。直到現在，妳都難以相信他已去世，仍期盼著他回家，終日以淚洗面，不知該如何是好，所以妳尋求諮商。

諮商人員：一位58歲的女士，她的先生在洽商途中死於心臟病發作。她未曾見過遺體，對先生去世的事實難以置信。你要協助她達到哀悼的第一項任務，並且提供任何需要的幫助。

資料來源：摘自《悲傷輔導與悲傷治療》第五版（*Grief Counseling and Grief Therapy*, 5th ed., by J. William Worden, PhD.）。英文版於2018年由Springer Publishing Company, LLC出版；中文版於2020年由心理出版社出版。

悲傷案例 7

女　　士：過去三年，妳失去母親、父親、一位兄弟和一位親密的朋友。這些失落讓妳的感受麻木，妳感到較明顯的焦慮，而非悲傷。近幾個月來，焦慮日增。妳好幾次找醫生檢查心悸的原因，醫生說妳的身體很好，妳的症狀是和壓力及焦慮有關。醫生轉介妳去看諮商人員，以協助妳處理壓力。

諮商人員：你的醫生同事轉介一位女士，她需要協助以處理壓力。她的幾個家人和朋友近年來相繼去世，你要評估這些失落和她的壓力之間的關係，對這些主題做適切處遇。

資料來源：摘自《悲傷輔導與悲傷治療》第五版（*Grief Counseling and Grief Therapy*, 5th ed., by J. William Worden, PhD.）。英文版於 2018 年由 Springer Publishing Company, LLC 出版；中文版於 2020 年由心理出版社出版。

悲傷案例 8

喪夫者： 六個月前，妳正要就寢，躺在床上的先生在妳身旁心臟病發作了。妳之前因工作關係受過心肺復甦術（CPR）訓練，嘗試救回他。妳努力後，打電話給911，對方指導妳要將他由床上移到地板。妳擔心若他躺平，妳會無法繼續施行CPR。直到急救人員來，先生被送上救護車，妳都不知道他是活著還是死了。妳因無法救他，以及沒有更新急救訓練而感到疚責。

諮商人員： 一位結婚三十年的56歲喪夫者，先生在她身旁心臟病發作死亡。她曾試著施以CPR直到救護人員來送他到醫院。她因救不了他而感到愧疚，且不確定他到醫院前已死亡還是活著。你要協助她處理愧疚，且回應她對於他死亡的疑團。

資料來源：摘自《悲傷輔導與悲傷治療》第五版（*Grief Counseling and Grief Therapy*, 5th ed., by J. William Worden, PhD.）。英文版於2018年由Springer Publishing Company, LLC出版；中文版於2020年由心理出版社出版。

悲傷案例 9

父　　親：你下班回家後發現16歲的兒子開槍自戕，死在車庫地上，毫無線索。這讓你十分震驚，因為兒子並沒有憂鬱現象，也從未談過自殺。回顧他死前幾個月，你能看出他在朋友群中有社交退縮，而花較多時間在電腦遊戲上。你發現他有幾次蹺課，在父母上班後，離開學校回家。你因失落極為悲慟，無法擺脫他躺在車庫地板的死亡和流血影像。

諮商人員：一位50歲的父親在他16歲兒子自殺後，前來尋求協助。他需要了解為何會發生這樣的事，及他該如何做才能避免此事。他需要處理兒子死在車庫地板的影像，及有關此情景的夢境。

資料來源：摘自《悲傷輔導與悲傷治療》第五版（*Grief Counseling and Grief Therapy*, 5th ed., by J. William Worden, PhD.）。英文版於2018年由Springer Publishing Company, LLC出版；中文版於2020年由心理出版社出版。

悲傷案例 10

妻　　子：妳8歲的孩子兩年前死於血癌，妳一直在調適這個失落，又怕時間一久，妳會忘記和孩子相處時的重要細節。為了要保有這些，妳把孩子的房間維持原樣不變，一如他生前一般。妳先生為此感到沮喪，他認為已過了兩年，這個房間應該整理了，可以保留幾樣東西，但該把房間另作他用。每次你們一討論這件事，就以吵架收場，妳覺得和他愈來愈疏遠。

先　　生：你8歲的孩子兩年前死於血癌，他的房間維持原樣不變，本來對你來說沒什麼問題，但是已過了兩年，你催促太太要清理房間，只留幾件重要的紀念物，然後重新整理房間，另作他用。對你來說，維持房間不變，徒然增加痛苦的回憶。你太太不聽理由，也不願意改變房間。

諮商人員：一對夫妻來找你仲裁他們對如何處理去世孩子的房間和擁有物的爭論。先生想要清理房間而太太不肯。你將幫助他們解決問題，以及探索他們在這個情況下心裡所產生的害怕和感受。

資料來源：摘自《悲傷輔導與悲傷治療》第五版（*Grief Counseling and Grief Therapy*, 5th ed., by J. William Worden, PhD.）。英文版於2018年由Springer Publishing Company, LLC出版；中文版於2020年由心理出版社出版。

悲傷案例 11

妻　　子：七個月前，妳78歲的父親舉槍自殺，妳非常震驚。對此舉，他未留下任何解釋。妳母親早一年去世，雖然父親住得遠，但妳常會和他電話連絡，並相信他對失落已做了很好的調適。對他的死亡，妳很憤怒，拿每一個人出氣，尤其是對妳的丈夫。他已對妳失去耐心，威脅著要搬出去，妳勉強同意和他一起去找諮商人員。

先　　生：你岳父一年前失去太太，最近舉槍自殺，你和太太都感到震驚。他未曾留下隻字片語來解釋他的自殺行為。自他死後，你太太就變得難以相處，她對你做的每一件事都生氣，你對她的行為厭煩，威脅著要離開。離開前，你打算試一下諮商輔導，但是你沒抱什麼希望。

諮商人員：你將會談一對瀕臨決裂的夫妻。你由丈夫的初次來電中知道，太太的父親最近去世。你的任務是去評估悲傷議題是否對他們婚姻的衝突有什麼影響。

資料來源：摘自《悲傷輔導與悲傷治療》第五版（*Grief Counseling and Grief Therapy*, 5th ed., by J. William Worden, PhD.）。英文版於2018年由Springer Publishing Company, LLC 出版；中文版於2020年由心理出版社出版。

悲傷案例 12

喪夫者：妳結婚二十五年的先生兩年前死於癌症。你們倆很親密，妳現在 51 歲，想要再找個伴侶。這想法讓妳感到很衝突，妳覺得對去世的先生不忠，也怕朋友認為妳瘋了。孩子們正在青春期後期，反對妳再婚的想法，妳尋求諮商以幫助妳處理這個衝突。

諮商人員：一位 51 歲的喪夫者來找你，想談找新伴侶和再婚的可能。她結婚二十五年，先生兩年前去世。你要評估她目前在悲傷歷程的階段，協助她處理擁有新關係的衝突，以及了解悲傷何時會結束。

牧　　師：一位 51 歲的教友，在先生去世後兩年為找新伴侶而感到衝突。你認識她的先生，你的任務是去幫助她解決衝突。

資料來源：摘自《悲傷輔導與悲傷治療》第五版（*Grief Counseling and Grief Therapy*, 5th ed., by J. William Worden, PhD.）。英文版於 2018 年由 Springer Publishing Company, LLC 出版；中文版於 2020 年由心理出版社出版。

悲傷案例 13

先　　生：你三個月大的獨子六週前在睡眠中去世，死因是嬰兒猝死症。你很愛他，氣他棄你而去，你很難開放地表達。太太想要快點再懷孕，但是你不願意，這帶給你性生活的壓力。

妻　　子：六週前，妳三個月大的孩子死於嬰兒猝死症。妳怪自己在孩子死亡時睡著了，妳相信如果自己醒著就不會發生這件事了。妳急著想要再有孩子，但先生不想，這讓妳和先生之間產生了距離。

諮商人員：你被醫院指派追蹤一對夫妻，六週前，他們三個月大的孩子死於嬰兒猝死症。你的任務是評估此時他們的狀況和需要的資源。

資料來源：摘自《悲傷輔導與悲傷治療》第五版（*Grief Counseling and Grief Therapy*, 5th ed., by J. William Worden, PhD.）。英文版於 2018 年由 Springer Publishing Company, LLC 出版；中文版於 2020 年由心理出版社出版。

悲傷案例 14

兒　子：你20歲，父親三個月前在車庫自殺。你有很多感受，尤其他的自殺令你憤怒；但多半時候你覺得沮喪。你酗酒，覺得這對你的感受有幫助。你仍住在家裡，母親擔心你喝酒的問題。每當她提到此事，你就生氣或退縮。你也不清楚你對父親的感受是什麼，你的愧疚感混雜著傷心和憤怒。你勉強同意和母親去看諮商人員。

妻　子：妳先生三個月前一氧化碳中毒自殺身亡。妳覺得傷心之外，還有愧疚感和憤怒。有時妳氣到說：「該死的！哈洛，你如果沒死，我會因為你搞慘了我而殺了你！」妳擔心兒子酗酒的問題，自他父親死後，這問題更嚴重了，所以妳找了位諮商人員幫助你們的問題。

諮商人員：一位母親和20歲的兒子，在先生一氧化碳中毒自殺身亡後來找你。她很沮喪，過得不好。兒子在父親自殺後嚴重酗酒，他很不情願來，是由母親說服而來。你的任務是協助他們找到感受和處理死亡事件的未盡事宜。

資料來源：摘自《悲傷輔導與悲傷治療》第五版（*Grief Counseling and Grief Therapy*, 5th ed., by J. William Worden, PhD.）。英文版於2018年由Springer Publishing Company, LLC出版；中文版於2020年由心理出版社出版。

悲傷案例 15

母　　親：妳的孩子三個月大時在醫院去世了。事隔十五個月，妳仍感到極度沮喪。妳參加了一次喪子父母的悲傷團體，但是後來妳覺得「交換故事不是我要的」，就離開團體了。妳對寶寶去世時先生不在一旁，以及他對其他兩個孩子超過對妳的關心感到憤怒。妳5歲時，父親遺棄了妳和家庭，最近妳夢到去世的孩子在夢中說：「妳沒有給我機會！」妳的朋友建議妳去找諮商人員。

父　　親：你的新生寶寶因感染的後遺症只活了三個月，就在醫院裡去世。你對他的死有些愧疚，現在你對還活著的兩個孩子給予更多的關注。你太太自失去孩子後，已陷入沮喪十五個月了。她的傷心困擾著你，也帶給你無助感，你只知道幫助她的唯一方法就是表現出堅強和信心，可是沒有用。她打算尋求諮商協助，也要你同去。你認為自己沒問題，但是只要對她有幫助，你也同意前去。

諮商人員：一對夫妻的孩子在出生三個月後就去世了。太太在這事發生後，沮喪十五個月之久。這對夫妻另有兩個孩子。夫妻一起來參加第一次會談，你的任務是去找出他們正處於悲傷的什麼階段，再決定是做個別會談、夫婦會談或家庭會談。

資料來源：摘自《悲傷輔導與悲傷治療》第五版（*Grief Counseling and Grief Therapy*, 5th ed., by J. William Worden, PhD.）。英文版於 2018 年由 Springer Publishing Company, LLC 出版；中文版於 2020 年由心理出版社出版。

悲傷案例 16

父　　親：你太太十個月前死於癌症，留下了三個小孩：14 歲的女兒、11 歲和 6 歲的兒子。你盡力做好一位單親父親，但是你要花長時間在工作和通勤上。你以為太太死後，孩子們會更齊心協力，但是反而更分歧；尤其女兒更讓你心煩，她厭惡收拾混亂的家務，而那些家事是你認為她身為女孩子又是老大該做的。當學校諮商人員打電話給你，告知她曠課時，你同意去找位家庭諮商人員。

姊　　姊：妳 14 歲，十個月前母親死於癌症。妳很想念她，也發現自她過世後，父親非常痛苦。他期待妳固定做早晚餐、採購及照顧 6 歲的弟弟。妳對此感到生氣。自從母親去世後，妳的課業逐漸退步，寧可和朋友逛購物中心，也不去學校。家事責任讓妳不再有屬於自己的時間，妳把蹺課視為僅有的隱私時間。妳勉強同意去看家庭諮商人員。

大　　弟：十個月前，你剛滿 11 歲，母親癌症去世，此後家中呈現混亂。你超想逃開這個家，大部分的時間和朋友在外閒晃、到公園玩壘球。姊姊專制，你討厭她指使你。你喜歡 6 歲的弟弟，但是不會讓他參與你的活動。

小　　弟：你6歲，自從十個月前母親死於癌症後，你感到被遺棄了。你並不了解母親怎麼了，或她現在在哪裡。你未參加葬禮。晚上你夢到她，覺得有點安慰。你有幾個玩伴，下課後或週末，你多半以看電視打發時間。

諮商人員：學校諮商人員轉介一個家庭給你，要來做家庭悲傷輔導。母親十個月前因癌症去世，留下了丈夫和三個孩子——14歲的女兒、11歲和6歲的兒子。女兒曠課且在學校表現不好，兩個兒子在學校沒有不好的表現，但是，據老師說，6歲的男孩好像很失落，她不知道該對他做些什麼。你將評估這個家庭，並且發展一套處遇策略。

資料來源：摘自《悲傷輔導與悲傷治療》第五版（*Grief Counseling and Grief Therapy*, 5th ed., by J. William Worden, PhD.）。英文版於2018年由Springer Publishing Company, LLC出版；中文版於2020年由心理出版社出版。

悲傷案例 17

母　親：妳 15 歲的兒子一年前的一個晚上意外喪生。肇因是他 16 歲的朋友載他，而車子失控所致。此後，妳傷心不已。他是妳的長子，有才華，是妳的最愛。妳無法理解為何先生和另外兩個孩子不像妳那麼悲傷。妳有時候會對先生、開車的男孩、不談逝去哥哥的小兒子，感到非常憤怒。

父　親：一年前，在一場車禍中，你失去了 15 歲的兒子。頭幾個月你非常痛苦，獨處時經常哭泣。雖然你也很想念他，但你認為自己、太太和兩個孩子仍需要繼續生活下去。你太太常常哭，家人有壓力。因此，你連絡一位家庭諮商人員以釐清這一切。

弟　弟：你 13 歲，15 歲的哥哥一年前因朋友載他而車禍喪生。你常感到自己比不上他，他死後你有時還感覺解脫。現在你為這種感受自責。與他有關的回憶及其身影縈繞在家中，但每當有人談到他，你就會起身離開。你這樣做讓家人感到難過，但你不在乎。

妹　妹：妳是 9 歲的妹妹，15 歲的哥哥因朋友開車失控喪生。妳很傷心並想念他。妳更傷心的是，母親不再像以往般和妳親近，妳覺得也失去了她。妳不知該如何做才能再和母親親近。

諮商人員：一位 15 歲兒子一年前車禍喪生的父親要求做家庭悲傷輔導。你的角色是與他們會談、評估及建議適當的處遇模式。

（這個腳本，可以在幾次的治療單元中演練。）

資料來源：摘自《悲傷輔導與悲傷治療》第五版（*Grief Counseling and Grief Therapy*, 5th ed., by J. William Worden, PhD.）。英文版於 2018 年由 Springer Publishing Company, LLC 出版；中文版於 2020 年由心理出版社出版。

悲傷案例 18

父　　親：你 8 歲的獨子提摩西三個月前死於血癌。你用忙碌的工作和休閒活動來處理悲傷。這讓你太太生氣，但是你覺得保持忙碌才能讓自己免於崩潰。你想要再有小孩，但是太太沒興趣，害怕有了小孩又會像現在一樣再經驗失落。你要求她和你一起去找牧師諮商。

母　　親：妳 8 歲的獨子提摩西三個月前死於血癌。自此，妳落入沮喪，常常哭泣。妳對朋友失去興趣，常常獨自一人。妳氣先生在孩子去世後一直忙碌而忽略妳，妳也氣他想馬上再有小孩。妳覺得這簡直是麻木不仁，你們的關係也變得緊張。妳同意和他一起去找牧師諮商。

護理人員：妳照顧 8 歲罹患血癌的提摩西。在孩子住院期間，妳很熟悉這對父母，後來妳沒有再探視他們。妳感覺到他們不對勁，妳試著要幫助他們的失落和彼此的關係。

牧　　師：一對夫妻，他們 8 歲的獨子三個月前死於血癌。太太不太願意來，但在先生的堅持下，夫妻一起來看你。先生希望你能幫助他處理他對太太和兒子的情緒，以及說服太太再有小孩。他們是你的

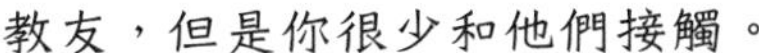
教友，但是你很少和他們接觸。

資料來源：摘自《悲傷輔導與悲傷治療》第五版（*Grief Counseling and Grief Therapy*, 5th ed., by J. William Worden, PhD.）。英文版於 2018 年由 Springer Publishing Company, LLC 出版；中文版於 2020 年由心理出版社出版。

悲傷案例 19

年輕人：你相戀八年的伴侶六個月前死於AIDS，你和他同住，照顧他直到他在家中去世。在他生病的十八個月當中，你有許多的悲傷。他的姊姊常打電話給你尋求情緒支持。雖然你喜歡她，也想幫忙她，但她的電話讓你傷感，你寧可她不要太常打電話來。她弟弟在你的生命中是很重要的，你想念他，但是現在你想要繼續自己的人生。你勉強同意去見她的諮商人員一次，也期待她會遠離你。

姊　　姊：小妳7歲的弟弟在六個月前死於AIDS，妳幫助他相愛八年的伴侶照顧了他十八個月。在妳12歲時母親去世，身為長姊，要照顧其他家人，妳對這種照顧角色很熟悉。在妳悲傷時，妳感到孤獨，沒有支持。妳對弟弟的伴侶及先生生氣，因為他們想拋開這個死亡的困境，好讓生活繼續往前進。

先　　生：你太太的弟弟六個月前死於AIDS，你喜歡她弟弟。十八個月來你很同情並支持著太太，但自他去世後，你覺得解脫了。對你來說，試煉已經結束，你要回到正常生活。而太太卻經常哭泣，拒絕回到工作崗位，你感到挫折、生氣和無助。你勉強同意去看諮商人員，希望這一切會有個了結。

諮商人員：你會談一位女士，她弟弟六個月前死於 AIDS。她帶著先生和弟弟的伴侶前來。你的任務是點出悲傷主題，並催化這家人討論悲傷。

資料來源：摘自《悲傷輔導與悲傷治療》第五版（*Grief Counseling and Grief Therapy*, 5th ed., by J. William Worden, PhD.）。英文版於 2018 年由 Springer Publishing Company, LLC 出版；中文版於 2020 年由心理出版社出版。

悲傷案例 20

兒　　子：你父親和癌症奮戰一年後去世。這事發生於你剛要進大一前的幾週，你正感到第一次離家的焦慮，並好幾次體會到恐慌。你對要讀大學而沒有找工作幫助家計感到自責。你難過但不允許自己哭，覺得這不像是個男人。

大女兒：妳 17 歲，讀高中。父親在妳開學前死於癌症。妳深感失落，但無法表達感受。當家人想和妳談父親的去世時，妳退縮了。

小女兒：妳 14 歲，正值國中最後一年。父親罹癌一年後去世。妳想反抗家庭，做自己的事，但覺得愧疚，怕傷了母親。妳氣姊姊，因為她拒絕談有關父親去世的事。

母　　親：妳要帶三個孩子——19 歲的兒子正要讀大學，還有 17 歲、14 歲的女兒。妳擔心經濟問題，及如何適應失去先生的情緒問題。妳也感到對先生的憤怒，因為他的去世，把所有責任留給妳。妳被這些感受嚇到了。妳憂心兒子要離家、大女兒無法表達悲傷，而小女兒和家人疏離。

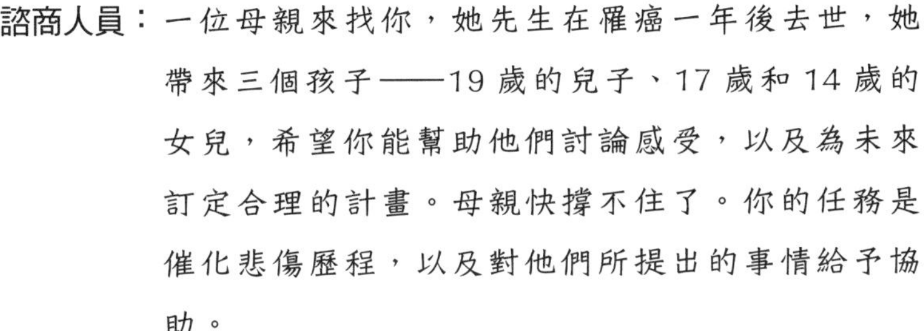

諮商人員： 一位母親來找你，她先生在罹癌一年後去世，她帶來三個孩子——19 歲的兒子、17 歲和 14 歲的女兒，希望你能幫助他們討論感受，以及為未來訂定合理的計畫。母親快撐不住了。你的任務是催化悲傷歷程，以及對他們所提出的事情給予協助。

資料來源：摘自《悲傷輔導與悲傷治療》第五版（*Grief Counseling and Grief Therapy*, 5th ed., by J. William Worden, PhD.）。英文版於 2018 年由 Springer Publishing Company, LLC 出版；中文版於 2020 年由心理出版社出版。

國家圖書館出版品預行編目（CIP）資料

悲傷輔導與悲傷治療：心理衛生實務工作者手冊 /
J. William Worden 著；李開敏等譯 . -- 五版 . --
新北市：心理 , 2020.08
面；　公分. --（心理治療系列；22174）
譯自：Grief counseling and grief therapy: a handbook for the mental health practitioner, 5th ed.
ISBN 978-986-191-915-7（平裝）

1. 心理治療　2. 心理輔導　3. 悲傷

178.8　　109009432

心理治療系列 22174

悲傷輔導與悲傷治療：
心理衛生實務工作者手冊【第五版】

作　　者：J. William Worden
譯　　者：李開敏、林方晧、張玉仕、葛書倫
執行編輯：陳文玲
總 編 輯：林敬堯
發 行 人：洪有義
出 版 者：心理出版社股份有限公司
地　　址：231026 新北市新店區光明街 288 號 7 樓
電　　話：(02) 29150566
傳　　真：(02) 29152928
郵撥帳號：19293172 心理出版社股份有限公司
網　　址：https://www.psy.com.tw
電子信箱：psychoco@ms15.hinet.net
排 版 者：龍虎電腦排版股份有限公司
印 刷 者：龍虎電腦排版股份有限公司
初版一刷：1995 年 5 月
二版一刷：2004 年 11 月
三版一刷：2011 年 4 月
五版一刷：2020 年 8 月
五版三刷：2023 年 9 月
I S B N：978-986-191-915-7
定　　價：新台幣 400 元